太平道研究论丛（二）

平乡论道

主　编　谢路军
副主编　董沛文　王孟保

齊魯書社

图书在版编目(CIP)数据

平乡论道——太平道研究论丛(二)/谢路军主编.
—济南:齐鲁书社,2016.11
ISBN 978-7-5333-3640-0

Ⅰ.①平… Ⅱ.①谢… Ⅲ.①太平道-文集
Ⅳ.①B956.1-53

中国版本图书馆 CIP 数据核字(2016)第 236040 号

平乡论道——太平道研究论丛(二)
主编 谢路军 副主编 董沛文 王孟保

主管单位 山东出版传媒股份有限公司
出版发行 齊魯書社
社　　址 济南市英雄山路 189 号
邮　　编 250002
网　　址 www.qlss.com.cn
电子邮箱 qilupress@126.com
营销中心 (0531)82098521 82098519
印　　刷 山东德州新华印务有限责任公司
开　　本 720mm×1020mm 1/16
印　　张 19.75
插　　页 2
字　　数 273 千
版　　次 2016 年 11 月第 1 版
印　　次 2016 年 11 月第 1 次印刷
印　　数 1-800
标准书号 ISBN 978-7-5333-3640-0
定　　价 **46.00 元**

序　言

由中央民族大学、河北省道教协会、平乡县人民政府和河北艺术家协会联合主办的河北省首届道教论坛暨第二届太平道学术研讨会于2015年10月23日至25日在“张角故里，道源圣地”平乡县隆重召开。中国社会科学院、北京大学、中国人民大学、北京师范大学、北方工业大学、中国道教学院、河北师范大学、邢台学院等国内十多所高等学府、科研机构的专家学者以及来自全省各地的道教界人士700余人参加。中央电视台、河北电视台、邢台电视台、《中国民族报》、《中国宗教》杂志、道教之音等多家媒体进行了现场报道。

此次举办论坛的主题是“大道以和，太平天下”。论坛举办的目的是为了整合学术界和道教界的力量，发掘并阐释太平道中所蕴含的有益于实现天下太平、世界和谐的思想资源，为摆脱当今世界所面临的人类道德滑坡和生态危机所造成的困境而寻找出路、贡献力量。

2014年6月29日，第一届全国范围的太平道学术研讨会在平乡召开后，会议论文结集出版《平乡论道》一书。此次研讨会将对太平道文化和道教研究起到更大的推进作用，所收的论文的结集出版可以看作是《平乡论道》的续集，故谓之《太平道研究论丛》之二。以后随着研究的深入，还将有《太平道研究论丛》之三、之四的出版。

此次论文多集中于对《太平经》的研究和探讨，如该经的起源问题，王孟保的《道源圣地话道源》即探讨这方面的问题；该经的思想挖掘所占的篇幅比较大，潘显一、张广保、强昱、周高德、张雪松、谢路军、邱世勇、盛克琦、郭德才、刘高肃、朱耀松等教授的文章都旨在阐发经中的思想内涵和意义；该经的现代价值探讨的文章有李肖和陈胜所写的《论〈太平经〉伦理思想对当代的启示》；姜守诚的《〈太平经〉成书的中间环节——“洞极之经”年代考论》则研究了该经的形成问题。还有的文章是探讨与太平道相关联的内容的，如刘雅稚的《太平道思想渊源探究》，郭硕知的《好社会：太平道的宗旨——兼论清领太平道与黄天太平道》等。

总之，《太平道研究论丛》之二收录的二十余篇论文是作者们对道教文化长期思考的智慧结晶，是作者们辛勤汗水的凝聚，但愿此论文集的出版能为太平道研究的深入起到添砖加瓦的作用。

目　录

道源圣地话道源

王孟保

（平乡人，作家、高级编辑）

尊敬的各位专家、各位领导、各位道长，大家上午好！去年 6 月 29 日，中央民族大学联合北大、清华、人大、中国社科院等著名大学和机构与平乡县在这里共同举办了“中国首届太平道学术研讨会”，参会的有包括意大利学者在内的 20 多位专家学者，会上四川大学道教与宗教文化研究所博士生导师潘显一教授首提平乡为“张角故里、道源圣地”一说，得到了与会者一致附议。即此，平乡是“道源圣地”的说法不胫而走，很快被世人所认知、认同，所以我今天发言的题目就定为“道源圣地话道源”。那么，话道源从何话起，下面我从三个方面说一下。

一、平乡人张角创立了太平道

人民教育出版社 2003 年版的初中历史课本记载：东汉中期以后，外戚和宦官交替控制了中央政权。他们都是统治阶级中最腐朽的政治代表。那时候，可以用钱买官做，公一千万，卿五百万，地方官各有价格。这些靠钱买来的官，上任后就拼命搜刮，不顾人民死活。贵族、官僚们的家里堆满了金银财宝，连狗和马都披上绣花的丝织品。广大农民无衣无食。河南人民，十之四五饿死，有的全家饿死。长江中下游和山东半岛一带，农民起义不断发生。统治阶级进行残酷镇压，但是吓不倒人民。广大人民传唱着一首歌曲，表示他们蔑视统治阶级，有坚强的战斗意志。

歌里说：

发如韭，剪复生；

头如鸡，割复鸣。

吏不必可畏，小民从来不可轻。

公元184年，终于爆发了全国规模的黄巾起义。黄巾起义的领袖是巨鹿人张角。他创立了宗教组织“太平道”。那时候，疫病流行，农民没有钱看病。张角和他的弟子，一面给人治病，一面传教发动群众。农民很信仰他们。十多年间，黄河中下游和长江中下游广大地区，有几十万人参加了太平道。

张角把参加太平道的人，按地区组织成三十六方，大方有一万多人，小方有六七千人。张角号召农民起来推翻东汉统治。各地传播着张角的预言：“苍天已死，黄天当立。岁在甲子，天下大吉。”张角和他的弟子秘密约定在甲子年的三月五日，各地同时起义。

在预定起义前的一个月，有个叛徒向东汉政府告密，张角在洛阳的信徒一千多人被捕牺牲。在危急的情况下，张角派人连夜赶到各地，命令提前起义。184年2月，起义开始了。领导起义的张角称天公将军，他的弟弟张宝和张梁称地公将军、人公将军。他们领导起义军迅速占领了河北的许多郡县。不到一个月，黄河南北和长江流域都起义响应。起义军的头上包着黄色的头巾，称作“黄巾军”。黄巾军攻占城市，捕杀官吏，攻打豪强地主田庄，获得广大群众的热烈拥护。

黄巾军主要集中在冀州、东郡、颍川和南阳四个地区。他们打了许多胜仗，攻占了许多郡县。都城洛阳处在起义军包围的形势之下。东汉统治者惊慌失措，一面加强洛阳周围的防卫，一面调集人马到各地镇压起义军，但是都被起义军打败。东汉统治者再派皇甫嵩北上，进攻冀州黄巾军。正当黄巾军同敌人展开决战的关键时刻，张角不幸病死。184年10月，黄巾军在张梁的领导下，同皇甫嵩带领的军队在广宗（今威县东）血战。他们英勇善战，挫败了敌人的进攻，把皇甫嵩打得不敢出战。起义军打了胜仗，开始放松警戒。第二天黎明的时候，他们遭到了皇甫嵩的突然袭击，张梁仓促应战，不幸牺牲。这时，各地豪强地主纷纷组织反动武装，配合东汉军队镇压起义。在东汉军队和地主武装的进攻下，黄巾军的主力经过九个月的英勇战斗，失败了。但是，各地起义军继续坚持战斗，有的长达三十多年。以上是初中历史课本讲述的内容。

而1980年出版的大型工具书《辞海》第1084页弓部记载：张角（？～184），东汉末年黄巾起义首领，巨鹿（今平乡县）人。创太平道，自称“大贤良师”。汉灵帝时徒众达数十万人，遍及青、徐、幽、冀、荆、扬、兖、豫八州。中平元年（184）起义，自称“天公将军”，以头缠黄巾为标志，称“黄巾军”，与弟宝、梁汇集幽冀两州黄巾军，在广宗（今河北威县东）击退中郎将卢植的进攻，此后又打败东中郎将董卓，不久病死。对于张宝、张梁亦有记载，均说是东汉末年黄巾起义首领，巨鹿（今河北平乡西南）人。张宝战死于下曲阳（现河北晋州市），张梁战死于广宗（今河北威县东）。

以上两书有一书说张角是巨鹿人，一书说张角为平乡人。为什么所说不一，原因是秦始设三十六郡，其中巨鹿郡的郡址在现平乡县的平乡镇，书中所说的巨鹿，就是现在的平乡。

另外，《平乡县志》对张角、张宝、张梁亦有记载。此志收录古代人物传记19篇（传主21名），张角、张宝、张梁是写在一起的。记叙内容与辞海所记大致相同。

由此可见张角是平乡人，太平道始于平乡，平乡就是中国道教最早的发源地。

二、平乡是中国最早的道源圣地

说到道教，不能不说道家，不能不说老子。老子因一篇五千字《道德经》而名垂千古，其实其平生都在致力于研究道学，四处云游，讲经布道。其中就有他来平乡立场论道的传说。距现在县城东南20公里，有一村庄叫河古庙，那里是当今平乡县经济最发达的乡镇，中国乃至世界自行车零配件的集散地、世界童车之都，那里就是早年老子讲经论道的地方。

春秋时期平乡属晋国，沃野平川，林茂粮丰。老子久慕强大的晋国，于某日骑了青牛自楚国北上访晋。经千山万水到达漳河源头时，恰逢暴雨，河水陡涨，阻其去路。于是老子沿着发源于山西的漳河顺流而下。几日后河边出现了一座美丽的村庄，树荫蔽日，鸡鸣犬吠。于是，老子就下青牛走进村中，登上村庄的最高处放眼四望，见周围丘陵起伏，形貌奇特，大有九龙聚水之势，老子感到这是一块风水宝地，就住了下来，开始筑坛讲道、答疑解惑。老子的品行和思想很快就折服了当地民众，于是一传十、十传百，周边的百姓纷纷前来听老子讲道，道家思想自然也就浸洇到了人们的心中。老聃在此讲经论道逗留月余，之后骑青牛云游他乡。人们为了纪念他，纷纷捐钱捐物，修建了一座庙观，以延续和继承道家的思想和香火。这座庙就是现在的东岳天齐庙。太平道教的形成晚于道家思想500多年，在这500多年中，道家思想由老子到孔子，又到庄子，等等，发生了很大变化，加之道家思想本身的包容，儒家、佛教思想等的渗透浸洇，到东汉末年形成了《太平青领书》，亦即《太平经》。《太平经》尽管其主旨是道家的，但已不是原本的纯粹的道家，而恰恰是保留的道家思想与老子传给平乡民众的思想一拍即合，所以产生了太平道。对此，我去年在中国首届太平道研讨会上曾在《老子思想与平乡》一文中做过叙说，在此不再赘述。

太平道与五斗米道基本上产生于同一时期，而太平道早于五斗米道20年（潘显一教授语）。大家知道，一个教派的形成，必须要有组织，有经典，有场所，这是最基本的三个条件。太平道的组织与活动场所不用再说，其尊奉的《太平经》则又是人所皆知。而五斗米道早期没有经典所尊奉，到后来所尊奉的也是《太平经》，一直到现在五斗米道的尊奉经典依然是《太平经》，潘显一教授说："天师道有一个很重要的问题，就是没有当时的经典可考据，尽管它一直延续了下来，但我们叫它天师道是后边的事了，实际上，真正有经典的早期道教只有太平道。”就其当时的影响来说，太平道比五斗米道大得多，太平道的影响主要在黄巾起义之前，五斗米道的影响主要在黄巾起义之后。张角把太平道作为组织民众起义的基础，也就是说在黄巾起义前很长一段时间内，太平道就已广泛传播。黄巾起义是公元 184 年，张角创立太平道大约是汉灵帝熹平(172 ~ 178) 年间（中央民族大学研究生李娜语）。就此来看，太平道确实是中国最古老的道教，平乡也确实是中国的道源圣地。

三、道源圣地的遗迹遗风

老子来平乡设立道场距今已有 2000 多年，太平道兴起、黄巾起义失败，到现在也已有 1800 多年，可在平乡的大地上仍存有先哲的不少遗迹、遗风。

其一，三官庙。在中国首届太平道研讨会上，潘显一教授看到东岳天齐庙的三官殿后说：“三官殿的本质是我们民间层面的对天地水的诠释。先秦时代的皇家就是拜天拜地，没有水，要拜水的就一定跟我们说的道教相关。”潘显一教授只看了东岳天齐庙的三官殿，其实平乡的庙观里大都有三官殿，除三官殿以外，还有独立的三官庙，县城里的三官庙就是一例。上了岁数的平乡人都知道“南三官，北玉皇，当中夹个神二郎”和“玉皇庙点灯，三官庙明”这两句古话，可见平乡历史之悠久，道源之渊远。

其二，抬黄杠。抬黄杠也叫抬皇杠。抬杠，是流传于平乡民间的一种娱乐活动，据说是东汉末年黄巾军与官兵打仗时流传下来的。有歌谣传道：“抬黄杠，送黄粮，送给黄巾做粮饷，黄巾吃了打豪强……”相传，早年黄巾军在古广宗（今威县东）一带与官军激战，黄巾军需要在今平乡、南和一带筹集粮草，附近村民将粮食装到一个个小箱子里，抬着箱子底部的抬杠为义军争相送粮。天长日久，这一形式演变成了民间的娱乐活动。现在的黄杠是一种独杆轿。一盘杠由杠杆、箱架、杠箱、箱环、串铃、彩花、顶旗（两个鸡毛掸子）七部分组成。杠杆用有弹性的木料制成，长约六米，由两人抬着表演。抬杠人双手叉腰，脚踩鼓点，时而前倾，时而后仰，动作利索，节奏感强，表现了当年黄巾军与官兵交战时的种种情景。骑马者代表黄巾军，抬杠者是老百姓。箱子上的箱环、串铃随着表演者的步伐，不时发出有节奏的声响，数十盘杠形成一条长龙，你来我往，煞是好看。北京大学的佟荀教授看了后感叹道："我知道张角创立了太平道，但没想到它还有这么深厚的群众基础，在老百姓当中，千年以来还有传承，我看那个黄杠，走的那个步子，好像是人人都会，所以我很震惊。"

其三，铿锵有力的太平鼓。平乡的乡艺会演已经搞了好多年，每年出场都要有太平鼓。太平鼓的声音铿锵有力，声震八方，传说是当年黄巾军杀敌的号角与动力，只要听到了太平鼓的响声，黄巾军将士就会舍生忘死，奋勇向前。到了现代，黄巾太平鼓亦成了平乡民间一些重大仪式的必备节目，且已远播到了河南、山东、山西、江西、湖北等省。它将会世代延续，激励世世代代的人们奋而鹰起，勇往直前！

其四，天籁之音太平道乐。太平道乐也称太平古乐，是太平道法事音乐，也是太平道传播发展的一种辅助工具。演奏乐器主要是管、笛、笙等，与道教崇尚自然、天人合一的理念一脉相承。那高亢浑厚的锣鼓乐与呢喃的诵经声融会贯通、交织一体，其音乐风格既庄严肃穆、舒缓典雅，又清新悦耳、欢快活泼……一曲终了，让人们享受到的是天地人神的对话与交融。中央民族大学谢路军教授为挖掘平乡道源圣地文化做出了重大贡献，谢教授在考察太平道时曾说："太平道乐是融皇家音乐、道教音乐和民间音乐于一体的古老音乐。"谢教授的说法可以用平乡历史来阐释。平乡是祖乙北迁于庇的第一站，祖乙曾在此建都城，后再迁其都，此地改为中国历史上最早的皇家园村——沙丘苑台。祖乙的第六代孙商纣王"益广沙丘苑台"，在此筑酒池肉林，作长夜之饮。这里自周至秦多为封建王朝的离宫别馆，其皇家建筑形式对平乡的建筑风格产生了深远的影响。平乡的孤岛式瓦房建筑，漂亮的起脊式风格特立独行，该建筑形态应是典型的皇家建筑风格，而平乡周边各县的民居都是平顶房。在建筑上如此，音乐上亦如是。所以说太平道乐是融皇家音乐、道教音乐和民间音乐于一体的古老音乐实不为过。1998 年，东岳天齐庙道长姚孟文率邢台太平道乐演奏团，将一曲激越悠扬的太平道乐带到了新加坡亚洲道教节，受到了当地社会各界的广泛赞誉与好评。2008 年，太平道乐被列入了第二批国家级非物质文化遗产名录。中央民族大学哲学与宗教学院院长刘成有先生说："太平道乐可与云南纳西古乐相媲美，在国内民间音乐及宫观道教音乐中绝无仅有，堪称道教音乐的活化石。"如今演奏太平道乐已变成了平乡的一种民间娱乐形式和民俗活动，每逢节日、庙会、打醮等重大民间重大活动，人们都会演奏太平道乐来祈福。这来自于 1800 多年前的天籁之音，伴随着人类文明的脚步，合着劳动人民努力奋斗的脚步一路走来，并将越走越远。

其五，平乡县里庙观多。上次开会期间，我们到河古庙参观后，北京大学佟荀教授说："我看的那个全神殿，里面有释迦牟尼、老子、孔子等，完全把王重阳创立的全真道的思想体现出来了，不但体现了全真道的宗旨、共性，更体现了中国的传统文化，因为中国的传统文化就是儒释道。"说到此，我得讲一下太平道对儒家和佛教的影响、浸洇和渗透。由于道家思想对平乡的影响较深，晋朝年间，平乡曾出现一位在佛教界影响深远的人物竺道生（355~434）。竺道生，亦称道生，俗姓魏，巨鹿（今河北平乡）人。佛教传入中国后一直是主张"渐悟"的，而由于道生的"顿悟"改变了其走向；道生是平乡人，其思想是受了道教思想影响的。也正因为如此，才形成了平乡县里庙观多、平乡民众的信仰儒释道俱全的局面。

其六，梅花拳与道教。去年，中国民间艺术家协会将"中国梅花拳之乡""中国梅花拳文化研究中心"两块牌子授予平乡，可见平乡的梅花拳已发展成了全国的大事业。中国梅花拳是祖国大地上一个古老而美丽的拳种，有人说她属于儒教，有人说她源于佛教，门里人说她尊奉儒释道，我感到其实她就来源于咱们的道教。为什么这么说，一是从他的文武场之分，特别是文场的供奉天地君亲师可以看出。二是从文场中所研习的经典多是《周易》《太平经》里的东西。三是目前梅花拳所排辈分与邱祖龙门派的字都是相同的。“道德通玄静，真常守太清，一阳来复本，合教永圆明”等一百代的辈字完全一样。我个人认为，梅花拳属于中国道教，至于后来为什么又不说是道教，那应该是我们没有研究清楚或有待各位大家进一步研究的事。

其七，好人、好官、好民风。《平乡县志》称，平乡人“性敦厚……婚姻不论财，丧葬不用乐，淳朴有古人风”。此风源于老子的古道场，源于“道源圣地”太平道文化，源于儒释道三教合一的兼容并包。这里的人们既有道家处世出世的境界，又有儒家积极进取的心态，还有佛家慈悲度人的情怀。因而“自古平乡多才子”“自古平乡多贤士”之说流传甚广。汉代两袖清风、留犊淮南的寿春令时苗，西晋满门精英、忠心报国的“柴半朝”一家40余人，明代因清廉宽厚被称为“云佛”的汝宁通判云五色；八载知府、九次受朝廷嘉奖的刑部员外郎韩焘，四平名将马仁兴，新中国成立后河南省第一任省委书记张玺，等等。

如今的平乡，社会安定和谐，人们富足安康，讲诚信、做好人已蔚然成风，工作在全国各条站线不同岗位上的平乡人，无不受人称赞，2007年出了个“感动中国”的盲人校长穆孟杰，2014年出了个全国最美乡村教师胡清汝等。但凡跟平乡人打过交道的，无不竖起大拇指赞一句“平乡人好!”2013年，一位浙江商人来平乡投资建厂，由于对投资环境不了解，举棋不定。那时正值隆冬，大雪纷飞，他驱车前往河古庙，因公路上行车缓慢，为赶时间，他就跟随一些车辆绕进了村庄小道。乡间小道本来就窄，前方又有一部车坏在了路上，仅可容一车通过。恰此时，一辆装满货物的三轮车迎面驶来，浙江商人本想把车停在路边让三轮车先过，可让他没想到的是三轮车缓缓往回退了几十米，随后那位三十多岁的驾车人，示意并指挥浙商车辆前行，还客气地说：“路太滑，小心点。”浙商将车开过去后，停下车快步走向身上落满雪花儿的年轻人连声道谢并问他怎么称呼。年轻人边走边说："俺是河古庙的，这点小事谢啥呀！"这件事情是不大，但却让身处异乡的他在寒冷的冬日里感到了温暖，不久他就决定在河古庙投资建厂。如今，他的事业已做得很大。

还有一件事，1990年春季，河古庙市场来了一位温州客商，身上带有大量现金（那时还不能电汇），在市场上购货，一不小心被三轮车撞倒，腰里缠着的八万多现金，撒了一地。这时，在一旁摆摊经营的河古庙人，放下手中经营的摊位，不约而同地将这位客商围成一圈，把落在地上的钱一一拾起，如数交给温州客商。这位客商感动得热泪盈眶，一直称赞："平乡人真好，我一定要在平乡投资建厂。"那时，外地客商带来的现金都是放在河古庙老乡家里，从来没有发生过缺钱少钱的事情。

正是人人平等、互助互爱、道法自然、无为而治的道教文化滋润着一代一代平乡人，才成就了平乡的大事业、大产业（平乡的自行车产业是全国四大板块中的一极，已发展为远近闻名的自行车产业名城、世界童车之都）。现在的平乡，尽管是全国贫困县，但财政收入去年达到了4.7亿元，今年可望达到5.5亿，城镇人均收入达到了17799元，这缘给平乡人的实在，缘于平乡人的实干，缘于道教思想传给平乡人的理念！

关于道源圣地的遗迹、遗风还有很多，不再一一叙说。

综上所述，基本上说明了我的观点，希望各位专家学者多提宝贵意见，并由"论道平乡"论出道家、道教对当今经济社会发展更好的想法和建议。

谢谢大家！

论《太平经》美学思想的社会责任感

潘显一

（四川大学道教与宗教文化研究所教授、博士生导师）

论文提要：《太平经》的民间性宗教思想，带来其美学思想上明显的社会责任感。无论是其对艺术具有“益世”作用的看法，还是其立足于社会大众的“生—美”观点，以及其强调道德为基准的美感论，都建立在其社会责任感上。这种美学的社会责任感，使得《太平经》反映了更多的群众性和时代性，在中国美学思想史上也是独特的分支。

主题词：《太平经》　　美学　　社会　　责任感

基金项目：教育部人文社会科学重点研究基地重大项目《道家道教艺术精神研究》（13JJD730003）、四川大学中央高校基本科研业务费研究专项项目“学科前沿与交叉创新重大项目”《“道美”文化二千年》（SKQY201304）阶段成果。

在汉末，作为最富大众性的早期民间宗教的太平道，其传教方式和吸引群众的办法，就是用宗教形式的医和巫，来救治人们的肉体，解除人们现实的灵与肉的苦难，进而获得信众的。再加上它很有“互助组织”意味的宗教组织形式，有利于团结和组织群众特别是农民群众抗拒现实生活的压迫和痛苦，因此，当农民起义需要它作为信仰和理想的支柱的时候，宗教组织很容易就变成政治和军事的组织。太平道的这种

"此岸性"，自然会反映到它的宗教思想的方方面面，其美学思想也不例外。

一、艺术"益世"论

《太平经》的文艺美学价值论的核心，就是对文艺美的社会教化作用的充分认识和有意识强调。作为一种土生土长的宗教，道教在萌芽初期，就具有强烈的"参与意识"和社会意识。太平道、五斗米道不约而同地将民间宗教组织政治化甚至军事化，绝不是偶然的。从外部看，当时动乱的社会，需要一种能够凝聚民众的组织，即使是宗教组织；从内部看，太平道、五斗米道是应运而生的，其宗教思想中必然包含社会运动思想因素，必然反映民众以"宗教"形式干预社会、参与政治的需求。这种内在需求，反映在道教的文艺思想中，就必然将古代的"诗言志"的传统思想扩展、转变成以文艺（主要指道教之"文艺"）来团结民众、教育训练信徒、推广教义的理论工具。《太平经》说：

> 太平气俱至，人民但日相向而游，具乐器以为常，因以相和相化。上有益国家，使天气调和，天下被其德教而无咎。和与不和，以为效乎？得天地意者，天地为和。人法之其悦喜；得天地人和悦，万物无疾病，君臣为之常喜。是正太平气至，具乐之悦喜也。①

"具乐器以为常"是《太平经》理想的"太平"社会，人民安居乐业的生活理想。作为新兴宗教，其思想如此俗世化又如此"审美"化，不能不说是得益于其比较自由的民间性和"巫"乐思想传承。而这，才

---

① 《太平经·太平经钞》第七卷庚部《虚无自然图道必成诫》,《道藏》第 24 册，文物出版社、上海书店、天津古籍出版社 1988 年版，第 358 页。引者将《太平经钞》也作为反映《太平经》基本思想内容的文本看待。

像是来自民间道教的口气。

《太平经》甚至还分上、中、下三个层次来阐释文艺审美的作用：

> 故举乐，得其上意者，可以度世；得其中意者，可以致【太】平、除凶害也；得其下意者，可以乐人也。上得其意者，可以乐神灵也；中得其意者，可以乐精；下得其意者，可以乐身。俱得其意，上帝王可游而无事。①

《太平经》认为发挥文艺的最高级的作用，可使人得到守道诀窍而“度世”成仙；发挥文艺中级的作用，可使人得到太平美好的生活；即使仅仅发挥文艺最低级的作用，也可使人得到审美的快乐。对《太平经》来说，以“乐”为代表的艺术美，其作用虽有高下之分，但总的来说都是正面的、积极的，统治者可通过文艺活动沟通、打动“神灵”；中等人群，可通过文艺使身中的“精”（精神）感到愉快；下层群众，也可通过文艺欣赏去愉悦自我。因而，要是全社会的人都得到文艺的熏陶，那就天下太平了，天上的上帝和地上的帝王会轻松得无事可干。

《太平经》按照自己的宗教哲学和美学价值观，对艺术和审美之所以具有如此重要的社会作用做出解释说：

> 乐起而刑断绝，精神相厌也。……乐者，太阳之精也；刑者，太阴之精也。阳盛则阴服，阴盛则阳服。故乐盛则刑绝也。②

从这样的艺术美学价值论出发，《太平经》就必然会以“乐”（文艺）的社会作用来区分艺术之高下：“上士治乐，以作无为以度世；中

① 《太平经》第一百十六卷《某诀》，上海古籍出版社 1993 年版，第 541 页。引文中【】内为引者校改内容。

② 《太平经》第一百十六卷《某诀》，上海古籍出版社 1993 年版，第 541 页。

士治乐，乃以和乐俗人以调治；下士治乐，裁（才）以乐人以召食。”而修道人“治乐”的根本目的，还是为了使天下回到“道”的规范和“道—美”的形态。所以《太平经》又说：“乐，则五方道德悉出；怒，则五方恶悉出也。乐，则天地道德悉出也；怒，则天地恶悉出也。故天地乐者，善应出也；天地不乐者，恶应出也。故五方乐而和者，五方善应出也；故五方不乐而怒者，五方恶应出也。是非小事也！”这部道经还进而详细分析说：“乐，小具小得其意者，以乐人；中具中得其意者，以乐治；上具上得其意者，以乐天地。得乐人法者，人为其悦喜；得乐治法者，治为其平安；得乐天地法者，天地为其和。天地和，则凡物为之无病，群神为之常喜，无有怒时也，是正太平气至，具乐之悦喜也。”① 以“乐”治天下，以“乐”安国家，音乐的艺术社会作用和价值，已经被这种民间宗教强调到了无以复加的地步。

正由于看到了艺术的社会作用的重要，《太平经》进而提出“作乐”也必须要慎重、得当，有所规范。它说：

> 将太平者，得具作乐。乐者乃顺乐王气，平气至也。先以道之凶年者，不得作乐，不得无故兴乐。囚废之气，与天地反逆，故凶年凶事，不得作乐也。故王相之气，德所居也；囚废之气，刑所居也。……故有德好生之君，天使其得作乐；无德之君，不得作乐也。②

这就叫道教“德—乐”对应观，也就是“政治—艺术”批评方法的宗教形态。在《太平经》看来，艺术与“天时”也有感应，它说“乐”要与“天气”相匹配才能和谐，要“皆顺其气，如其数。独六月者，以

① 以上均见《太平经》第一百十三卷《乐怒吉凶诀》，上海古籍出版社 1993 年版，第 507 ~ 509 页。

② 《太平经》第一百十六卷《某诀》，上海古籍出版社 1993 年版，第 543 页。

夏至之日，并动宫音，尽五月。六月者，纯宫音也。又乐者，乃举声歌舞。夫王气者宜动摇，动摇见乐相奉顺见奉助也……故天之所向者兴之，天之所背者废之。是为知时气，吉凶安危可知矣”①。从哲学思想上说，这自然是汉代流行的“天人感应”观点的翻版。不过，也要看到它的音乐理论本身的价值，因为它同时也强调说，“五音不足，不成歌舞之曲”②。可见，仅仅从“政治—宗教”或“天人感应”的观点去分析，还是远远不够的，它的确还包含了比较丰富的艺术美学的内容。比如，《太平经》讲音乐艺术要符合“天”之“三气”中的“乐气”与“和气”：

> 天有三气，上气称乐，中气称和，下气称刑。故乐属于阳，刑属于阴，和属于中央。故东南阳乐好生，西北阴怒好杀，和气随而往来，一藏一见，主避害也。故乐但当以乐吉事、乐生事，不可以乐凶事、乐死事。自天格法如此，不可反也。③

这“乐”，不仅是“乐气”（属东南之阳气），而且是可以操作的、演奏的欢快音乐，是可以用来表达快乐情绪、烘托吉祥喜庆气氛的艺术形式。从它对音乐（欢快音乐）的美感愉悦作用的理解来看，其观点基本上还是正确的。只是它将音乐同“天”和“三气”生硬地加以比附，自然会把它对音乐的正确理解，本末倒置地放置在它的宗教思想基础上去。当然，如果从《太平经》是强调音乐的社会价值方面去理解，那么，它实际上是在呼吁正确发挥音乐（特别是道教音乐）的社会教化作用或美育作用。对于中国美学思想史来说，《太平经》从宗教需要的角

---

① 《太平经》第一百十六卷《某诀》，上海古籍出版社 1993 年版，第 539 页。

② 《太平经》第一百十六卷《某诀》，上海古籍出版社 1993 年版，第 539 页。

③ 《太平经》第一百十六卷《某诀》，《道藏》第 24 册，文物出版社、上海书店、天津古籍出版社 1988 年版，第 583 页。

度谈论艺术社会作用，无疑得风气之先，是具有开创性的。

二、“人”的“乐生”论

当年太平道“传道”基本内容，一是“养生”，二是“解厄”。对于入道的人众，最有现实价值、最有实践意义的，还是“养生”。只不过，我们讲太平道的“养生”与歌颂生命美好、长寿快乐的时候，不要忘记《太平经》本身是“传教”的脚本，是“师”对“众”宣讲的教理和道法。我们研究《太平经》的“生命美学”，不但要探讨其对个体生命养护的价值，更要充分认识其对于当时社会的“众”人的社会学意义。比如，《太平经》说：

> 人最善者，莫若常欲乐生，汲汲若渴，乃后可也。①

这段话，有几个要点需要强调。其一是所讲的“人”。这里的“人”是泛指，是“人—神”对举、“人—物”对举的“人”，是不可数名词，“人”本身就包含十分强烈的社会性内涵，是宣讲对象众人之“人”。其二是“乐生”。以“生”为“乐”，并不附加任何条件，也没有任何社会地位、物质需求的限定，“乐”是核心，“乐”是唯一的条件。而这个“乐”，对于“人”来说，不是理性思维的判断，也不是道德伦理的要求，只是感性的、类审美的快感和愉悦感。这种“乐”的愉悦感，才可以满足“汲汲若渴”那样的精神需求。三是“善”。“善”在古汉语中本来就有“好”和“美”的含义。②《太平经》强调，人们应该了解，人

① 《太平经》卷四十《乐得天心法第五十四》，《道藏》第24册，文物出版社、上海书店、天津古籍出版社1988年版，第397页。

② 《说文解字》：善，“与义、美同意”。又如《论语·八佾》：“子谓《韶》，‘尽美矣，又尽善也’；谓《武》，‘尽美矣，未尽善也’。”可见，善确有“美”的含义。

间最美好（即“最善”）的事，不是高官厚禄、封妻荫子，或者发财致富、锦衣玉食，甚至也不是“彼岸”的、“天堂”的幸福，而是人人都可以体会到的现实的平凡生活之乐，一种现实的审美的愉悦。如果这里的“善”作动词作“喜爱”“喜好”讲也可以，突出的还是“欲乐生”，还是这种以“生”为“美”的观点。这既是一种本能，又是一种人生态度，是一种最美好的、非功利的、充满了审美情趣的人生态度。“生”是人生目的，也是审美态度，更是人生追求的终极的快乐和最神圣、最崇高、最伟大的美。

《太平经》还将这种朴素的“生美”观，直接转化为“寿美”观。人之“生”，最“善”即是“寿”：

> 三万六千天地之间，寿最为善。①

“寿”，就是长生不老（即后来的长生成仙）的古代的通俗说法。也就是说，健康长寿在道教中是永远的宗教理想和至高的美学境界。这其实就是道教的“生—美”思想的总纲，也是道教美学思想核心的“道—美”观点的“通俗化”和“社会化”阐述。

基于这种基本的“寿—善”观点，《太平经》还提出“人命最重”的人生价值标准和审美价值标准，认为神仙都是“不贪尊贵”“但乐活而已”的“人”②。这“乐活”之“乐”，即是道教的一种以生命意识为根据的非功利的审美态度。活着，就是愉快；活着，就是美好；活着，就是神仙。这种以生为美的审美态度、人生态度，既是超然世外的，又是极为注重现实人生的。这体现早期道教思想的内在积极精神，也是《太平经》在现实美问题上的典型表述角度。在东汉末年那种天灾人祸

① 王明编:《太平经合校》,中华书局1960年版,第222页。以下引此书只注页码。

② 见《太平经合校》,第34页、第288页。

导致的动乱社会，百姓的生命无疑时时受到威胁，能寿终正寝已经不易，更不要说终其天年或寿比南山了。所以，从这个角度说，《太平经》的“寿美”观点，无疑也是有其社会针对性和社会责任感的。

《太平经》的“寿美”观，还扩大到了其政治美学领域。所以，《太平经》还说：

> 古者三皇之臣多真道也，故其君多寿；五帝之臣少真道，故其君不若三皇之寿也；三王之臣复少真道，不能若五帝也；五霸之臣最上（尚）功伪文祸，无有一真道，故多夭死，是明效也。①

以长生久“寿”为美好神仙生活的标准，用三皇五帝、三王五霸（之臣）的寿夭来进一步证明，可见这一标准深广、彻底的程度。哪怕你同样贵为帝王，或同样位居一人之下、万人之上，你的行为不合“真道”，你一样享受不到美好的长生久“寿”的神仙生活，你留在历史上的形象也将是不美好的。

要知道，中国古代居于政治核心的“人”，当然是“帝”“王”之“君”“臣”。说他们的“寿”或“夭”，取决于他们自己在政治上是否符合、采用了“真道”，这种历史观虽然看起来有点本末倒置，但实际上其社会性价值超越了“寿美”论的思想价值。太平道敢于通过评价古代帝王君臣“寿夭”之美丑，变相地评价其政治的美丑，其实也包含了政治伦理与政治哲学的成分，“生—美”“寿—美”观也就包含了相当强的社会批判内容和强烈的社会责任感。

当然，《太平经》的“生—美”“寿—美”论，也只是其“神仙”的美好生活的理论起点和修炼入门。而神仙是可以由“人”修炼而成的，号召大家都来修炼，大家都来“守道”，都来集合在“太平道”的

---

① 《太平经》卷四十七《上善臣子弟子为君父师得仙方诀》第六十三，上海古籍出版社 1993 年版，第 209 页。

旗帜下，也就有了更广泛的社会内容了。《太平经》关于“修炼”的操作性规范，也许还是粗浅而零散的，但理论上认为神仙可以修炼成，德道之美可以从修炼中体会，无论其中哪一章节都是一以贯之的。比如，《太平经》说：“守道而不止，乃得仙不死；仙而不止，乃得成真；真而不止，乃得成神；神而不止，乃得与天比其德；天比不止，乃得与元气比其德。”①

这里，“守道”是修炼的起点，不断坚持“守道”，可以不死而长生成仙，实现道教修炼的第一步目标——过上超越凡俗的、美好的“仙人”生活；然后，如果再“仙而不止”，不断地按照更高的标准要求自己，不断实现更高层次的肉体与精神的冶炼和熔铸，就会到达更高层次、更美好的“真人”的境界；如果继续努力，继续修炼，继续超越自己，“真而不止”，就有可能达到只有极少数人能够达到的美妙的“神人”的地位；如果道心坚定，继续锲而不舍地向更美好的目标前进，也就有可能超越“神人”、高于“神人”，成为“与天比德”的“天神”，即后世道教文学作品中所谓的“与天地同寿”；而道教的修炼还有最高、最美、最终极的目标，那就需要“天比不止”，最后达到守道（即后世所谓修道）的最完美的境界，则是能“与元气比其德”，达到与“元气”（道）合一的状态，既无限又“无待”（《庄子》）的绝对的生命状态。这种状态，大概就是后来道教所谓“老子一气化三清”式的能力和能量，无内无外的绝对超越境界，是人生现实美的终极追求和绝对状态，是道教的神性美的最高等级和最高境界。

三、“喜乐者乃道德之门”伦理化美感论

强调人的行为美、品行美，是宗教伦理的共同特点，也是宗教美学思想中必有之义。不过，《太平经》与后世道教经典在伦理—美学价值

① 王明编:《太平经合校》,第78页。

标准方面，最大的不同在于《太平经》更富于民众性和现实性，更具有基于当时社会普遍伦理准则为基础的负责态度。所以，《太平经》提出的宗教伦理—美学标准，更多的是平民和农民日常相关的道德、审美的“习惯”。如前所说，《太平经》认为“善”（同时也即“美”）的标准，应该也可以从中得到“乐”（即审美快乐）的，首先是“乐生”，这还是宗教的标准。但是，“其次莫若善于乐成”开始的“再其次”等，则是明显的世俗标准了。《太平经》说：

> 人最善者，莫若常欲乐生……其次莫若善于乐成……其次莫若善于仁施，与见人贫乏，为其愁心，比若自忧饥寒，乃可也；其次莫若善于设法，不欲乐害，但惧而置之，乃可也；其次人有过莫善于治，而不陷于罪，乃可也；其次人既陷罪也，心不欲深害之，乃可也；其次人有过触死，事不可奈何，能不使及其家与比伍，乃可也；其次罪过及家与比伍者，愿指有罪者，慎毋灭煞人种类，乃可也。①

它要求修道人（道学）对人应仁慈地施予，看到别人贫乏要像自己处在饥寒中那样“愁心”；立法的目的不是制裁人，而是让人有所畏惧；要善于纠正那些犯了错的人，但不要直接论罪；就是别人真的犯罪了，你的内心也不能光想着狠狠地整治他；即使犯罪人犯了死罪，也不要让他的家人牵扯进去；要是犯罪人和家人都犯同罪，也不要随便就株连九族，搞扩大化的暴政。这样要求“道学”的心灵美，要求相当具体的“仁”“善”行为，既承继了儒家的仁爱精神，又寄托了平民百姓对于当时兵荒马乱时政的憎恶。从这点来说，《太平经》的“善—美”要求，就超出了一般意义的伦理—美学价值。

① 《太平经》卷四十《乐生得天心法第五十四》，上海古籍出版社 1993 年版，第 172 页。

美感作为一种认识活动，其特征之一就是有着情感体验。人无论欣赏美（如自然美）还是创造美（如艺术美），都会由于审美主体直观到人的本身、满足了审美需要和美的理想，而产生愉悦、快乐、幸福等情感。这种美感完全不同于生理快感，还包含着理性的、精神的内容。被后世道教尊为南华真人的庄子，提出了“至乐”说。他所说的“至乐”，显然就超越了一般生理快感，属于一种精神上的极大快乐，实际上接近于我们今天所说的美感或审美愉悦。庄子说：

> 今俗之所为与其所乐，吾又未知乐之果乐邪，果不乐邪？吾观乎俗之所乐，举群趣者，誙誙然如将不得已，而皆曰乐者，吾未之乐也，亦未之不乐也。果有乐无有哉？吾以无为诚乐矣，又俗之所大苦也。①

这里有几个意思值得注意。一是不以“俗之所乐”为乐。众人趋之若鹜、甘之若饴的事物，庄子既不随俗，跟着别人认为可乐，也不认为可悲（不乐），不赶潮流，不人云亦云。他提倡的是一种遗世独立的人格，一种与众不同的快乐。二是提出“无为”才真正有“乐”，才是真正的快乐。俗世之人以为“无为”是巨大的痛苦，因为他们将俗世的（物质的）享受当成了快乐。因此，他们总是在物欲中打圈子而不能自拔，而欲壑难填，物欲是永远无法满足的，所以他们会总是充满痛苦。三是庄子重申老子的“至乐无乐”观点，并将“至乐”境界作为体悟“至道”以后出现的极大快乐。而这种“至乐”究竟是什么样的快乐呢？庄子将老子并提的“至誉无誉”连成一句话来说，显然有他的深意。“誉”即是赞美，是一种审美评价，或以审美评价为基础的伦理判断。“至誉”也就是最高的赞美，是一种最高审美评价。以此相类，“至乐”也就是最高的审美快乐。应该承认，虽然作为思想家的庄子并非在谈宗

---

① 《庄子·至乐》,《道教三经合璧》,浙江古籍出版社 1991 年版,第 210 页。

教问题，但由于其特定语言方式，的确很容易被后世兴起的道教改造成宗教审美思想和宗教教理。

《太平经》大约就是最早将庄子的这种“至乐”“至誉”观点转变为宗教思想的道经。如果说庄子论美感还在哲学、理论的层面，那《太平经》就在此基础上加入了社会伦理的因素，形成了伦理化判断的美感论了。《太平经》以“乐生”“乐道”“乐人”“乐善”“乐凶”之“乐”为准来作美学判断。① 这些美学判断里面，既包含对“道”的态度，又包含对“人”的态度，还包含伦理（如善、凶）判断的成分。在此基础上，《太平经》提出了“天地乐”的观点，这一观点大略相当于老子、庄子的“至乐”“至誉”说。在《太平经》所代表和表现出的早期道教思想里，“天地”已经具备了相当明显的人格神特点。《太平经》讲“天地乐”，就是从宗教人格神角度出发立论的。它说：

> 乐则天地道德悉出也，怒则天地恶悉出也。故天地乐者，善应出也；天地不乐者，恶应出也。②

这段话有两方面的含义。一方面，是人要保持或修炼达到“乐”而不“怒”的超然态度，对世事人生都采取审美式的超功利态度，你就能合天地之“道德”；另一方面，是“天地”也是有情感的，你的所作所为能使“天地”赞赏而“乐”，就会有种种好事、美事回报给你，你自然就在思想上、感情上与“天地”一致了，与“天地”同“乐”了。这里，值得注意的还有“道德”与“恶”对举并非偶然，而是以“道德”替代了“善”。这从后一句中的“善”“恶”对应可以清楚看出。这实际上是在审美判断中融入了伦理判断。

---

① 如《太平经·乐生得天心法》《太平经·急学真法》《太平经·三合相通诀》《太平经·六罪十治诀》等诸经诀。

② 《太平经》卷一百十三《乐怒吉凶诀》,《道藏》第24册,第567页。

更重要的是，《太平经》将“喜乐”这样明显的美感的情感因素，直接和至高的“道德”挂钩，这是有其宗教信仰逻辑的。《太平经》说：

> 喜乐者，乃道德之门也。故当从之，使生道德之根，勿止之也；止之，反则生刑祸之门也。此者，吉凶之所出，安危之所发也。故乐者，阳也；刑罚者，阴也。阴之与阳，乃更相反。阳兴则阴衰，阴兴则阳衰。阳者，君也；阴者，臣也。君盛则臣服，民易治；臣盛则君治侮乱。此天自然之法也，故当从其君乐也，以厌其民臣，止其数怒也。下古之人愚，不深知其意，反多断绝之，故使阴气盛，阳气衰也。阴气盛，则多盗贼，罪人不绝，凡万物不生也，多被阴害，大咎在此。乐气生则阳气盛，以断此害。①

这“喜乐”，既是主体（审美）的判断和体验，对个体的修道、得道都有不可忽视的意义；同时也具有社会教化的作用，甚至政治辅助的作用。如果将这段话用现代哲学社会科学术语来表达，我们会惊讶地发现，它在以“阴—阳”对立统一的朴素辩证思想为核心的论证过程中，涉及了如此广泛的领域，从政治到哲学，从美学到伦理，从历史到现实，从天地到生命，从生理到心理，等等，又是如此自然地过渡到宗教教理上去，几乎使人忘记它原是一部庞杂的民间道教经典。

《太平经》对修道者（或作者）的心灵美，以及“文”（即广义的“文学艺术”）之内容，还提出具体的要求：

> 善者著善之文，不失其常，不失其宜，是谓上德。无所不成，无所不就，不失其明，不失其实，不失阴阳所生成，不失四时主生之气所出入，不失五行之成，不失日月星宿，不失其度数，不失其吉凶之期，不失有灾异之变，不失水旱之纪，人命短长，不失所禀

① 《太平经》卷一百十三《乐怒吉凶诀》，《道藏》第 24 册，第 567 页。

系星宿厚薄之意，是上德之所当行也。①

这是说，“文”（文艺）的内在标准是“善”，是符合“四时五行”“日月星宿”“阴—阳”“出—入”“吉—凶”“水—旱”“短—长”“厚—薄”等有关天时、人命的“上德”。从文艺内容来说，《太平经》强调的实际上是艺术美的核心是内容的社会、伦理价值。换言之，文艺的形式美是服从思想内容的。

自然，《太平经》所强调的思想内容美，必然是排斥纯物质享受和物欲的。在《太平经》的宗教思想中，虽然物质享受还不能说是完全的不合“德道”，但物欲太过，肯定是被明确反对的。比如，《太平经》以通俗的语言论“身”与“财”的关系说：

身在，财物固属人身；身亡，财物他人有也，故无可爱惜。极以财物自辅，求索真道异闻也，故其身反得长存，财则在，常属于人也。②

如将这种人生态度转化为审美情趣，必然就成了上文所说的讲究“清静”的趋向。所以，后世道教中人都推崇这种态度为真正的“神仙”态度，并借鉴吸收佛教的断绝“财色”的观点，发扬儒家、道家的“安贫乐道”的传统，形成一种宗教化的看轻一切物质享受与需求的态度，而仅以“得道”为“美”、为“乐”的修道思想、修道环境和修道方式。在《太平经》以来的道教看来，物质生活只有与修道相联系才有意义，“道”之美妙趣味只有在长生成仙的追求过程中才能体悟得到。

《太平经》又从政治伦理角度，提出“为人君者”保持精神（神魂）

① 《太平经》卷一百一十《大功益年书出岁月戒》,《道藏》第 24 册,第 548 页。

② 《太平经》卷八十九《冤流灾求奇方诀》,上海古籍出版社 1993 年版,第 331 页。

上的快乐、愉快的重要性。它认为，统治者治国平天下，应该“合天心”“得天意”，要不然，“人君”死了之后“魂神”（略相当于后世宗教或民间信仰中的“魂魄”“鬼魂”）也会在“地下”（略相当于后世所谓“阴间”）受到责难。《太平经》说：

是故古者大圣贤深计远虑知如此，故学（道）而不止也。其为人君者乐思太平，得天之心，其功倍也，魂神得常游乐，与天善气合。其不能平治者，治不合天心、不得天意，为物功于天上，已到终，其魂神独见责于地下。①

对探讨本论题特别值得注意的是，“人君”统治得法的内在标准，一是“乐思太平”，二是“魂神得常游乐”，都是指的一种精神的、情绪的情感状态，而不是“平治”天下的实际政治业绩。这一方面体现了《太平经》终究是宗教文本，必然将宗教对于政治、社会的控制力无限扩展、夸大，另一方面又反映早期道教作为民间文化产物，折射了老百姓对政治和社会的伦理化理解。此外，《太平经》提出的精神愉快来自“魂神”“与天善气合”，实际上也体现它从审美情感角度对于伦理（善）的强调，或者从伦理的角度对于审美愉悦的强调。因为，它所说的“魂神得常游乐”的精神状态，只有在超现实、超物质、超功利的审美或类审美活动中才可能获得。

总之，《太平经》保留和借用了上古的“神”的信仰，也从庄子和秦汉新道家那里继承了“神仙”思想。但从美学思想角度说，《太平经》所用的“神”这个词，不是指上古就有的“神灵”（名词）之含义，而是指与之相联系的（语言学称为“派生”的）“神异”“神圣”“神妙”“神秘”（形容词）的意思。《太平经》对此也有所解释：

---

① 《太平经》卷四十《努力为善法》，上海古籍出版社1993年版，第169页。引者对原文略有校改。

神者，道也。入则为神明，出则为文章，皆道之小成也。①

这个解释不但说明了《太平经》的确是从“神明”使然的角度使用的“神”（道—美）概念，而且还将“文章”看成是“道”的“神”性美的外化，是“道之小成”。而按《太平经》的用语习惯，这里是泛指包括文学艺术在内的一切艺术作品、艺术美，甚至可能还包括天造地设的天然景物、自然美。“道”与“神明”当然是宗教的内容，但“文章”却显然是世俗的泛指的文学艺术。“神明”与“文章”竟然相提并论，我们不得不说《太平经》极为重视“文章”，将文学艺术的审美价值列入其宗教教化作用之中了。这是否承接了先秦以来儒家“文—道”观，又开启了葛洪的教门“不得无文”的思想，我们还可以另行探讨。

① 王明编:《太平经合校》,第 734 页。

《太平经》与内丹道

张广保
（北京大学哲学系教授、博士生导师）

作为中华民族独有宗教的道教与世界上其他各大宗教诸如基督教、佛教、伊斯兰教等相比较，无疑具有许多特征，其中一个很重要的特征就是以术合道。道教通过各种修炼术来彰显其终极大道，其论道少有悬空之谈，而是有实在的落脚之处，此即其诸种修炼术。道教的立教宗旨是以术证道，在其教中术与道相互依存，相互彰明，而其终极的归依则是术道合一。道教的这一特点也与中华文化重证验、尚实用的一般倾向相吻合。内丹术便是道教依据我国传统的卫生之术而创立起来的基本修炼术之一，其宗旨乃在于通过内修将玄虚灵通的大道与个体相贯通，进而达到证道、得道、与道合一的目的。

内丹道作为道教的一个重要的派别分支，其正式成立应该是在中唐以后，但内丹思想的渊源却极为久长。先秦道家典籍《老子》《庄子》都有不少地方论及卫生之术。如《老子》的“专气致柔”，《庄子》的“吹呴呼吸”“熊经鸟申”即是，近年来出土的战国剑秘铭文、张家山汉简、马王堆帛书均有关于行气、导引、房中等各种养生方术的论述。然而这些有关的论述均是将以上方术作为一种养生保健的手段，尚没有将卫生之术与证道了真明显地联系起来，换句话说在这些典籍中尚没有明确的术道合一的思想。①

① 战国剑秘铭文中关于行气的论述已有将行气与登天相连的说法，似已开始将行气与超脱相连，但其论述惜未展开。马王堆帛书《十问》亦认为房中术行之有方，可通于神明，并将精通此术者称为天士，但在阐述房中术与度世超脱的关系时亦欠详尽。

因此就目前的文献典籍及考古发现来看，东汉以前虽然有很丰富的内丹思想，但都没有超出方术的范围。内丹道初步完成由术入道的根本超越应该是在东汉时期完成的，《太平经》便是这一超越的标志。① 《太平经》在对当时社会流行的各种养生术如存思、守一、食气、房中、服符等进行介绍时，并没有单纯地停留在方术的阶段，而是将这些方面深化到道的层次，突破了传统的方术养生的局限，进入到对生命进行根本超越的层次。可以说，《太平经》在证道的高度将众术统一起来，如此便构成了书中极具特色的度世思想。《太平经》的内丹思想反映了道教内丹道由术到道的转变过程，从中我们可以看出道教思想家是如何将天道贯通于人道的。以下我们拟分六个部分对《太平经》的内丹思想进行论述。

一、真道九首

《太平经》对当时民间流行的各种养生方术做了总结，按照上、中、下三个层次综合出九种基本的修炼术，并将其命名为“真道九首”。九首之中有三首为度世之术，我们可以列入道的层次；中三首为役神之术，末三首亦为各种役神真之术，但其神真皆正邪参半，此中，末六首明确为各种方术之汇集，应列入术的范围。《太平经·真道九首得失文诀》述之云：“道有九度，分别异之。”其九度依次为：“一事名为元气无为，二为凝靖虚无，三为数度分别可见，四为神游出去而还反，五为大道神与四时五行相类，六为刺喜，七为社谋，八为洋神，九为家先。”② 经文又将此九度区分为上、中、下三个层次，每层辖三事，每事均有三法，

① 不过《太平经》中所述内丹道与后世钟吕一系内丹道差距较大，相反倒与六朝时风行的存思术关联密切。据此，我们在此讨论《太平经》的内丹道是在一种宽泛的内丹道概念外延下来使用的。

② 王明编：《太平经合校》，中华书局1960年版，第282页。下同。

如此三层合计有八十一法之多。然而此八十一法属于度世之术的也只有上三层二十七种。经文云："其上三九二十七者，可以度世；其中央三九二十七者，可使真神吏；其下三九二十七者，其道多耶，其神精不可常使也。"① 可见经文虽对此九度冠以"真道九首"，但名副其实的真道不过只有上三首而已。

此九首真道的具体内容如何？《太平经》本文中做了相当详细的论述。其上三首度世之术为：

> 第一元气无为者，念其身也，无一为也，但思其身洞白，若委气而无形，常以是为法，已成则无不为无不知也。故人无道之时，但人耳，得道则变易成神仙，而神上天，随天变化，即是其无不为也。其二为虚无自然者，守形洞虚自然，无有奇也；身中照白，上下若玉，无有瑕也；为之积久久，亦度世之术也。此次元气无为象也。三为数度者，积精还自视，数头发下至足，五指分别，形容身外内，莫不毕数。知其意，当常以是为念，不失铢分，此亦小度世之术也，次虚无也。②

此三者，元气无为、虚无自然均为度世之术，数度则为小度世之术，其中元气无为为最上乘之道术。综合三者，可以看出其共同的特征均以存思炼身为主，三法的关键是通过存思内观的修炼来消融形体的窒碍，进而化形为神，将有形有质的形体转化成清通纯粹的神气状态，使身中洞白，而实现证道的目的。值得注意的是，《太平经》在阐述这三类内修方法时，已经突破了单纯的养生延年的限制，而将其视为度世之术。所谓度世实际上指称的是一种对此世生命的超越，旧的生命在此世终止，新的完善的生命在彼世诞生。当然，《太平经》的这种超越在相当大的

① 《太平经合校》，第282页。
② 《太平经合校》，第282~283页。

程度上仍然是一种外在超越。

此种度世思想并非《太平经》所独有，在东汉的社会中流行较为普遍。例如东汉边韶的《老子铭》即有“存想丹田，太一紫房，道成身化，蝉蜕度世”① 的思想。边韶这一见解与《太平经》同样将存想术与蝉蜕度世合观，不同之处在于边韶将存想修炼的部位固定在丹田，由此较早提出丹田概念。② 另外东汉蔡邕《蔡中郎集》卷一的《王子乔碑》亦有类似的思想，并亦使用“丹田”一词。碑中云：“于是好道之俦，自远来集，或弦歌以咏太一，或覃思以历丹田。”考虑到边韶、蔡邕均非道术之士，我们更可以确信作为内丹道基本术语的“丹田”在东汉时使用已相当普遍。另外边韶《老子铭》中还出现了内丹道的另一个重要术语“黄庭”，铭文中有“出入丹庐，上下黄庭”的语句。然而《太平经》在论述存思修炼术时，其涉及的部位往往较为宽泛，多使用“思其身”“守形”等提法，这表明《太平经》中内丹道虽然已有基本轮廓，但在名词术语的建设方面尚不完善，用法缺少严谨。关于“丹田”一词这里有必要多说两句。丹田概念的提出对内丹道体系的建立具有基础性的建设作用，有些学者甚至将丹田学说的建立视为内丹道成立的标志。东汉时丹田概念的出现表明内丹道并不是完全借鉴外丹术语诸如丹鼎、金丹等来建立自己的名词概念系统，而是在创建名词术语方面具有一定独创性。再者丹田是内丹道的基础概念，它是后世内丹道修炼结丹的具体处所，以后道教又进一步分为上、中、下三丹田③，并将炼精化气、炼气化神、炼神还气与三丹田结合起来。我们结合《太平经》中的内丹思想与东汉时期出现的“丹田”“黄庭”诸概念，可以确信至少在东汉时期内丹道已初步确立了。当然这与唐中期以后出现的道教内丹派是两回事。

---

① 陈垣:《道家金石略》,文物出版社 1988 年版,第 3 页。

② 有些学者认为“丹田”概念的首次出现应在《抱朴子·内篇·地真》篇,此说有误。参见李零的《中国方术考》。

③ 《抱朴子·内篇·地真》篇。

《太平经》真道九首的中三首主要是介绍各种存思之术，其宗旨或是通过存思体内五藏之神，或是通过存思外部的四时五行之神来役使各种神真，从而达到驱邪避祸、预知吉凶的目的。经云：

> 四为神游出去者，思念五藏之神，昼出入，见其行游，可与语言也。念随神往来，亦洞见身耳，此者知其吉凶，次数度也。五为大道神者，人神出，乃与五行四时相类，青赤白黄黑，俱同藏神，出入往来，四时五行神吏为人使，名为具道，可降诸邪也。六为刺喜者，以刺击地，道神名亦自有典，以其家法，祠神来游，半以类真，半似邪，颇使人好巧，不可常使也，久久愁人。①

上述三首所叙述的修炼术在后世内丹道教亦得到很大的发展，晋时创立的上清派便主要以存思体内诸神为主。《太平经》虽然也花费不少篇幅讨论体内诸神及具体的存思方法，但《太平经》并没有将各种存思术提到很高的地位。根据经文中各种论述来看，《太平经》似乎并不认为存思体内诸神能达到度世超升的目的。

真道九首的最后三首，类似于民间的各种降神术，具体包括通过祭祀降神的社谋，天地精气乘人的洋神及巫术通灵的家先：

> 七为社谋者，天地四时，社稷山川，祭祀神下人也，使人恍惚，欲妄言其神，暴仇狂邪，不可妄为也。八为洋神者，言其神洋洋，其道无可系属，天下精气下人也，使人妄言，半类真，半类邪。九为家先，家先者纯见鬼，无有真道也，其有召呼者，纯死人之鬼来也。②

---

① 《太平经合校》，第 283～284 页。

② 《太平经合校》，第 284 页。

此七、八、九三术在后世道教中亦可找到痕迹，例如后世道教的许多经典的出世均与扶乩降神有关。但《太平经》对此三术显然持贬斥态度，经文对此论述也甚少。

以上九首真道系统乃是《太平经》总结当时各种修炼方术的一种尝试，对此，只要我们仔细推敲，便可发现《太平经》在排列这九度修炼法时，遵循着一定的规则，这就是以证道度世为标准来评判各种方术的优劣。

二、以守一为核心的内丹思想

《太平经》作为东汉道教创立时期的著作，在论述内丹道的思想时，具有自身的一些特点，这就是其关于守一的论述。经文将守一看成是内炼证道的首要道术，并在守一的基础上又提出守二、守三、守四、守五等概念，而对后世内丹道教讨论较为充分的大小周天问题、元神问题、顺道问题等则较少提及。

守一思想在我国渊源甚早，根据现存文献，《庄子·在宥》即提出守一概念，并将其作为一种养生修身的道术。其云："天地有官，阴阳有藏，慎守女身，物将自壮，我守其一，以处其和，故我修身千二百步矣，吾形未尝衰。"此即将守一视为一种养形之术。道教守一术中的"一"从其思想渊源来看，确与《老子》书"一"概念有关。《老子》四十二章提出"道生一，一生二，二生三，三生万物"的命题，其一乃是构成道生万物的一个环节。老子又特别提出"抱一"思想。《庄子》则已将"一"单独提出来讨论，其《天地》篇云："泰初有无，无有无名，一之所起，有一而未形，物得以生，谓之德。"《淮南子》更通过解释老子上述思想，将一视为阴阳未分的元初状态。其《天文训》云："道曰规，道始于一，一而不生，故分为阴阳。阴阳合和而万物生，故曰：一生二，二生三，三生万物。""一"作为道首先派生出的东西，无疑是最接近于道的。后世道教思想家即是以此思想为根据，发展出守一术，并将守一作为复返道本的基本手段之一。

《太平经》对守一思想做了很详细的论述。关于“一”，《太平经》有自己独特的看法，综合经文的有关论述，可以看出《太平经》对“一”至少有三种解释。首先《太平经》将“一”与道、元气等联系起来，认为“一”指元气的初始状态。这种“一”乃是大道的喉襟，与道有着紧密的关联：

> 一者，其元气纯纯之时也。①
>
> 夫一，乃至道之喉襟也。②
>
> 一者，数之始也，一者，道之生也，元气之所起也，天地之纲纪也。③

此种对“一”看法较接近《庄子》《淮南子》的思路，也是汉代道家、道教的一种比较普遍的看法，《老子河上公章句》亦有类似的思想，可与此相比照：“一者，道始所生，太和之精气也。故曰一。”此以“一”为太和精气。代表东汉道教天师派思想的《老子想尔注》则将“一”等同于道，其称：“一者，道也。”此明显将“一”的地位向上提，“一”在此特别突显出来了。另外《吕氏春秋》《淮南子》等书又进一步通过对“一”的阐释，创造性地提出“太一”概念，并赋予其最高实体及类似最高的创造神的地位。④

其次《太平经》又将“一”与人身相关联，认为“一”居于人身之中，乃是生命的根柢。“一”与人体的各部分均有联系，《太平经》认为人体内部存在八种“一”，此即所谓的“头之一”“腹之一”，脉、五藏、四肢之一。经云：

---

① 《太平经合校》，第392页。
② 《太平经合校》，第408页。
③ 《云笈七签》卷四九引《太平经》。
④ 参《吕氏春秋·大乐》《淮南子·本经训》。

夫一者，乃道之根也，气之始也，命之所系属，众心之主也。当欲知其实，在中央为根，命之府也。①

故头之一者，顶也。七正之一者，目也。腹之一者，脐也。脉之一者，气也。五藏之一者，心也。四肢之一者，手足心也。骨之一者，脊也。肉之一者，肠胃也。②

此两条中，第一条认为一居于人身中央，为生命之府。第二条则将整体的一分化为八种，以为人体的各部分均有其一。这种将一与身体的各种部分关联起来的思想乃是道教的特有思想，此种思想在魏晋道教中较为盛行。葛洪《抱朴子内篇·地真》即将一与人体的三丹田联系起来，并在此基础上进一步提出“三一”的思想。其文云：“一有姓字服色，男长九分，女长六分，或在脐下二寸四分下丹田中，或在心下绛宫金阙中丹田也，或在人两眉间，却行一寸为明堂，二寸为洞房，三寸为上丹田也。”又“道起于一，其贵无偶，各居一处，以象天地人，故曰三一也”。葛洪论“三一”、三丹田虽非为建立内丹道着想，但此三丹田概念却为内丹道的三关修炼理论提供基础，因此，此概念的提出对于完善内丹道体系具有十分重要的作用。三一后来亦成为南北朝道教义学的一个很重要的概念。葛洪还将一区分为真一与玄一：“真一有真一之道，玄一亦有玄一之道。”

然而并非汉代所有的道教派别都赞成这种将一安置于人身的倾向。贯通一切，而不能专以一己之身限制玄妙之一：“一者，道也。今在人身何许？守之云何？一不在人身也。诸附身者悉世间常伪伎，非真道也。一在天地外，入在天地间，但往来人身中耳，都皮里悉是，非独一处。”③ 但《老子想尔注》虽不赞成将一人格化，但却将一神格化。其

① 《太平经合校》，第13页。

② 《太平经合校》，第13页。

③ 饶宗颐：《老子想尔注校证》，上海古籍出版社1991年版，第12页。下同。

云："一散形为气，聚形为太上老君，常治昆仑。"① 河上公的《老子河上公章句》则较彻底地主张一无彩色、形体，其注文中有"一无彩色，不可得而见之"，"一无音声，不可得而闻之"，"一无形体，不可抟持而得之"等看法。可见对于一的看法，在道教中始终存在着两种倾向，一种是本守老子的理性化思路，将一作为道创生万物的中介，如河上公。另一种则是人格化或神格化的思路，将一或是安置于人身，或是神化为太上老君。后一种应是代表道教的基本思路，尤其是将一与人身相连的思想，对上清派建立存思之术及神谱的形成有重大影响。

此外，《太平经》对一的看法中还有一个很独特的思想，这就是将一与心、意、志合释，提出"一者，心也，意也，志也"②。这一思想貌似平常，实际上潜藏着很深的意蕴。由于一在《太平经》中是一个外在的实体概念，因此将一内化为心、意，便可以贯通内在与外在，从而为修心证道、回归道体提供依据。可以说通过这一命题的阐发能顺理成章地形成心体概念，这对于内丹道心性理论的形成是很有帮助的。惜乎《太平经》没有对这一思想进一步阐发，而后世内丹思想家在创建内丹道的心性功夫时，也没有注意到《太平经》中的这一思想，而只是醉心于借鉴禅宗的有关思想。

《太平经》不囿限于对一仅做抽象的论述，而又创述出一套系统的守一修道术。关于守一术，虽然前引《庄子·在宥》提及过，但失之于语焉不详。与《太平经》同期的《老子想尔注》也谈到守一，但又将守一大部分归结为信守道诚，而对守一术本身论述甚少。综观现存东汉以前的道家、道教经典，《太平经》是首次对守一术做系统而全面的阐述的。

《太平经》将守一术作为其证道度世的基本方术，其地位相当于真道九首的前三首。实际上，真道九首的前三首所述修行大体上亦即守一

---

① 饶宗颐：《老子想尔注校证》，第12页。

② 《太平经合校》，第369页。

术所述的内容。由于一是贯通于道体的，因此守一实际上是通过存守人身之一而返证实体的一，最终通过与此实体的一相合，而返归于道体。这样《太平经》的守一术不仅是一种养生的方术，而是与其道论血脉贯通，是一条名副其实的证道之路，经中名之为“无极之道”。

那么守一证道的内在机理是什么呢？换句话说《太平经》是依据什么理由相信守一能达到证道体的目的呢？要明白这点，我们首先应分析《太平经》对生命构成的看法。《太平经》认为人的生命是由精神与形体共同构成的。两者之中精神主生，形体主死，因此长生之道的关键乃在于精神与形体合而不散：“古今要道，皆言守一，可长存而不老。人知守一，名为无极之道。人有一身，与精神常合并也。形者乃主死，精神者乃主生。常合即吉，去则凶。无精神则死，有精神则生。常合即为一，可以长存也。”又“常患精神离散，不聚于身中，反令使随人念而游行也。故圣人教其守一，言当守一身也。念而不休，精神自来，莫不相应，百疾自除，此即长生久视之符也”①。长生久视只是解决此世生命的问题，而仍未触及证道度世等生命超越的问题。那么《太平经》确信生命的哪一部分可以成为证道的媒介呢？经中认为证道的关键乃在于以神化形，通过炼身成神，炼神合明，最终返归大明之道。经云：

> 其欲知身成道而不死者，取决于身已成神也，即度世矣。②
>
> 守一明之法，未精之时，瞑目冥冥，目中无有光。守一复久，自生光明，昭然见四方，随明而远行，尽见身形容。群神将集，故能形化为神。③

---

① 《太平经合校》,第716页。
② 《太平经合校》,第511页。
③ 《太平经合校》,第739页。

此两条中认为炼形化神的征候乃在于光明，由此可以推测《太平经》是将道与光明之象相连的。这个思想很值得注意，将光明与彼岸世界及神的形象相连是世界上各大宗教的共同特征。① 然《太平经》的独特之处在于主张此光明可由守一而得，并以此作为证道的天信：

> 守一明法，四方皆暗，腹中洞照，此太和之明也，大顺之道。②
>
> 守一明法，明正赤若火光，光者度世。③
>
> 其问入室成与未者，取决于洞明白也。形无彰蔽，以为天信。④

此外《太平经》还对守一中出现的光的种类进行区分，共有正青、正赤、正黄而青、正白、正黑等种类，并以少阳、少阴、太阴、中和名之。以为光的颜色与修行程度直接相联：

> 守一精明之时，若火始生时，急守之勿失，始正赤，终正白、久久复青。洞明绝远，复远，还以治一，内无不明也，百病除去。守之无懈，可谓万岁之术也。⑤

这一思想对后世内丹道教同样也产生了很大影响。金元全真道思想家尹志平在《北游录》中即对全真内修与性光的关系做了论述。⑥ 内丹道教更是将“虚室生白”作为基本的证验。

---

① 敦煌莫高窟佛教壁画中所绘佛、菩萨、阿罗汉之像均有光环环绕。又《圣经》中摩西觐见上帝时，上帝之降临，亦颇涉及光。参《旧约全书·出埃及记》。

② 《太平经合校》，第740页。

③ 《太平经合校》，第739页。

④ 《太平经合校》，第511页。

⑤ 《太平经合校》，第16页。

⑥ 参拙著《金元全真道内丹心性学》第二章“龙门派内道外儒心性论”，生活·读书·新知三联书店1995年版。

《太平经》还对守一内修的场所做了介绍，经文称修炼之所为“幽室”①、“茆室”②、“闲室”③ 及“室”④、“靖舍”⑤，其室的规制是“坚其门户，无人妄得入”“宜重墙厚壁，不闻喧哗之声”。总之是要与外界隔离，保持一种相对独立的安静环境。这与后世内丹派的炼室“环堵”“环”“靖室”“丹室”“丹房”的规制基本上相同。

除了守一之外，《太平经》还提出守二及守三、守四、守五的思想。但其在论及守二问题时，前后文并不一致，有时以阴阳概念来区分守一、守二，认为阳者守一，阴者守二；守一为生道，守二为死道：

> 阳者守一，阴者守二，故名杀也。故昼为阳，人魂常并居，冥为阴，魂神争行为梦，想失其形，分为两，至于死之。⑥

此处明显贬斥守二，认其为死道。但在本经的《修一却邪法》中又提出守一、守二、守三，进而守四、守五的思想，并对守二亦持赞许态度：“守一者，天神助之；守二者，地神助之；守三者，人鬼助之；四五者，物祐助之。”⑦

两处思想存在着明显的不一致。这或许是因为前后之“二”所处的义理背景不一样，前者的“二”是以阴阳为背景，后者则与三才五行为背景。

---

① 《太平经合校》,第 438 页。
② 《太平经合校》,第 412 页。
③ 《太平经合校》,第 666 页。
④ 《太平经合校》,第 511 页。
⑤ 《太平经合校》,第 551 页。
⑥ 《太平经合校》,第 716 页。
⑦ 《太平经合校》,第 13 页。

三、关于精气神

精、气、神三者是内丹修炼的三要素，内丹道有所谓炼精化气、炼气化神、炼神还虚三关之说。要之，此三者皆为内丹修行的物质基础。

关于精气的学说，先秦典籍《管子》有过较为充分的论述。《心术篇》提出“气者身之充”的命题，并将气与生命联系起来考察，认为气与生命有不可分割的关系。《极言篇》云：“有气则生，无气则死，生者以其气。”《管子》还将精与气联系起来，认为精乃是气之精微者，精也是一种气。《内业篇》云：“精也者，气之精者也。”并认为人的生命即是由天精与地形相结合而成：“凡人之生，天出其精，地出其形，合此以为人。”① 《管子》将气与生命联系起来的思想在《庄子》书中也可看到，《庄子·知北游》认为人的生死可以归结为气的聚散，气聚则为生，散则为死。其云：“人之生，气之聚也，聚则为生，散则为死。”

《太平经》对精气神的认识与上述思想有一些联系，例如在将生命归结为气的这点上与前人的思想是一致的。但《太平经》在精气神的问题上有许多独特的看法，它充分反映了道教在精气神学说中的独特贡献。

首先，《太平经》较早将精气神三者联系起来考察，认为人的生命与精气神三者均有关系。经中的《还神邪自消法》云：“阴气阳气更相摩砺，乃能相生。人气亦轮身上下，神精乘之出入。神精有气，如鱼有水，气绝神精散，水绝鱼亡。”② 此即认为人的生命乃是由神精乘气的活动而成，神精与气相结合，共同组成人的生命。《太平经》有时亦将神、精、形并称，以形取代气的位置。此三项中，神乃源之于天：“太阳天气故称神。”形则起于地：“形者，太阴主祇，包养万物……故地神称

① 《管子·内业》。

② 《太平经合校》，第727页。

祇。"[1] 精则与中和之气有关："精者，万物中和之精。"[2] 三者统一起来是神主生，精主养，形主成。三者共同作用，形成有机的生命体。《太平经》的这种看法与其阴、阳、中和，天、地、人三合相通的三分思维直接有关。这与《管子》中关于精气的看法是不同的。《管子》认精为气的精微状态，乃是源于天。而《太平经》则将精与地相连，称地精。

《太平经》也将精气神三要素简化为神与气，认为人的生命既离不开神，也离不开气，生命的本质乃是神乘气。"神者乘气而行，故人有气则有神，有神则有气，神去则气绝，气亡则神去。故无神亦死，无气亦死。"[3] 此即认为神与气均为构成生命的两项必备因素，然其二者的地位并不相等，神处于乘的地位，推而言之，气则为负，如此神应是主动的。另外，《太平经》有时也将精神合称，创造出一个新的概念"精神"或"神精"。如经文中云"精神藏于腹中""故精神不可不常守之"，"神精有气，如鱼有水"。在这种状态下使用的精神或神精，已不再是一种气，而具有人格化的味道。

《太平经》提出精气神概念并不是为了解释生命的构成，而是为了证道度世。经文中认为精气神三者都是人自天、地、中和之中禀受而来，此三者是生命的实质。因此，人若想长生久视，就必须尊神爱气重精：

> 神者受之于天，精者受之于地，气者受之于中和，相与共为一道。故神者乘气而行，精者居其中也，三者相助为治。故人欲寿者，乃当爱气尊神重精也。[4]

精气神三者在《太平经》中并不完全是相互独立存在的，而是存在

---

① 《太平经合校》,第 727 页。
② 《太平经合校》,第 727 页。
③ 《太平经合校》,第 96 页。
④ 《太平经合校》,第 728 页。

着密切的联系。与后世内丹道教的炼精化气、炼气化神、炼神还虚三关修炼不同，《太平经》以为气生精、精生神、神生明，其中精乃是居于中间地位，起着联系气与神的作用。当然《太平经》还没有明白地提到三关修炼，但经文的确意识到了气、精、神、明之间的转生关系，并认为修炼即是将气、精、神三合为一。这种思想无疑对后世内丹道的三关修炼说的提出会有所启发。另外经文特别提到“神生明”，此明并非一般的光明、聪明，而应是神的存在状态，生明应是已经进入超越世界。其经有曰：

> 夫人本生混沌之气，气生精，精生神，神生明。本于阴阳之气，气转为精，精转为神，神转为明。欲寿者当守气而合神，精不去其形，念此三合以为一，久即彬彬自见，身中形渐轻，精益明，光益精，心中大安，欣然若喜，太平气应矣。①

先天炁、后天气是内丹道教的两个很重要的概念。内丹道教认为先天炁是修炼结丹的真种子，乃是人受之于天地真父母的，而后天气则为后天的呼吸之气。先天炁是人的道根，是人与道相联系的纽带，也是道成肉身的明证。

道教的先天炁、后天气概念到底起于何时，目前尚无一致的看法。然而在《太平经》中却可以看到类似的思想已经产生了。《太平经》提出的自然之炁与消息之炁两概念大体已包含了先天炁、后天气所指谓的内容。经云：

> 天道乃有自然之炁，乃有消息之炁。凡在胞中，且而得炁者，是天道自然之炁也；及其已生，嘘吸阴阳而炁者，是消息之炁也。人而守道力学，仅自然之炁者生也，守消息之炁者死矣。故夫得真

---

① 《太平经合校》，第739页。

道者，乃能内炁，外不炁也。以是内炁养其性，然后能反婴儿，复其命也。①

此段文中认为自然之炁乃是婴儿在母胎中所呼吸之炁，此即《抱朴子·内篇》胎息思想所本。而消息之炁则是所嘘吸的阴阳之炁。所谓修炼道则像婴儿一样返回到自然之炁的状态，如此便能做到内炁而外不炁。这样实际上自然之炁与先天炁的内涵是完全一致的，而消息之炁则与后天气的内涵与外延切合。

四、尚阳与纯阳

内丹道教有一个基本的特征，那就是尚阳。之所以尚阳，乃与其尊天的思想有关。盖内丹道修炼的理路建立在人体小宇宙（或人体小天地）的思维模式之上。其认为在众多自然物中天乃是一种永恒的存在。内丹修炼根本上乃是执天之道，法天之行。通过以人道效天道，将天道与人道相贯通，因此使人的生命存在获得像天所具有的永恒性。因此内丹道建立的基本原则乃是天人同构或天人一体的思想，这实际上是一种泛生命的思想，视天地自然与人一样均为一种生命体。此种观念溯其源流，盖源于初民的万物有灵论。

内丹道教法天之道、执天之行的原则是通过阴阳的观念来实现的。其通过阴阳观念将实体化的天地转换成阴阳二气（天为阳，地为阴），而阴阳二气贯通于宇宙间的万事万物。这样便在人的一己之身中找到沟通天人的媒体。内丹修炼便是以阴阳为药物，通过炼阴化阳，最终成就纯阳之体，凭此来打破有限生命阴阳对待的局面，达到生命的纯化与超越。因此尚阳实际上是内丹道教的一个根本趋向，而纯阳则是其终极的了证目标。

---

① 《太平经合校》,第700页。

在内丹道教中，尚阳与纯阳思想的成熟形态是中唐以后形成的，然而这种思想却经历了一个相当长的酝酿期。《太平经》具体反映了这一思想的成长过程。首先《太平经》认为人均含怀阴阳五行之气而生，人体即是一个具体而微的天地。人头圆象天，足方象地，四肢象四时，五脏象五行，耳目口鼻象七政三光：

> 人生皆含怀天气具乃出，头圆，天也；足方，地也；四支，四时也；五藏，五行也；耳目口鼻，七政三光也。①

此即相信天与人具有相同的结构，此种思想乃是秦汉人的一般思想。②

其次，《太平经》将天、阳与生命，地、阴与死亡等同起来。认为："人生，象天属天也，人死，象地属地也。"③ "生人，阳也。死人，阴也。"④ 阳为善，阴为恶，阳极可得仙，成就仙道，阴极则为死亡之道："夫阳极为善，阴极为恶，阳极生仙，阴极杀物，此为阴阳之报也。"⑤经文中存在着明显的阳尊阴卑的思想。如经文在论证二女事一男这种观点时，即有"天法阳奇阴偶，阳数一，阴数二，阴尊阳卑，故二阴应共事一阳"之类的语句，认为天尊地卑乃天道之自然。

此外，《太平经》还提出阳神、阴神概念，并将阳神、阴神与善、恶等同，认为阳为善，阴为恶："阳者为善，阳神助之，阴者为恶，阴神助之。"⑥ 阳神、阴神概念也是唐宋内丹道教的两个重要概念，其所指的主要是炼气化神阶段所形成的体内之神。由先天纯阳之炁所结为阳神，

---

① 《太平经合校》,第 36 页。
② 参《黄帝内经素问·阴阳应象大论》及《春秋繁露·人副天数》。
③ 《太平经合校》,第 49 页。
④ 《太平经合校》,第 49 页。
⑤ 《太平经合校》,第 691 页。
⑥ 《太平经合校》,第 12 页。

单提神光所结为阴神、识神。《太平经》的阳神、阴神与之还是有所不同，其所指明显是体外之神。

不过《太平经》一书虽然充满了阳尊阴卑的思想，但并不像后世内丹道教一样主张纯阳之说。文中在许多地方对孤阳、纯阳做了批评：

> 故纯行阳，则地不肯尽成；纯行阴，则天不肯尽生。当合三统，阴阳相得，乃和在中也。①

天法道，孤阳无双，致枯。②

此处既反对纯阳，又反对纯阴，而主张阴阳相合相得。这一观点应是《太平经》的基本主张。经文再三申述天地人、阴阳中和、君臣民等三合相通的思想，认为相合相通则生，反之则绝灭：

> 故有阳无阴，不能独生，治亦绝没灭；有阴无阳，亦不能独生，治亦绝灭；有阴有阳而无和，不能传其类，亦绝灭。③
>
> 凡事悉皆三相通，乃道可成。④

将各种事物做三分，主张三合相通，这是《太平经》思想的一个特点。经中专辟《三合相通诀》阐述此一思想，并认为三合相成乃是天法。这一思想与传统的两分法有所不同。不过《太平经》并不排斥两方法，有时亦将阴阳中和三分简化为阴阳二分，专讲和合阴阳。

《太平经》十分强调乐的作用，认为乐具有调和阴阳的功能，由此提出以乐证仙的独特思想。经中认为乐属天，乃为阳之精、天之经，至

---

① 《太平经合校》,第 18 页。
② 《太平经合校》,第 34 页。
③ 《太平经合校》,第 149 页。
④ 《太平经合校》,第 149 页。

乐可以兴阳伏阴，招致神明：

> 乐为天之经，太阳之精。①
>
> 又乐者，天也，阳精也。阳兴则阴精伏，犹如春复起，秋冬伏，自然之式也。②
>
> 夫乐于道者何为也？乐乃可和合阴阳。③

可见，《太平经》尊乐与其尚阳的观念有关。关于乐与证道的关系，《太平经》认为乐与道相邻，乃是天地阴阳之语言。乐又可分为上乐、中乐、下乐。上乐又称至乐，至乐可以证道度世，使人久视长存：

> 故乐者，天地之善气精为之，以致神明，故静以生光明，光明所以候神也。能通神明，有以道为邻，且得长生久存。④
>
> 故举乐，得其上意者，可以度世；得其中意者，可以致平，除凶害也；得其下意者，可以乐人也。⑤

以乐证仙的思想乃是《太平经》仙道思想的一个特色，这一思想的形成可能与儒家以乐教化的思想有关。但将乐与仙道联系起来，这不能不说是《太平经》的一个独创，充分体现了东汉道教思想家的独创精神。

---

① 《太平经合校》，第647页。
② 《太平经合校》，第651页。
③ 《太平经合校》，第14页。
④ 《太平经合校》，第14页。
⑤ 《太平经合校》，第634页。

五、关于仙籍

张伯端《悟真篇》有语云："不求大道出迷途，纵负贤才不丈夫。"内丹道崇尚证道求真，信奉葛洪《抱朴子·内篇》引龟甲文所言"我命在我不在天"的格言，认为人作为万物之灵能够超越生命的极限，使之得到升华与纯洁。因此内丹道教与中国文化中的其他学派相比，更重视人在生命问题方面的超越能力。但正如葛洪在论证仙道时所碰到的那个难题一样（此即：证道成真到底是积学而成，取决于个体的努力，抑或是禀气有定，上天有籍?)，内丹道教在认证人对生命的这种超越能力时，面临着一个根本的矛盾。事实上这也是所有神仙道教在理论上面临的一个棘手难题。对此，后世内丹道教始终没有提供一个妥善的答案，而是采取回避的态度。

《太平经》主张长生度世，同样也过到这一难题，其在解答过程中暴露出其仙道理论的弱点。首先《太平经》充分肯定人的存在价值，对人表示了极大的尊重。经中认为人乃天地和气所生，负有继承传续神统的使命。人的生命乃天地的重宝，具有最大的存在价值：

> 夫寿命，天之重宝也。①
>
> 天地之性，万二千物，人命最重。②

这一主张亦为《老子想尔注》所有。《老子想尔注》提出"生，道之别体"的论断。可见尊重生命乃是早期道教的共同思想。早期道教的这一思想为后世内丹道教所继承、弘扬，形成中华文化的一个特色。

其次《太平经》也确信人对自己的生命具有控制超越的能力，认为

---

① 《太平经合校》,第 22 页。

② 《太平经合校》,第 34 页。

人的生命主动权实际上掌握在人自己手中。因此求生应求之于己身，无须乞天告呼。其云：

> 人命近在汝身，何为叩心仰呼天乎？①
>
> 有身不自清，当清谁乎？有身不自爱，当爱谁乎？有身不自念，当念谁乎？有身不责，当责谁乎？②

这一思想实际上与葛洪《抱朴子·内篇》“我命在我不在天”的思想是一致的，可见葛洪这一思想在道教中是远有端绪的。这一思想对内丹道教探索证道了真之路具有极大的鼓舞作用，内丹道教即以此为基础，对生命超越之途做不懈的探求。

《太平经》对控制生命的自身建立在“学道”的基础上，其认为只有通过学道才能完成人至神真的过渡。经文云：“学道积久，成神真也，与众殊绝，是其言也。”③ 经中并按照证道的阶梯将人分为七等，即神人、真人、仙人、圣人、贤人、善人、奴婢。但其认为七等人的分别并不是固定不变的，只要积学不止，低一阶次的人便可向上递进，直至最终变形为神，与皇天同形：

> 故奴婢贤者得为善人，善人好学得成贤人，贤人好学不止，次圣人；圣人学不止，知天道门户，入道不止，成不死之事，更仙；仙不止入真，成真不止入神，神不止乃与皇天同形。④

此递进的关键乃在于学，因此强调学道乃是《太平经》的一个重要

---

① 《太平经合校》，第527页。
② 《太平经合校》，第527页。
③ 《太平经合校》，第26页。
④ 《太平经合校》，第222页。

特色。但《太平经》又提出所谓的“仙籍”问题，认为人是否成仙，还取决于仙籍之中是否有名。仙籍之中有名，则神仙自然会下临教化，除去承负之债，使其上升；反之若仙籍无名，则学仙难成。经文称：

有录籍之人当见升，自责承负，大神遣大神除承负之数，数化其心，变化成神，年满上进。①

有德度者，生时有簿，年满当上，辄有迎者。②

此思想与学道思想明确具有矛盾，后世内丹道教思想家对此多持两可态度，既承认学以致仙，又承认仙命有定。

关于仙籍，《太平经》认为神仙簿籍均存于北极，北极乃与昆仑相通，因此昆仑山之真人亦与仙籍有关。其主籍之神为北极天君或真人：

神仙之录在北极，相连昆仑。昆仑之墟有真人，上下有常。真人主有录籍之人，姓名相次。高明得高，中得中，下得下，殊无搏颊乞匄者。③

当白日升天之人，求生有籍，著文北极天君内簿，有数通。④

关于神仙与昆仑山的关系，汉代人多有论述。纬书《河图·括地象》即认为昆仑山乃圣人、仙所集之处，其云：

地祇之位，起形高大者，有昆仑山。从广万里，高万一千里。神物之所生，圣人仙人之所集也。

---

① 《太平经合校》，第561页。

② 《太平经合校》，第576页。

③ 《太平经合校》，第583页。

④ 《太平经合校》，第546页。

《老子想尔注》亦有“一散形为气，聚形为太上老君，常治昆仑”的说法。

不但神仙有籍，凡人亦自有籍。《太平经》以为凡人之籍不与神仙籍同处，其直录之神为天地、四时、五行、众神吏及司命之神。另外《太平经》又有所谓“命树”的观念，认为凡人皆有命树生于天上，依其出生季节不同，其树亦各异。命树在天界的荣枯直接与人的生命兴衰有关。升仙之人亦有树，但与凡人异处：

> 人有命树生天土各过：其春生三月命树桑，夏生三月命树枣李，秋生三月命梓梗，冬生三月命槐柏，此俗人所属也。皆有主树之吏，命且欲尽，其树半生；命尽枯落，主吏伐树。其人安从得活？欲长不死，易改心志，传其树近天门，名曰长生。神吏主之，皆洁静光泽，自生天之所，护神尊荣。①

对于神仙之事，《太平经》也有所论述。其认为成仙有两种方式：其一为尸解成仙，其二为白日升天。尸解成仙次于白日升天，其情形为：“或有尸解分形，骨体以分。尸在一身，精神为人尸，使人见之，皆言已死。后有知者，见其在也，此尸解人也。久久有岁数，次上为白日升天者。”② 此即死而复生。白日升天异于尸解成仙，乃仙之珍贵者。其升天皆为大神所保奏，百万人中未有一人。其行为标准是：“白日升天之人，自有其真。性自善，心自有明。动摇戒意不倾邪，财利之属不视顾，衣服蔽形，衣方蔽形，是升天之人行也。”③

关于神仙的职掌，《太平经》将神仙分为委气神人、大神人、神人及真人。委气神人乃神仙之最尊者，其与委气同形，但有音声教化而无

① 《太平经合校》，第578页。
② 《太平经合校》，第553页。
③ 《太平经合校》，第596页。

具体形状，其居处乃在天界之上，起于天界之外。其次为大神人，其居于北极紫宫，与天上帝同形，次为神人，亦为真气所成。真人则尚未成仙道，乃人中有道者。神人以上，管理天上之事，真人以下掌管天地六合之内的事。神仙界中尊卑分明，等级森严，各有簿领，各有其职。① 神仙偶尔亦会有过失。关于神仙的形象，《太平经》认为神仙乃结气所成，凡人不能看见，但神与神之间是可以看到的。② 神仙均有神光为标识，大神与小神之间，依其精光的强弱来区分，大者光增，小者光弱："大神小神，精光增减，辄自有差。"③ 这些思想均反映了东汉时期人们对神仙世界的认识，对以后道教神仙思想的发展具有较大的影响。

六、修心思想

内丹修炼包括性功与命功两部分。所谓性功落到实处即炼心，命功的实质则是炼气。了道证真的最终目的是通过性命双修双合来实现对俗世生命的超脱。心性的锻炼之所以在内丹修炼实践中具有很重要的地位，是因为通过濯洗心田能够脱情欲思虑对人的干扰，从而使人的心灵达到晶莹光洁、一尘不染的境界。因此心性修炼实际上是对俗世生命的纯化。如此了道证真并不是单纯从外在角度超越世俗生命的限制，而是扩充、纯化了生命的内蕴，使生命发生本质的转化。这样内丹道教理解的仙根本质上乃是对人的生命的飞跃，旧的有限的生命终止，新的更高的生命形式产生。

《太平经》理解的度世就包括这种对生命的重新解释。经文中有一些部分对心做了专门的讨论，并对炼心功做了论述。

首先，《太平经》的心概念具有贯通道体的意义，其心已涵有心体

① 《太平经合校》，第614页。
② 《太平经合校》，第609、613页。
③ 《太平经合校》，第613页。

的意蕴，与其作为创生实体的概念“一”是贯通的。如我们在前文所述经文将“一”与心、意互释，有“一者，心也，意也，志也”的说法。这种思想很特别，在同期及之前的其他文献中均未看到。其次，《太平经》高扬心的地位，将其视为五脏之王，已有“心王”的思想，并认为心主善，与各种虚妄邪恶格格不入：

> 凡事居人腹中，自名为心。心则五脏之王，神之本根，一身之至也。主执为善，心不乐为妄，内邪恶也。①

此主执为善之心，《太平经》又名之为“神圣人心”。“神圣人心”概念的提出表明《太平经》的心概念具有心体的意味。其文云：

> 人心之为神圣，神圣人心最尊真善。②

最后，《太平经》还以阴阳概念来诠释其“心”概念，认为心为纯阳，脾为纯阴。心象征着天，与天同光，乃是纯善之境。

> 心者纯阳，位属天；脾者纯阴，位属地。③
> 心者，最藏之神尊者也。心者，神圣纯阳，火之行也。④

认心为纯阳之境，这也是一个较为独特的思想，与后世内丹道教对心的解释可相互发明。内丹道南北二宗均认为“真心性体”为纯阳，而作为五脏之一的心则为外阳内阴，与作为外阴内阳的肾相对。《太平经》

---

① 《太平经合校》，第687页。
② 《太平经合校》，第678页。
③ 《太平经合校》，第426页。
④ 《太平经合校》，第426页。

对心的这个看法与其阴阳五行思想有关。其在五行中崇尚火，以火行统其他四行，又以五行释五脏，火配心象天，故为纯阳。

对于作为内修的炼心术，《太平经》也有所论述。其宗旨大体在于返观自心，与心王相见。其认为人要修心，必须以执善为本，清静自居，外不妄求，然后通过返观之法，内视一己之心，最终与心王相见：

> 凡人能执善，清静自居，外不妄求端正，内自与腹中王者相见，谓明能还睹其心也。心则王也，相见必为延命，举事理矣。不得见王者，皆邪也，不复与王者相通，举事皆失矣。而复早终。①
>
> 求道之法，静为基先。心神已明，与道为一，开蒙洞白，类如昼日。②

这是名副其实的见心功夫。关于炼心，与《太平经》同期的《老子想尔注》及早于它的《老子河上公章句》也有所论述。但其所论，与《太平经》相比，思路有些不同。

《老子想尔注》所述心功，主要在于消解各种情欲思虑等对心的扰乱，“情欲思虑怒喜恶事，道所不欲，心欲规之，便即制止解散，令如冰见日散汋”③。

《老子想尔注》又称炼心为闭心。所谓闭心，即使心与各种邪恶利欲及纷乱思虑相隔离，使心灵保持一种相对纯静的状态，从而由此还到一种独特的心境。“仙士闭心，不思虑邪恶利得，若昏昏冥冥也。”④“仙士味道，不知俗事，纯纯若痴也。”⑤

但《老子想尔注》的心概念似乎缺少心体的意味，而更接近后世内

---

① 《太平经合校》，第 687 ~ 688 页。
② 《太平经合校》，第 735 页。
③ 《老子想尔注校证》，第 18 页。
④ 《老子想尔注校证》，第 26 页。
⑤ 《老子想尔注校证》，第 26 页。

丹道教尘心、识心的涵义。

《老子河上公章句》亦有关于心功的论述，其称炼心为洗心，认为所谓修炼即捐弃情欲，使心地洁净不染：

> 得道之人，捐情去欲，五内清净，至于虚极。①
>
> 当洗其心，使洁净也。心居玄冥之处，览知万事，故谓之玄览。②
>
> 治身者当除情去欲，使五藏空虚，神乃归之。③

此对洗心的论述，乃是通过洗去情欲染习，而达至一种空虚之境，注重的是一个虚字，与《老子想尔注》的炼心之旨较为接近。

总之，《太平经》在论述其度世证道的思想时，已涉及对心的修炼。其在展开心的理论时，提出神圣人心的心王概念，表明它已从实体的角度理解心，又其将心与纯阳合释，则表明其已潜藏着心灵解脱的义理意蕴。另外它以见心概括炼心功夫，与后世禅宗的明心见性思想相呼应，表明禅宗的心性思想在中国传统道教中是可以找到根据的。但《太平经》关于炼心思想的论述尚未充分展开，与其关于守一思想的论述相比，还显得很薄弱。

以上我们从真道九首、守一、精气神、尚阳与纯阳、仙籍及修心等六个方面论述了《太平经》的内丹思想。从论述中我们可以看出，《太平经》的内丹思想是极为丰富的，差不多涵盖了后世内丹道教的各个方面。最为可贵的是其论内丹炼养术乃是以度世证道的超越目的为核心而展开，因此并不单纯局限于延年益寿的世俗目的。这样我们就有充分理由确信，以《太平经》为标志，内丹道在东汉时期已初步确立。

---

① 《老子河上公章句》“赞玄第十四”。

② 《老子河上公章句》“能为第十”。

③ 《老子河上公章句》“无用第十一”。

太平道与文化的综合创新

刘成有
（中央民族大学哲学与宗教学学院院长、教授、博士生导师）

“中国文化的根柢全在道教”，这是鲁迅先生对于道教在中国文化中的地位与作用的概括。鲁迅先生的概括极为深刻，有助于我们深入研究道教的内涵，进而认识中国传统文化的价值。100多年来，历经五四新文化运动、“文化大革命”，以及30多年的改革开放，中国人对于自己传统文化的反省，又到了一个重要的历史时期。民族自强与文明自信密切相关，而文明自信又与文化自觉密不可分。所以，当费孝通先生1990年开始大力倡导“文化自觉”的时候，迅速获得了许多知识分子和社会大众的认同。因为唯有深刻的文化自觉，才能有高度的文明自信。费孝通先生的文化自觉，他自己的总结是：“各美其美，美人之美，美美与共，天下大同。”这既是人类文明发展的一种理念，也是人类文明共荣的一种方法。用这样的视角来衡量太平道的思想与历史，可以发现太平道的思想对于我们所应致力于的文化综合创新，也具有重要的启发意义。

一、太平道的创生

以现代宗教学的眼光来看，“太平道”是中国历史上较早出现的制度化宗教之一。“太平道”创始于汉灵帝时期的巨鹿人张角。据《后汉书·皇甫嵩传》记载，灵帝建宁（168～172）时期，张角得到于吉等人所传《太平经》，从中受到启发，遂以创教救世为己任。他创立的太平道，以黄天为至上神，主张黄神开天辟地、创造人类；又信奉黄、老，认为黄帝时的天下是太平世界。在这个太平世界里，既无剥削压迫，也无饥寒病灾，更无诈骗偷盗，人人自由幸福。张角进而又提出了“致太平”的理想。熹平（172～178）初年，张角开始在冀州传道。他自称“大贤良师”，手持九节杖——传达黄神旨意的教杖，深入民间，用叩头思过、符水咒语为民治病，“病者颇愈，百姓向之”。冀州传道大获成功，于是他便派遣八位弟子到各地传道。“十余年间，众徒数十万，连接郡国，自青、徐、幽、冀、荆、扬、兖、豫八州之人，莫不毕应”。为了便于统领，张角于光和（178～184）中期，根据黄神分天下为三十六方的神话，也把数十万徒众划分为三十六方，大方万余人，小方六七千人，各立“渠帅”统领。张角又根据汉代流行的天、地、人“三正”（或“三统”）观念，与其弟张宝、张梁，分别称“天公将军”、“地公将军”和“人公将军”，建立起一套上下有序的宗教组织系统。《三国志·张鲁传》注引《典略》中也指出：“（张）角为太平道。……太平道者，师持九节杖为符祝，教病人叩头思过，因以符水饮之。病或自愈者，则云此人信道；其或不愈，则云不信道。”如此看来，教主、思想、仪式、组织等制度化宗教的关键要素，在这里无一或缺。这充分说明，到二世纪中后期的时候，太平道已经具有了典型的宗教形态。

二、太平道综合创新功能的文化基因

太平道一开始就事奉“黄老道”，其主要经典是《太平经》，其发展的基础是善道教化、符水治病。可以说，张角对道徒所宣传的教义融合了《太平经》和黄老道的思想。《后汉书·襄楷传》说：“初，顺帝时，琅邪宫崇诣阙，上其师干吉于曲阳泉水上所得神书百七十卷，皆缥白素朱介青首朱目，号《太平清领书》。其言以阴阳五行为家，而多巫觋杂语。有司奏崇所上妖妄不经，乃收臧之。后张角颇有其书焉。”张角把自己创立的道教组织命名为太平道，就是直接来源于《太平经》；张角自称的“大贤良师”，亦来源于《太平经》。张角把自己称为“大贤良师”，实际上是把自己看成是太平道的先知先贤，目的就是要行大顺之道，以教救世赈民，实现天下太平。可以说，太平道文化综合创新功能的文化基因，来自于《太平经》。

关于成书于汉代的《太平经》，史书记载共有三种：一是西汉成帝时齐人甘忠可的《包元太平经》12 卷，自称是天帝真人赤精子传授；二是东汉顺帝时问世的《太平清领书》；三是顺帝时张陵所获得的《太平洞极经》144 卷。学术界认为，一般所说的《太平经》即是《太平清领书》。但该书并不写成于一人一时，而是从西汉末年到东汉顺帝时经过长时间的酝酿而成的。该书后来收入《道藏》，仅残存 57 卷。王明先生以现存《道藏》本为依据，参照《太平经钞》及其他 27 种引书加以校补，编成《太平经合校》，为研究相关问题提供了极大的便利条件。

《太平经》一书的思想内容非常庞杂，《后汉书·襄楷传》把它概括为：“其言以阴阳五行为家，而多巫觋杂语。”“专以奉天地、顺五行为本，亦有兴国广嗣之术。”其整个思想体系具有强烈的文化整合的性质，涵盖着当时社会中的各种文化思想与政治诉求。在其思想体系中，既有神道设教的内容，也具有哲学思辨的因素。

《太平经》继承了我国古老的辩证法传统，认为天地万物的生成和变化是由于对立物的统一。它说：“天地未分，初起之时，乃无有上下日月三光，上下洞冥，洞冥无有分理。虽无分理，其中内自有上下左右表里阴阳，具俱相持，而不分别。”就是说，任何事物都是一个对立的统一体，天地万物，都由两个互相对立的双方构成，它举例说：“自天有地，自日有月，自阴有阳，自春有秋，自夏有冬，自昼有夜，自左有右，自表有里，自白有黑。”《太平经》还认为，事物是可以向对立物相互转化的，它说：“极上者当反下，极外者当反内；故阳极当反阴，极于下者当反上；故阴极反阳，极于末者当反本。”但事实的转化需要一定的条件：“夫阳极者能生阴，阳极者能生阳，此两者相传，比苦寒尽反热，热尽反寒，自然之术也”。其中的“极”，就是指达到了转化的条件。这些哲学思辨，充分吸收了当时文化领域中的阴阳五行思想，可以说是汉代哲学的又一种集中表达。当时社会中的一般知识与信仰，在《太平经》中都有明确的使用与阐述。这是太平道文化整合的表现之一。

在具体的传道法术中，张角教人叩头思过等方法，虽然来源于《太平经》，但也体现着太平道的文化整合的特点。在张角看来，“天以至道为行，地以至德为家，共以生万物，无所匿，无所私”。人之过是“违天犯过”所致，要治病就得“跪拜首过”。其方法是：“常以除日于旷野四达道上四面谢，叩头各五行，先上视天，回下叩头于地。……解子过于天地也。后有过者，皆像子也。”天是看得见人间行为、听得懂人间语言的，向天地跪拜，就是请求天神地祇宽恕自己，解除自己的罪过与痛苦。“所以当于旷野者，当于鲜明地；所以四达道上者，道者主通事；所以四达者，当付于四时。天之使气也，且为子上通于天也。四时者，仁而生成，且解子过于天地也。”熟悉董仲舒天人感应思想特别是了解东汉谶纬神学的话，就会明白张角所使用的《太平经》中相关思想的来源，也能理解太平道思想中文化整合的特征。

张角传道的另一个主要方法是符咒。据《后汉书·襄楷传》注引《太平经》中的话说：“天上有常神圣要语，时下授人以言，用使神吏，应气而往来也，人众得之谓神咒也。咒百中百，十中十，其咒有可使神为除灾疾，用之所向无不愈也。”张角的“咒语疗病”，就是对病人念咒。咒文的本子叫祝谶书，它是神言要语，具有无上的法力，念一念神咒，百病就可以消除。这样的做法，显然与上述的谶纬神学是一致的。

张角传道中的“九节杖”，亦有此意。“九节杖”作为张角的传道工具，也来源于《太平经》。《太平经》卷四十二说：“治得天心意，使此九气合和，九人共心，故能致上皇太平也。”所谓“九人”，即“其无形委气之神人，职在理元气；大神人职在理天；真人职在理地；仙人职在理四时；大道人职在理五行；圣人职在理阴阳；贤人职在理文书，皆授语；凡民职在理草木五谷；奴婢职在理财货。”《太平经》卷七十一也说：“道有九度。……一名为元气无为，二为凝靖虚无，三为数度分别可见，四为神游出去而还反，五为大道神与四时五行相类，六为刺喜，七为社谋，八为洋神，九为家先。一事者各为九，九九八十一首，殊端异文密用之，则共为一大根，以神为使……其上三九二十七者，可以度世；其中央三九二十七可使真神吏；其下三九二十七其道多耶。”就是说，“九节杖”类似于权杖，既能招神又能劾鬼。持杖即职，可理九人九气之事，可以统摄天地万物，可以度人得道。张角赋予“九节杖”如此的功能，基本上是利用天地四时、阴阳五行的观念进行文化整合、综合创新的产物。

从上述的几个方面例证可以看出，太平道内在具有一定的综合创新的文化基因。

三、太平道综合创新功能的现实价值

文化不完全是进化的，也不完全是退化的，而是演化的。在历史上，太平道作为一种制度化的宗教，虽然随着黄巾军的起义失败而逐渐退出了历史的主要舞台，但太平道的思想并没有完全消失。换句话说，“多元通和”与“致太平”，一直是中国传统文化的主流。在天道信仰的框架内，在太平理想的诉求中，太平道的相关思想具有显著的综合创新的文化优势。

正道与全真道的和谐共荣

传统上一般认为，道教有两大教派，一是正一派，一是全真派。正一派原为五斗米道，唐宋崇道时期南北天师道与上清、灵宝等道派逐渐合流，至元代龙虎山正一天师逐渐成为各道派之首，其道士可以不居宫观而有家室。全真道始创于金代初年，其教义受时代思潮影响，力主三教合一，以《道德经》《心经》《孝经》作为信徒必读经典。全真道士的修行方术以内丹为主，不尚外丹符箓，主张性命双修，先修性，后修命。认为修真养性是道士修炼唯一正道，除情去欲，识心见性，使心地清静，才能返璞归真，证道成仙。还规定道士必须出家住观，严守戒律，忍耻含垢，苦己利人。明代朝廷重视正一道，全真道势力相对削弱。清初道士王常月整顿教门，曾一度复兴全真龙门派。这两个道教宗派之间的内在差异还是显而易见的。在当前信息化、全球化的时代，如何求同存异，共谋和谐共荣，以便开启道教发展的光明前景，应该说还是摆在道教界面前的重大课题。在当前中国五大宗教并存的格局中，大家普遍认为道教还有较大的发展空间。因此，太平道中内在的综合创新，对于道教界的未来发展，应该也具有一定的启发意义。

包容民间宗教，建构“大道教”

传统道教中的正一道和全真道，一般称之为狭义的道教。在中国文化的整体格局中，既有大量的汉族民间信仰，也有许多少数民族地区的原始信仰。风水、算命、城隍、妈祖、萨满、毕摩、师公、师婆，都大量散见于中国社会的不同角落。神祇精灵的世界，作为天道的具体表现，都与现实人间密切相关。其间的精华与糟粕，实在是一言难尽。鲁迅所讲的“中国文化的根柢全在道教”，应该说的就是这种情况。有学者把这些现象通通归之于道教，称之为“大道教”。无论这个“大道教”的称呼是否被广泛认可，但长期漠视甚至无视大量存在的各种各样的小、微宗教，显然不是一种正常现象。能否借助于太平道的思想，整合各种各样的汉族民间信仰与少数民族信仰，进而从时间与空间的维度夯实中华民族的文化根基，增强中华民族的文化凝聚力，这在当代也具有十分重要的现实意义。

正确处理儒释道三教关系

中华民族的传统信仰，实际上并不仅仅局限于道教。儒家的核心思想，中国化佛教的核心价值，同广义的道教一样，都具有深刻的人文关怀，有学者称之为“人文宗教”。这样的人文宗教，显然不同于西方一神教中的神本诉求。与此同时，与西方神本宗教的解释不同，人文宗教的人间力量的来源来自于人自身对于自然力量的把握。所以，良知、觉悟等构成了儒释道三教的核心诉求。中国人对“天道”的解释，明显包括人格性和自然性两个方面。一切事物的根源是天道，大自然依据阴阳法则生成了万事万物。这是中国人的核心宇宙观，求道、行道是中国人追求的人生理想和超越目标。李约瑟曾经说过：“中国人如果没有道，就像大树没有根一样。”这样的天道信仰，虽然横贯于儒释道三教之中，但在儒释道三教之中的表现却有着显著的差异。借助于太平道的思想，将有可能帮助我们正确处理三教之间的同中之异、异中之同。

正确处理各种宗教文明

现在的中国置身于世界民族之林，自然也置身于各种宗教文明之中。每一种宗教文明背后，都有一个庞大的活生生的信教群体。每一种宗教文明都是特定信教群体独特的思维方式和生活方式，甚至还是生产方式。这已经不是简单的国家与国家之间的关系问题，在我们社会内部，同样与我们血肉相连的亲人，也可能已经具有了不同的宗教信仰。即使是在古代社会，儿子读书科举，母亲烧香拜佛，这样的家庭不胜枚举。因此，不同信仰者之间的和谐共处，不同宗教文明之间的和谐对话，实际上早已经成为我们生活的常态。处理不同信仰者之间的关系，处理不同宗教文明之间的关系，并不缺乏中国的经验，缺乏的是理论的总结。这又涉及本文开头所引的费孝通的文化自觉。其实，虽然看到自己的“美”有助于增强自信、看到对方的“美”有助于欣赏尊重，但看到自己的“丑”并加以改进、看到对方的“丑”并加以包容，更能提升“美美与共”的和谐品质，更能接近“致太平”、实现天下大同的理想诉求。这也正是太平道思想给予我们的重要启发。

《太平经》中的生态文明智慧

谢路军
（中央民族大学哲学与宗教学学院教授、博士生导师）

内容摘要： 本文从生态文明的定义和现实意义入手，分析了《太平经》中的对生态文明有价值的思想理念，即“恶杀好生”、“敬天法地”、“万物各自有宜”和“和谐共生”四个方面，并且认为这四个方面一定会对当今的生态文明建设提供积极的精神资源和动力。

关键词：《太平经》　生态文明　智慧

生态文明是指人类遵循人、自然、社会和谐发展这一客观规律而取得的物质与精神成果的总和；是指以人与自然、人与人、人与社会和谐共生、良性循环、全面发展、持续繁荣为基本宗旨的文化伦理形态。它的产生基于人类对于长期以来主导人类社会的物质文明的反思，自然资料的有限性决定了人类物质财富的有限性，人类必须从追求物质财富的单一性中解脱出来，追求精神生活的丰富，才可能实现人的全面发展。这无疑将使人类社会形态发生根本转变。三百年的工业文明是以人类征服自然为主要特征的。世界工业化的发展使征服自然的文化达到极致，一系列全球性生态危机说明地球再没能力支持工业文明的继续发展；人类需要开创一个新的文明形态来延续人类的生存，这就是生态文明。如果说农业文明是“黄色文明”，工业文明是“黑色文明”，那生态文明就是“绿色文明”。

生态文明是人类文明的一种形态，它以尊重和维护自然为前提，以人与人、人与自然、人与社会和谐共生为宗旨，以建立可持续的生产方式和消费方式为内涵，以引导人们走上持续、和谐的发展道路为着眼点。目前，人类社会面临着两大危机，即生态危机和道德危机。所以，生态文明的建设已经刻不容缓。胡锦涛在2007年“十七大”报告中提出了五位一体（物质文明、精神文明、政治文明、社会文明和生态文明）的战略思路，首次提出将“生态文明”作为发展方向和目标。生态是当代社会最关注的问题，也是关系我们人类生存的根本保证。《太平经》中所讲的“爱护生命”的理念就是对“生态文明”最好的贡献。1972年6月，联合国在斯德哥尔摩召开了有史以来第一次“人类与环境会议”，通过了《人类环境宣言》，从而揭开了全人类共同保护环境的序幕，也意味着环保运动由群众性活动上升为政府行为；1983年11月，联合国成立了“世界环境与发展委员会”；1987年，“世界环境与发展委员会”在长篇报告《我们共同的未来》中正式提出“可持续发展”的模式。世界上百分之六十以上的人信仰宗教，许多国家都非常重视宗教文化与生态文明资源的利用与开发。耶路撒冷、麦加、梵蒂冈、罗马、印度、斯里兰卡等都成为国际生态文明建设极为发达的地区。在我国，宗教文化种类齐全，佛教、伊斯兰教、基督教等外来宗教文化与我国固有的道教文化共同发展传播，对我国的生态文明建设产生了巨大的作用。

那么，《太平经》作为第一部道教经典，将为生态文明建设提供哪些有价值的理念和观点呢？

首先，《太平经》中的“恶杀好生”的理念有助于物种的保护。道教的好生不仅对人而言，也针对所有动物乃至于植物在内的一切大地之上的万物。正所谓“夫天道恶杀而好生，蠕动之属皆有知，无轻杀伤用之也”①；“夫四时五行，乃天地之真要道也，天地之神宝也，天地之藏

① 王明编:《太平经合校》,中华书局1960年版,第174页。

气也。六畜禽兽皆怀之以为性，草木得之然后长”。①

《太平经》把生喻为天地之德，把道德与天地相配，旨在说明道兴则万物生。“子以何天道得伤，道者，天也，阳也，主生；德者，地也，阴也，主养。万物多不能生，即知天道伤矣；其有不生者，即知天克有绝者矣。一物不生一统绝，多则多绝，少则少绝，随物多少，以知天统伤。夫道兴者主生，万物悉生；德兴者主养，万物人民悉养。”②

《太平经》中说元气行道以生万物，天地大小无不由道而生者也。这明显是庄子“天地与我并生，而万物与我为一”和“物无贵贱”思想的发展。

《太平经》在说明道生万物的过程时常借用“一”“元气”等概念。如说：“一者，数之始也；一者生之道也。”③“物始于元气。”④“故天者名生称父，地者名养称母。”⑤“今天乃贵重传相生，故四时受天道教，传相生成，无有穷已也，以兴长凡物类。”⑥“道乃主生；道绝，万物不生；万物不生则无世类，无可相传，万物不相生相传则败矣。”⑦

《太平经》卷三十五《分别贫富法》专门谈到如何鉴别贫富，即认为贫富的标准在于物的品种的多少，正所谓“天以凡物悉生出为富足，故上皇（最盛明的意思）气出，万二千物具生出，名为富足；中皇（介于上皇和下皇之间的施生之气）物小减，不能备足万二千物，故为小贫；下皇物复少于中皇，为大贫；无瑞应，善物不生，为极下贫。子欲知其大效，实比若田家，无有奇物珍宝，为贫家也。万物不能备足，为下极贫家，此天地之贫也”⑧。

---

① 王明编:《太平经合校》,中华书局 1960 年版,第 430 页。
② 王明编:《太平经合校》,中华书局 1960 年版,第 218 ~ 219 页。
③ 王明编:《太平经合校》,中华书局 1960 年版,第 60 页。
④ 王明编:《太平经合校》,中华书局 1960 年版,第 254 页。
⑤ 王明编:《太平经合校》,中华书局 1960 年版,第 658 页。
⑥ 王明编:《太平经合校》,中华书局 1960 年版,第 658 页。
⑦ 王明编:《太平经合校》,中华书局 1960 年版,第 701 页。
⑧ 杨寄林译注:《太平经今注今译》,河北人民出版社 2002 年版,第 77 ~ 78 页。

意思是说，上天把万物全部生长出来看成是富足，所以最盛明的施生阳气降现了，一万二千种动植物就没有一种不生长出来，这就称之为富足。如果降现的是中等施生阳气，生物就稍略减少，不能使一万二千种动植物全都具备又数量充足，所以就构成小贫困。倘若出现的是下等施生阳气，生物比中等施生阳气降现时还少，这就构成大贫困了。没有吉祥的兆应，生命力很强的动植物生不出来，就构成极度的贫困。你想知道那明显的证验，这实际上就好比农家，家中没有奇物珍宝，就属于贫困的人家啊！万物不能全都具备又数量充足，就属于极度贫困的人家，这是天地降示的贫困啊！

以物种的多少鉴定贫富的差别，的确是《太平经》思想的一大贡献。后来，晚唐五代时期谭峭的《化书》（全真六经之一）中也有这一思想。谭峭提倡人应爱护和爱惜自然，特别看重节俭的品德，说“俭为万化之柄”。这一说法不无道理。

我们今天面临两大危机，即伦理危机和生态危机。生态危机的一个重要的表现就是物种在地球上的日益减少。不管是道教还是佛教都在呼吁人们爱护自然、保护自然。

《太平经》将万物看成阴阳之气作用的结果，持这种观点的人把人看作是自然界中与天地同等重要的基本要素；而将万物看作天、地、人作用的结果的人，则较多地考虑了人在万物生成过程中的作用，将人的作用凸显出来了，彰显了人的主体地位与价值。所以，“要当重生，生为第一”①；“天地之性，万二千物，人命最重”②。

《太平经》有好生恶死、乐生恶杀的思想，表现出对生命的珍爱。“故理之第一善者，莫若乐生”③；“人最善者，莫若常欲乐生，汲汲若

① 王明编:《太平经合校》,中华书局1960年版,第613页。
② 王明编:《太平经合校》,中华书局1960年版,第34页。
③ 王明编:《太平经合校》,中华书局1960年版,第704页。

渴，乃后可也”①。

《太平经》认为，人一定要珍爱现世的生命，每个人的生命只有一次，不可能有第二次；除非是得道之人方可死而复生。正所谓“人居天地之间，人人得壹生，不得重生也。重生者独得道人，死而复生，尸解者耳”②，“凡人一死不复得生也”③，“三万六千天地之间，寿为最善”④。

这一观点也与《抱朴子》的思想有相通之处。葛洪就曾谈到生命的可贵，说用天地间国王的权力、世界所有的财富来换我的命，我也不换。可见，人一定要珍惜和保护好自己的生命。道教这种对生命的热爱，确实值得一些为嗜欲伤身的人深思。

《太平经》中又说“人无贵贱，皆天所生，但录籍相命不存耳”⑤，“人者，是中和万物之长也”⑥，经中凸显了人在天地和万物之间的主体地位，又说“中和者，主调和万物者也”⑦。

这种“人为万物长”的观念与西方的“人类中心主义”所强调的人主宰世间万物的思想是不同的。亚里士多德说：“植物活着是为了动物，其他动物活着是为了人类，驯化动物是为了役使它们，当然也可以以它们为食；至于野生动物，虽然并不是全部都可食用，但有些还是可食的。此外，它们还有其他用途，可以把它们制成衣服和工具。如果我们相信世界不会没有任何目的地造物，那么，自然就是为了人而造就了万物。”⑧ 这里明显是将人和动物对立起来了，属于万物生来就是为人类服务的人类中心主义的观点。

---

① 王明编:《太平经合校》,中华书局1960年版,第80页。
② 王明编:《太平经合校》,中华书局1960年版,第298页。
③ 王明编:《太平经合校》,中华书局1960年版,第298页。
④ 王明编:《太平经合校》,中华书局1960年版,第222页。
⑤ 王明编:《太平经合校》,中华书局1960年版,第576页。
⑥ 王明编:《太平经合校》,中华书局1960年版,第644页。
⑦ 王明编:《太平经合校》,中华书局1960年版,第19页。
⑧ 苗力田译:《亚里士多德全集》,中国人民大学出版社1994年版,第19页。

《太平经》的观点则是讲人和天地一样具有好生之德和仁慈之心，人的存在是为了“赞天地之化育”，即为了让天地万物更好地存在和发展。“上君子乃与天地相似，故天乃好生不伤也，故称君称父也。地以好养万物，故称良臣称母也。人者当用心仁，而爱育似天地，故称仁也。此三者善也，故得共治万物，为其师长也。”① “人本生时乃名神也，乃与天地分权分体分形分神分精分气分事业分居，故为三处。一气为天，一气为地，一气为人，余气散备万物。是故尊天重地贵人也。”②《太平经》的这种“调和万物，共治万物”的思想与西方的人类中心主义迥异其趣。作为人一定要有“仁心”，即慈爱的思想，而不是凌驾于万物之上和掌控万物。

《太平经》还继承了《道德经》中的“万物负阴而抱阳”的阴阳交合的思想，认为男女必须结合以繁衍人类，以相生相传。男女任何一方减少都会导致男女失衡。所以，《太平经》反对残害妇女，反对男女独身。“今天下失道以来，多贱女子，而反贼杀之，令使女子少于男，故使阴气绝，不与天地法相应。”③ “夫贞男乃不施，贞女乃不化也。阴阳不交，乃出绝灭无世类也。二人共断天地之统，贪小虚伪之名，反无后世，失其实核，此天下之大害也。”④

《太平经》尊重生命的又一大表现就是反对滥用刑法，崇尚以德治国。“刑者其恶乃干天，逆阴阳，蓄积为恶气，还伤人……好用刑乃与阴气并，阴者杀，故不得大寿”⑤；“神圣为法，不可一旦予人重刑，灭人世类”⑥。

《太平经》还反对古代的犯法连累家人和他人的做法，曰：“人有过

① 王明编：《太平经合校》，中华书局1960年版，第32页。
② 王明编：《太平经合校》，中华书局1960年版，第726页。
③ 王明编：《太平经合校》，中华书局1960年版，第34页。
④ 王明编：《太平经合校》，中华书局1960年版，第37页。
⑤ 王明编：《太平经合校》，中华书局1960年版，第206～207页。
⑥ 王明编：《太平经合校》，中华书局1960年版，第515页。

莫善于治，而不陷于罪，乃可也。其次，人有过触死，事不可奈何，能不使及其家与比伍，乃可也。其次，罪过及家比伍也，原指有罪者，慎勿尽灭煞人种类，乃可也。”①

其次，《太平经》的“敬天法地”的理念将为生态文明建设提供有益的借鉴。

《太平经》讲天地和谐而生养自然万物，遂要求人和自然万物效法天地，即遵循大自然的规律，其中自然涉及生态文明的思想内容。以今天的眼光看，《太平经》的生态文明的思想仍然极具参考价值，可以服务于当今社会。《太平经》的题解中说：“太者，大也；大者，天也；天能覆育万物，其功最大。平者，地也；地平，然能养育万物。经者，常也；天以日月五星为经，地以岳渎山川为经。天地失常道，即万物悉受灾。帝王上法皇天，下法后地，中法经纬，星辰岳渎，育养万物。故曰大顺之道。”②

可见，“大顺之道”是人类社会的理想状态，乃“敬天法地”和顺物自然的必然结果。

四川大学的卿希泰先生主编的《中国道教史》中认为，《太平经》的“太平”主要讲的是社会的太平。③ 但是，社会和自然是处在相互联系之中的，社会的太平离不开与天地自然的和谐共生。所以，《太平经》中又有很多关于自然界的太平与和谐的问题。在《太平经》看来，整个世界是处在普遍联系当中的，一切都以大道为核心而演化展开；“道”是天地万物的根本，而且道通过“元气”化生天地万物，正所谓“元气守道，乃行其气，乃生天地”④；“元气行道，以生万物，天地大小，无

---

① 王明编:《太平经合校》,中华书局 1960 年版,第 80 页。

② 王明编:《太平经合校》,中华书局 1960 年版,第 718 页。

③ 卿希泰:《中国道教史》(第 1 卷),四川人民出版社 1996 年版,第 114 ~ 123 页。

④ 王明编:《太平经合校》,中华书局 1960 年版,第 21 页。

不由道而生者也"①。

《太平经》讲元气化生万物的过程说："元气恍惚自然，共凝成一，名为天也；分而生阴而成地，名为二也；因为上天下地，阴阳相合施生人，名为三也。三统共生，长养凡物。"②

这段话可以看作是对《道德经》第四十二章"道生一，一生二，二生三，三生万物；万物负阴而抱阳，冲气以为和"的解释。

冯友兰在《中国哲学史新编》中将其中的"三"解释为阴气、阳气和冲气，以为阴气、阳气和冲气三气生成万物，也就是指天地间阴阳之气相互作用产生万物。③ 在《太平经》中虽然也讲太阳、太阴、中和三气，但是，长养万物的"三"是指天、地、人；天地阴阳相合产生人，然后，天、地、人共同长养万物，这就是"三统共生，长养凡物"④。

《太平经》中又将天地看作是"形体有三名（天、地、人）"中的天和地。该经中说："形体有三名，天、地、人。天有三名，日、月、星，北极为中也。地有三名，为山、川、平土。人有三名，父、母、子。"⑤

《太平经》强调了人对自然法则的敬畏和尊重，与现代生态学尊重自然的原则在本质上是相通的。文曰："天地乃是四时五行之父母也，四时五行不尽力供养天地所欲生，为不孝之子，其岁少善物，为凶年。人亦天地之子也，子不慎力养天地所为，名为不孝之子也。"⑥ 所以，中国人特别强调"敬天法地"的思想。《太平经》的报"五重恩"就包括天、地、君、亲、师。人生存在天地之间，所以对天地的尊敬也包含了中国人的饮水思源的感恩天地的精神。

《太平经》中对天地的感恩思想包含了对天地自然环境的关心和爱

---

① 王明编:《太平经合校》,中华书局 1960 年版,第 16 页。
② 王明编:《太平经合校》,中华书局 1960 年版,第 305 页。
③ 冯友兰:《中国哲学史新编》,人民出版社 1998 年版,第 335 页。
④ 乐爱国:《太平经的生态思想初探》,《宗教学研究》2003 年第 2 期。
⑤ 王明编:《太平经合校》,中华书局 1960 年版,第 19 页。
⑥ 王明编:《太平经合校》,中华书局 1960 年版,第 550 页。

护，文曰："人乃甚无状，共穿凿地，大兴起土功，不用道理，其深者下着黄泉，浅者数丈。母内独愁恚，诸子大不谨孝，常苦忿忿悃悒，而无从得通其言。……故天地最以不孝不顺为怨，不复赦之也。"① 人和万物一样，是自然界的一部分，正是自然造就了人类，故人类应尊重自然、爱护自然；大兴土木、挖掘土地会造成大地母亲的忧愁愤恚。这些思想尽管在今天看来有值得商榷之处，但其保护环境的意识值得大力推崇和提倡。

恩格斯曾说："我们不要过分陶醉我们于对自然界的胜利。对于每一次这样的胜利，自然界都报复了我们。"② 所以，《太平经》的尊重自然、爱护自然的精神值得我们深思和借鉴。

再次，《太平经》的"万物各自有宜"的理念将在生态文明建设中起到化解矛盾的效果。《太平经》说："天地之性，万物各自有宜。当任其所长，所能为，所不能为者，而不可强也；万物虽俱受阴阳之气，比若鱼不能无水，游于高山之上，及其有水，无有高下，皆能游往；大木不能无土，生于江海之中。"③

其中的"万物各自有宜"的思想，说明了万物各有自己的特点，都按照自己的本性发展才能昌盛兴旺，不可强求。万物虽然皆秉受阴阳二气而生，但就像鱼儿，做不到没有水却在高山上游动；等到有了水，无论高处还是低处，它都能游到那里。而高大的树木，也做不到没有土却在江海中生长。此处的水与鱼的比喻很容易令人联想起《道德经》第三十六章的"鱼不可脱于渊，国之利器不可以示人"的句子。

《太平经》认为，既然"万物各自有宜"，所以自然事物的变化是自然而然的，外力的干涉是没有必要的，正所谓"自然者，乃万物之自然

---

① 王明编：《太平经合校》，中华书局 1960 年版，第 114 ~ 115 页。

② 《马克思恩格斯全集》（第 20 卷），人民出版社 1965 年版，第 517 页。

③ 王明编：《太平经合校》，中华书局 1960 年版，第 203 页。

也”①。人在自然面前要遵循其运行规律，不可妄为。此处《太平经》的“自然”思想显然是取法于《道德经》第二十五章，文曰：“有物混成，先天地生，独立而不改，周行而不殆，可以为天地母。吾不知其名，字之名曰道，强为之名曰大，大曰远，远曰逝，逝曰反。故道大、天大、地大、人亦大。域中有四大，而人居其一焉。人法地，地法天，天法道，道法自然。”《淮南子》中则将这种道法自然的思想归纳为“顺物之性而辅助之”“因势利导”等，《淮南子》中还有在大道面前“顺之则昌”“逆之则亡”的思想，这反映了大道的实存性的特点。大道处于夷（视之不见）、希（听之不闻）、微（搏之不得）的状态，但这并不影响大道的真实存在和发生作用。《太平经》也说：“自然之法，乃与道连，守之则吉，失之有患。天地之性，独贵自然，各顺其事，毋敢逆焉。”② 其中将“天地之性”概括为“独贵自然”，足见“万物各自有宜”的“道法自然”的思想在《太平经》中的独特的至高地位。

《太平经》强调说：“天道不因自然，则不可成也。故万物皆因自然乃成，非自然悉难成。”③ 也就是说，人的主观愿望的实现离不开“自然”的法则。大道就体现在“自然”当中，即所谓“道已毕备，便成自然”④；“自然守道而行，万物皆得其所矣。天守道而行，即称神而无方。上象人君父，无所不能制化，实得道意。地守道而行，五方合中央，万物归焉。三光守道而行，即无所不照察。雷电守道而行，故能感动天下，乘气而往来。四时五行守道而行，故能变化万物，使其有常也”⑤。可见，天、地、三光、雷电、四时五行等皆须守道而行，才能各安其分、发挥其特长。

在“万物各自有宜”原则的指导下，圣人明王就应该按照万物的本

① 王明编:《太平经合校》,中华书局 1960 年版,第 16 页。
② 王明编:《太平经合校》,中华书局 1960 年版,第 472 页。
③ 王明编:《太平经合校》,中华书局 1960 年版,第 701 页。
④ 王明编:《太平经合校》,中华书局 1960 年版,第 472 页。
⑤ 王明编:《太平经合校》,中华书局 1960 年版,第 21 页。

性来处理事情，才能做到国家的长治久安。正所谓："是以古者圣人明王之授事也，五土（指青、赤、白、黑、黄和东、南、西、北、中五色五方土）各取其所宜，乃其物得好且善，而各畅茂，国家为其得富，令宗庙（古代帝王祭祀祖宗的处所）重味（指祭品丰盛）而食，天下安平，无所疾苦，恶气休止，不行为害。如人不卜相（占验察视）其土地而种之，则万物不得成，竟其天年，皆怀冤结不解，因而夭终，独上感动皇天。万物无可收得，则国家为其贫极，食不重味，宗庙饥渴，得天下愁苦，人民更相残贼。"①

意思是说，古代的圣人和英明的帝王布置任务，五方五色土各自取用它们适于植物生长的土质，于是植物得以生长良好而各自茂盛，国家由此获得富足，让宗庙祭品丰盛，只管享用，天下安定太平，没有感到病痛的事情，恶气止息，不再造成凶害。如果人们不占验察视土地怎样就种下植物，万物就没办法成熟和完成各自的生长过程，全都怀有聚结的冤情，因而中途就萎缩枯死，皇天为之悲戚。万物绝收，国家就由此贫困到极点，祭品单薄，宗庙感到供应不足，致使天下愁苦，老百姓递相残杀虐伤。

《太平经》的"万物各自有宜"的思想，实际上是庄子"适足其性"思想的发挥和延伸。这一思想也为"无为而治"的思想奠定了理论基础。"万物各自有宜"、"自然"和"无为"的思想有着内在的、必然的联系。只有在尊重"万物各自有宜""自然"的基础上，才能真正实行"无为"而治。

最后，《太平经》的"和谐共生"理念将为生态文明建设起到添砖加瓦的作用。

《太平经》认为自然界的各类事物都是由三个基本要素构成的，而且各要素之间又是"和谐共生"的。当然，《太平经》重视"三"的思想与《道德经》中的"三生万物"的思想是有继承性的。有人就将《太平经》的"三"解释为太阳之气、太阴之气和太阴太阳交互作用而产生

① 王明编：《太平经合校》，中华书局1960年版，第204页。

的和合之气。自然界各类事物中的三个要素相互融通和谐，缺一不可，正所谓天气是喜欢向下的、地气是喜欢向上的，上下相通，才能算作“中和之气”，相受共养万物，不会有害，才叫“太平”。所以“元气”中的三气的和谐是道化生天地万物的根本。这就是所谓的“元气”有“三名”的说法。

可见，“太平”的由来离不开三气的“和谐共生”。所以，“太平”一词可以理解为三气和谐而达到的平衡状态，也就是自然界生态系统的平衡状态。只有自然界达到了这种和谐平衡的状态，万物才能得以化生和发展，即所谓“中和气得，万物滋生”①。实现了自然界的平衡，就会风调雨顺，土地肥沃，万物欣欣向荣。

《太平经》还赋予“元气”以感情色彩；认为“元气”处于“乐”的状态，万物就会“和谐共生”而茁壮成长，即所谓自然乐就会万物强、天乐就会日月星光明、地乐就会自然昌盛、五行乐就会相生不相伤、四时乐就会主导天下、国王乐就会天下清明，万物乐就会生长有序。《太平经》的卷十八至三十四有专门的章节介绍元气“乐”可以去除灾祸的方法，即《以乐却灾法》。这里的“乐”实际上是对自然和谐与生态平衡的一种拟人化的描述。②

《太平经》的这些思想都闪现着人性的光辉，在生态文明建设中一定会起到积极的作用。

---

① 王明编:《太平经合校》,中华书局 1960 年版,第 20 页。

② 乐爱国:《太平经的生态思想初探》,《宗教学研究》2003 年第 2 期。

《太平经》与道教义理

周高德
（中国道教协会副秘书长）

《太平经》是流传至今的最早的道教经典，问世于东汉顺帝时（125～144），对早期道教的形成与发展有重大影响。关于这一点，前人著述备矣。本文试图论述《太平经》中的一些思想，在继承道祖之《道德经》思想的同时，又进一步丰富了道教教义理论。

我们知道，道教的教义上及老庄，中述神仙，下及符箓，其内容十分丰富。大致可以分为三个组成部分：（1）对于宇宙的看法，即道教是如何认识宇宙生成的，如何解释物质的本原。（2）对于社会的看法，即道教是如何看待社会现象，如何看待人际关系以及如何认识生死、善恶。（3）对于神的看法，即道教是如何解释神仙，如何阐述天人感应以及所描绘的另一个世界。这些教义内容即道教徒信仰的内容，在《太平经》中皆能看到。

一、对于宇宙的看法

《太平经》所阐述的道教宇宙观继承了老庄“道”的思想，将“道”称为“无极之经”，视为宇宙的本体、万物的根源。经曰：“夫道何等也？万物之元首，不可得名者。六极之中，无道不能变化。元气行道，以生万物，天地大小，无不由道而生者也。”（见中华书局1960年版《太平经合校》第16页，下引此书只注明页码）经中又说：“夫道者，乃大化之根，大化之师长也。故天下莫不象而生者也。”（第 662 页）在《太平经》里与“道”相通的具有生成万物功能的还有“气”“一”等。“气”乃“道”之属性，遍布于万物之中。卷四十《分清本末法》云：“元气乃包裹天地八方，莫不受气而生。”（第 78 页）卷七十三至八十五说：“元气恍惚自然，共凝成一，名为天也；分而生阴而成地，名为二也；因为上天下地，阴阳相合施生人，名为三也。三统共生，长养万物。”（第 305 页）这里，《太平经》把元气生成天地人的顺序，称为一、二、三，显然是继承《老子》关于“道生一，一生二，二生三，三生万物”的思想发展来的。“元气行道，以生万物”就是说，元气是按照“道”的法则进行变化才生成万物的。关于“生”与“道”相通，卷十八到三十四《修一却邪法》指出：“夫一者，乃道之根也，气之始也，命之所系属，众心之主也。”（第 12 ~ 13 页）卷三十七《五事解承负法》又说：“一者，数之始也；一者，生之道也；一者，元气所起也；一者，天地之纲纪也。”（第 60 页）又，卷九十三《国不可胜数诀》云：“一者，其气纯纯之时也。”（第 392 页）原来，“一”之所以与“道”相通，因为它是“数之始也”（故而是“天气纯纯之时”的代名词），是“道之根也”。

众所皆知，道教最根本的信仰就是“道”。这个“道”是一切的开始，有了“道”才生成宇宙及天地万物。“道”的信仰，在《太平经》中已明朗地体现出来。在此基础上，后世道教用“大道无形，生育天地；大道无情，运行日月；大道无名，长养万物”（《常清静经》）来概括道教的宇宙生成论。

二、对于社会的看法

“太平”是道教社会观的主要内容。它自创教之初，就先天带来了人们向往的大同、和平、无争、平等、自由和幸福的美好社会的理想愿望。在《太平经》——道教第一部经典中讲得很清楚。可以说“太平”

是该经留给世人印象最深的、最美好的概念。《太平经》以“太平”命名，目的在于实现理想的“太平”世界。何谓“太平”?“太者大也，乃言其积大行如天”，“平者，乃言其治太平均，凡事悉理，无复奸私也”“太者大也，平者正也”（第148页）。因此，“太平”就是极大的和平、极大的公平。《太平经》中多处描绘了这种极大公平、和平的世界，在这个太平世界上“天地得以无病而喜，帝王得以自安而喜，贤者得以自达而喜；百姓得以自解不冤，家富人足而喜；奴婢得其主，不为非而喜；四时五行得顺行，民谨不犯之而喜；万二千物各得其所处，不见害而喜；……太上平气来得治，王者用事亦喜；恶气得以伏藏，不伏见使行诛伐亦喜；夷狄得安其处，不复数来为天战争亦喜；军师使兵器得休止不用，士卒不战死亦喜”（第420页）。总之，使宇宙万物皆生活在这样和谐公平安宁的太平世界上，人人都能安居乐业，尽其天年。《太平经》这种向往和平及反对战争的理想是积极的、进步的、崇高的。此外，《太平经》中关于男女平等的论述和自食其力、救穷周急的主张，都非常可贵。

在道教的基本信仰中，有一点就是相信善恶承负、因果报应。其“承负”之说即出自《太平经》。其论曰：“承者为前，负者为后。承者，乃谓先人本承天心而行，小小失之，不自知，用日积久，相聚为多，今后生人反无辜蒙其过谪，连传被其灾。……负者，乃先人负于后生者也。”（第70页）其意思是说，前人行恶，后人遭殃。如果前人行善，则后人得福。世人常言：前人种树，后人乘凉，这与道教“承负”思想是相通的。由于承负代代积累的结果，因此便出现了善恶与祸福不相一致的现象。正如《太平经》中所言：“力行善反得恶者，是承先人之过，流灾前后，积来害此人也；其行恶反得善者，是先人深有积蓄大功，来流及此人也。”（第22页）关于“承负”的时间，“帝王三万岁相流，臣承负三千岁，民三百岁”。“承负”说的目的在于教化人们行善积德。大约到南北朝时期，道教吸收了佛教轮回学说，但在三世关系中，保留了“承负”思想。这样，天道循环，善恶承负及因果报应，便逐渐成为道教的基本信仰之一。

三、对于神的看法

我们知道，道教对于宇宙、社会的看法都是以对神仙世界的崇拜为核心，这是道教最基本的信仰。《太平经》承袭了殷周相传下来的对天神、地祇、人鬼的崇拜，其特点是信奉战国以后的神仙之说，相信仙真、仙境的存在，相信人可以学道积德，成为长生久视的仙人。

《太平经》的神仙系统是道书中最早出现的，其等级由上而下，共分为六等："一为神人，二为真人，三为仙人，四为道人，五为圣人，六为贤人。"（第 289 页）其最高神名太平金阙帝晨后圣帝君，亦称长生大主，号太平真正太一妙气皇天上清金阙后圣九玄帝君，姓李，亦称大太平君，这里的后圣帝君实际指老子，即太上老君。奉太上老君为至尊天神，这也是道教徒最根本的信仰。

《太平经》中是怎样阐述如何才能成为仙人的呢？（一）"乐生""好善"。《太平经》认为，"乐生""好善"是天地赋予人的本性。卷九十三说："天下人乃俱受天地之性，五行为藏，四时为气，亦合阴阳，以传其类，俱乐生与恶死，悉皆饮食以养其体，好善而恶恶，无有异也。"（第 393 页）这种"乐生""好善"的思想，是道教进而追求长生不死的一个重要前提。（二）"积学不止"。卷一百五十至一百七十说："夫人愚学而成贤；贤学不止成圣；圣学不止成道；道学不止成仙；仙学不止成真，真学不止成神。皆积学不止所致也。"（第 725 页）说明"积学不止"是成道、成仙的关键。（三）养性积德。修道的原则是养性与积德并重，"内以致寿，外以致理"（第 739 页）。在修炼方法上，《太平经》强调"守一"的重要："一者，心也，意也，念此一身中之神也。凡天下一事，尽是所成也。"（第 369 页）"故守一，然后且具知善恶过失处，然后能守道""古今要道，皆言守一，可以存而不老。能知守一，名为无极之道"（第 716 页）。守一之法有两种：一是保守身体主要器官，如头之顶，面之目，腹之脐，脉之气，五脏之心（第 13 页），使之充实；

二是守神，使形神不离，“常合即为一，可以长存也”“人生精神，悉皆具足，而守之不散，乃至度世”（第716页）。这种“守一”的思想和修炼方法，对后世道教有一定影响。

道教常用《道德经》中的“深根固蒂，长生久视”来作为其基本教义，这一教义是道教仙学的核心内容，也是道教的一个基本信仰。《太平经》也着重阐述了这一基本信仰。

结　语

本文初衷试图论述《太平经》中的一些思想，在继承道祖之《道德经》思想的同时，又进一步丰富了道教教义理论。是否如愿，须将道教的几个基本信仰示之（见李养正教授《漫谈道教的几个基本信仰》一文），以供对照：

一、大道无形，生育天地。

二、道教宗元于三宝。

三、生道合一，长生久视。

四、天界、仙境、地府及“五道”。

五、天道承负，因果报应。

通过对照，显而易见，道教的基本信仰（除二外）皆能在《太平经》中找到影子。由此可见，《太平经》是一部多么重要的道书。

浅谈《太平经》中的“三一”思想

张雪松

（中国人民大学佛教与宗教学理论研究所副教授）

摘要：自汉成帝时期齐人甘忠可造作《包元太平经》，到陈宣帝令道士周智响再度求取《太平经》并于至真观开讲为止，《太平经》的形成与发展演变，大约经历了六百余年的历史。在南北朝以来形成的道教经典“三洞四辅”体系中，专为《太平经》设立太平部，并认为其以“三一为宗”。《太平经》以元气为根本，元气化分阴、阳、中和三气，是天地人、精气神的基础，天地人相合可致太平，精气神相合人可以长生，可以说《太平经》的宇宙论、政教论、修身论，都贯穿了三一思想。《太平经》三一修行思想，与《黄帝内经素问》有许多共通之处，并对后世道教影响很大。由于佛教义学的影响，南北朝道教三一论开始有玄学化的倾向，但仍以存思静修为主要目的。

关键词：《太平经》　三一论　《黄帝内经素问》　南北朝道教

一、引言：《太平经》六百多年的形成历史

《太平经》是早期道教的重要经典。《太平经》的形成经历了相当漫长的历史过程。据《汉书·李寻传》，西汉末年，社会动荡，甘忠可造《包元太平经》十二卷：“汉家逢天地之大终，当更受命于天。天帝使真

人赤精子，下教我此道。”① 甘忠可将这部经传给夏贺良等人。汉哀帝听从夏贺良等人的进言，认可《太平经》中的一些思想，更改年号，称“陈圣刘太平皇帝”。但当时刘向、刘歆父子等儒者，认为造作《太平经》是“假鬼神罔上惑众”，甘忠可下狱致死，夏贺良最终也事败被杀。

东汉末年，宫崇向汉顺帝进献《太平清领书》一百七十卷，称此书是干吉所传。汉桓帝时，襄楷再次进献此书，称赞此书有“兴国广嗣之术”。但汉代统治者始终没有重视《太平经》；相反，《太平经》可能在民间具有一定影响。汉末黄巾起义，很可能就利用了《太平经》的一些思想，“后张角颇有其书（《太平经》）焉”（《后汉书·襄楷传》）。《牟子理惑论》中提到“神书百七十卷，长生之事”，一般认为指的就是《太平经》。

黄巾起义虽然被镇压下去，但由于《太平经》在早期道教中的崇高地位，《太平经》一直在民间流行。在后来形成的道教经典“三洞四辅”体系中，还专为《太平经》列“太平部”。《太平经》一直保持着旺盛的生命力，肇始于西汉十二卷书，逐渐发展到东汉末年的一百七十卷，甚至到魏晋南北朝时期，《太平经》还不断被丰富发展。

大约在唐初形成的《道教义枢》对《太平经》自汉代以来，特别是魏晋南北朝时期的发展变化，有相对详细的论述：

> 太平者，此经以三一为宗，老君所说。按甲部第一云：学士习用其书，寻得其根，根之本宗，三一为主。然其卷数，或有不同。今甲乙十部，合一百七十卷，今世所行。按《正一经》云：有太平洞极之经，一百四十四卷，此经并是盛明治道，证果修因，禁忌众术也。其《洞极经》者，按《正一经》，汉安元年太上亲授天师，流传兹日，若甲乙十部，按《百八十戒》云：是周赧王时，老君于蜀，授琅琊干吉。至汉顺帝时，宫崇诣阙，上其师干吉所得神书百七十卷，号太平经。帝不信之，其经遂隐。近人相传，海嵎山石函

① 班固撰，颜师古注：《汉书》，中华书局1997年版，第3192页。

内有此经。自宋梁以来，求者不得。往取，辄值风雨冥暗，雷电激扬。至于陈祚初开，屡求弗获。陈宣帝雅好道法，乃屈周智响法师，往取此经。法师至山，清斋七日。未取之顷，云雾幽晦，法师斧虑。才至天光朗然，乃命从人开函取经。时，数十许人开，不能得。法师暂用手扶，豁然而启，因得此经，请还台城。帝见迎礼，置于至真观中，仍请法师于观开讲。尔时，利安天下，国致太平。自此以来，斯文盛矣。帝因法师得经，故号为太平法师也。①

《道教义枢》记录了两种《太平经》产生的说法，一是据《正一经》"汉安元年，太上亲授天师"，二是据《百八十戒》"赧王时，老君于蜀授琅琊干吉"。到汉顺帝时宫崇上一百七十卷的《太平清领书》，未得到皇帝重视，此后此书遂隐，直到陈宣帝时，周智响在海嵎山石函求得《太平经》，才使得《太平经》重新问世。宋代《云笈七签》对《太平经》衍变过程的论述基本沿袭了《道教义枢》的论述结构，只是补充了局部的细节，如周智响法师"即臧靖法师之禀业也"②。可见《太平经》在南北朝末年，南朝陈代以后，就基本定型，唐代以来《太平经》不再有大的变化了。

臧靖法师应为梁、陈间道士玄靖法师臧矜（即宗道先生），卢国龙先生尝言："蒙文通先生在《校理老子成玄英疏》中推测周智响为孟智周之误。但据唐道士王悬河《上清道类事相》卷一《仙观品》引《道学传》说：'孟智周，丹阳建业人也。宋朝于崇虚观讲说《十方忏文》。'……刘宋末（479）至陈宣帝初即位（569）凡九十年，则其实孟智周乃百岁上人，而《道学传》等并不特称孟智周寿考，《云笈七签》又说取经时'从人数十齐心运力'不能开石函，'法师敛气开之'，事虽涉于机

① 王宗昱:《〈道教义枢〉校勘》,见《〈道教义枢〉研究》,上海文化出版社 2001 年版,第 310 ~ 311 页。

② 张君房编,李永晟点校:《云笈七签》第 1 册,中华书局 2012 年版,第 102 页。

关且出于道书渲染，但究不能使人无疑此太平法师是否即孟智周。”① 实际上我们没有任何证据说周智响为孟智周。

自汉成帝时“齐人甘忠可诈造《天官历包元太平经》十二卷”②，到陈宣帝“雅好道法，乃屈周智响法师，往取此经”，《太平经》大约经历了六百余年的发展变化历程。

按照《道教义枢》《云笈七签》等道书的说法，汉代统治者没有重视《太平经》之后，《太平经》“遂隐”，按照《云笈七签》的解释是，《太平经》只在太平盛世出现，“故此经云：应感而现，事已即藏”“今此经流亡，殆将欲尽”③。南北朝时人们传说，《太平经》藏在“海嵎山石函内”，但每当有人去求经，都会遇到风雨雷电，不能成功。到南朝陈时，陈宣帝令周智响法师前往求经，才获成功。新求得的《太平经》被安置在“至真观”中，《太平经》出世，天下太平，周智响在至真观宣讲《太平经》，并被封为“太平法师”。陈宣帝在位时陈朝政治相对清明，并在太建年间的北伐中取得不小的成绩，此时《太平经》再度出世来粉饰太平，道书的记载应该是相对可信的。

二、《太平经》的三一思想

在南北朝以来形成的道教经典“三洞四辅”体系中，专为《太平经》设立太平部，并认为“此经以三一为宗”。“三一论”是道教思想的重要组成部分④，其源头在《太平经》。道教的“三一”概念，最早见诸

① 卢国龙:《中国重玄学》,人民中国出版社 1993 年版,第 52 页。

② 《汉书》,第 3192 页。

③ 《云笈七签》第 1 册,第 101 页。

④ 20 世纪中叶,法国汉学家马伯乐首先注意到《云笈七签》所引《升玄内教经》中反映出来的道教“三一”观念及其衍化,此后保罗 · 安德森(Paul Andersen)、麦谷邦夫、陈耀庭、李子微、刘仲宇、卢国龙、王宗昱、山田利明、山田俊、强昱、王承文、万毅等人都对汉魏两晋南北朝时期的道教“三一”观念做出研究。现今还出现了道教三一论的专著——徐明生《道教“三一”义研究》(苏州大学 2014 年博士论文)。

的道经即为《太平经》。敦煌本《太平经》残卷（S. 4226）：

精学之士，务存神道，习用其书，守得其根。根之本宗，三一为主。一化以三，左无上，右玄老，中太上。太上统和，无上摄阳，玄老总阴。阴合地，阳合天，和均人。人、天及地，号为三才，各有五德。五德伦分，修事毕，三才后（复）一。得一者生，失一者死。能遵上古之道，则到太平之辰。①

在这里一（道）化为三，即无上、玄老、太上三位尊神，这三位尊神是阳气、阴气、和气三气的神格化，又分别对应着天、地、人三才。三才复一，人得长生，世道太平。

传世的《太平经》经文主要保存在明代《正统道藏》中，但只残存五十七卷，此外比较重要的还有另种文献即：《太平经钞》和《太平经圣君秘旨》，王明先生认为这两种文献的编撰者都是唐末的闾丘方远（？～902）。② 从传世的《太平经》文本来看，天地人三者合一以致太平，精气神三者合一以致神仙，天地人，精气神，三者的基础来自于道化分为阴、阳、和三气，阴、阳、和三气相和达到“太和”的状态，此时即出现“太平气”。“太平气”是政治升平和个人修炼成仙的前提。这样《太平经》构建的宇宙论就与政治思想与修炼成仙理论结合起来，《太平经》卷十八至三十四“和三气兴帝王法”（出自《太平经钞乙部》）：

真人问神人曰：“吾欲使帝王立致太平，岂可闻邪？”神人言：“但大顺天地，不失铢分，立致太平，瑞应并兴。元气有三名，太

① 中国社会科学院历史研究所、英国国家图书馆等编：《英藏敦煌文献》第 6 卷，四川人民出版社 1990 年版，第 1 页上。

② 王明编：《太平经合校》上册，中华书局 1997 年版，前言第 11～16 页。

阳、太阴、中和。形体有三名，天、地、人。天有三名，日、月、星，北极为中也。地有三名，为山、川、平土。人有三名，父、母、子。治有三名，君、臣、民，欲太平也。此三者常当腹心，不失铢分，使同一忧，合成一家，立致太平，延年不疑矣。”①

上面这段议论，主要是针对政治层面帝王如何致太平，天地人、君臣民，三者合为一家，可“立致太平”。《后汉书·皇甫嵩传》记载，汉末张角领导的黄巾起义，“角称‘天公将军’，角弟宝称‘地公将军’，宝弟梁称‘人公将军’”②，可能受到《太平经》某种程度的影响。

三者合一，不仅可以在政治层面天下太平，而且就个人而言，亦可“延年不疑”。《太平经》对人的生命和长生方法的认识，也是基于元气论，由元气而出的阴、阳、中和是人的精、气、神的基础，人的精气神，特别是神（精神）在很大程度上决定了人的寿命。人的精神在《太平经》中已经被神格化，最为典型的代表是五脏神。人的善恶行为决定了相应的精神出入人的身体，人通过道术守神、致神、还神，通过形神相合以求长生，《太平经》卷十八至三十四“以乐却灾法”（出自《太平经钞乙部》）：

悬象还，凶神往。夫人神乃生内，返游于外，游不以时，还为身害，即能追之以还，自治不败也。追之如何？使空室内傍无人，画象随其藏色，与四时气相应，悬之窗光之中而思之。上有藏象，下有十乡，卧即念，以近悬象，思之不止，五藏神能报二十四时气，五行神且来救助之。万疾皆愈。男思男，女思女，皆以一尺为法，随四时转移。春，青童子十；夏，赤童子十；秋，白童子十；冬，黑童子十；四季，黄童子十二。二十五神人真人共是道德，正行法，

① 《太平经合校》上册，第18～19页。
② 范晔撰，李贤等注：《后汉书》，中华书局2012年版，第2300页。

阳变于阴，阴变于阳，阴阳相得，道乃可行。①

在《太平经》中，人的精神被神格化之后，可以精神出游，神随人意，诸神司过，人体内的五脏神具有具体颜色、大小、男女等形象，被人描绘出来，悬挂起来，成为存思观想的对象。人体内神格化的精神，“神乃生内，返游于外”，为防止人体内的神明“游不以时”，《太平经》提倡存思观想的方法，达到精气神的和谐，从而形神相合，祛病延年。

后世道教类书一般把三一论源头上溯到老子对道的描述希夷微三者“混而为一”，但现在的学者多认为这三个形容词只不过用于描述道的性质。当然《道德经》中“三生万物”“冲气以为和”等论述，以及儒家天地人三才等思想，对道教三一论的形成应该有启发意义。宽泛而言，先秦至两汉思想史中所见的气论和天人关系思想，特别是《管子》和《淮南子》的相关论述，以及汉代董仲舒的《春秋繁露》、严遵的《老子指归》等，对《太平经》以来的道教三一论思想的影响，都可以进行系统的梳理。单就精气神三一修炼而言，《管子》的“白心”“内业”可能有比较直接的影响。《管子·内业》说道乃生气，精是气之精，鬼神是精之极，特别是认为人的五官四肢是精的房舍，神可以自然出入，“定心在中，耳目聪明，四枝坚固，可以为精舍”“有神自在身，一往一来，莫之能思。失之必乱，得之必治。敬除其舍，精将自来。精想思之，宁念治之，严容畏敬，精将至定。得之而勿舍，耳目不淫”②。这一说法已经具备精气神守一存思的雏形，不过《太平经》更加系统化，体内神的神格特征也更加明确。

同时，我们还应该重视同时期中医理论的重要影响。一般认为成书于战国时期的《黄帝内经素问》，其遗篇“刺法论篇第七十二”提到“人虚即神游失守位，使鬼神外干，是致夭亡”，“十二藏之相使，神失

① 《太平经合校》上册，第14页。
② 黎翔凤：《管子校注》中册，中华书局2004年版，第937、938页。

位，使神彩之不圆，恐邪干犯”，对神游失位导致疫病的说法与《太平经》“游不以时”的论述十分类似，“刺法论篇第七十二”还强调“是谓气神合道，契符上天”，并且用官职来譬喻五脏六腑。但是《黄帝内经素问》遗篇的真伪一直有很大的争议①，不过《黄帝内经素问》正文中的“上古天真论篇第一”谈到“恬淡虚无，真气从之，精神内守，病安从来”“形体不敝，精神不散，亦可以百数（岁）”，以及“汤液醪醴论篇第十四”谈到“今精坏神去，荣卫不可复收。何者？嗜欲无穷，而忧患不止，精气驰坏，荣泣卫除，故神去之而病不愈也”②，从正反两个方面也都表达了近似的意思。而且“灵兰秘典论篇第八”论述了“十二藏之相使”，比拟官爵之名③与遗篇“刺法论篇第七十二”相同，但脏腑之官名中“相傅之官”（肺）和“州都之官”（膀胱），是曹魏时期才出现的称谓，应系晚出。

《黄帝内经素问·宝命全形论篇第二十五》：“夫人生于地，悬命于天，天地合气，命之曰人。”④《黄帝内经素问》中有天地人的论述，但总体来看，主要还是以阴、阳作为其主要的哲学观点。但阴阳本身又分为“三阴三阳”，三阳为太阳、阳明、少阳；三阴为太阴、厥阴、少阴。“阴阳离合论篇第六”相对集中地论述了三阴三阳的关系：“太阳为开，阳明为阖，少阳为枢。三经者，不得相失也，搏而勿浮，命曰一阳。”“太阴为开，厥阴为阖，少阴为枢。三经者，不得相失也，搏而勿沉，名

① 《黄帝内经素问》中第七十二篇“刺法论”和第七十三篇“本病论”，在唐代王冰注《素问》时已经有目无文，宋代刘温舒著《素问人式运气论奥》始将该二篇作为《素问》的遗篇列于书后，今人多认为这两篇系唐宋间的伪作。

② 南京中医药大学编著：《黄帝内经素问译释》（第4版），上海科学技术出版社2009年版，第4、9、137页。《黄帝内经灵枢·本脏》：“人之血气精神者，所以奉身而周于性命者也。”精（精、血、津、液）、气（宗气、荣气、卫气）、神（神、魂、魄、意、志）是人体三宝。引文中的“荣”“卫”应指荣气、卫气。

③ 《黄帝内经素问译释》（第4版），第90页。

④ 《黄帝内经素问译释》（第4版），第249页。

曰一阴。”[①] 汤用彤先生曾经指出，汉代之学是复杂而具体之学问，一事一理，不重抽象；魏晋玄学则是简单抽象之学问，以为找到一最高原则即可解释诸事。[②] 从《黄帝内经素问》对“三阴三阳”以及本文稍后将要涉及的“三部九候”等具体论述来，其哲学思想更近似于复杂而具体的学问，而《太平经》的三一思想已经有开始关注守一的迹象，南北朝道教三一论在这方面的发展越发明显。

不过《太平经》中对脏腑颜色和季节的相配，与《黄帝内经素问》是相同的，例如“金匮真言论篇第四”论述“五脏应四时”：“东方青色，入通于肝”“南方赤色，入通于心”“中央黄色，入通于脾”“西方白色，入通于肺”“北方黑色，入通于肾”[③]，东配春，南配夏，西配秋，北配东，只是《黄帝内经素问》中央配长夏，《太平经》改为“四季”；而青、赤、白、黑、黄童子分别对应肝、心、肺、肾、脾，《太平经》与《黄帝内经素问》是完全一致的。

在《太平经》中，神为太阳，形为太阴，精者中和，三者合一，还神守神：“分别三气所长，还神守身。太阳天气故称神。形者，太阴主祇，包养万物，故精神藏于腹中，故地神称祇。精者，万物中和之精。故进退无常；天地阴阳之精，共生万物，此三统之历也。神者主生，精者主养，形者主城。此三者乃成一神器，三者法君臣民，故不可相无也。”（《太平经》卷一百五十四至一百七十“还神邪自消法”，出自《太平经钞癸部》）[④] 就像君臣民合而致太平，人的精气神合则可长生。精气神三者相合，即是守一之道，体现了《太平经》在人生修行中的三一论思想。《太平经》卷一百五十四至一百七十“令人寿治平法”（出自《太平经钞癸部》）：

---

① 《黄帝内经素问译释》(第4版),第74、75页。
② 《汤用彤魏晋玄学讲义》,天津古籍出版社2009年版,第84页。
③ 《黄帝内经素问译释》(第4版),第41~42页。
④ 《太平经合校》下册,第727页。

三气共一，为神根也。一为精，一为神，一为气。此三者，共一位也。本天地人之气。神者受之于天，精者受之于地，气者受之于中和，相与共为一道。故神者乘气而形，精者居其中也。三者相助为治。故人欲寿者，乃当爱气、尊神、重精也……上士用之以平国，中士用之以延年，下士用之以治家。①

阴、阳、中和三气同根，人若守一，上可以安邦，下可以治家，亦可以延年益寿。可以说，《太平经》的宇宙论、政教论、修身论，都贯穿了三一思想，说《太平经》“以三一为宗”，并非言过其实。

三、南北朝时期的“三一论”

《云笈七签》卷四十九引《玄门大义》，对早期（汉魏两晋南北朝时期）道教的三一论进行了总结，提出九部经典，都对三一修持进行了论述，并“皆有图术”，其中“第六、太平三一（意神、志神、念神。出自第一卷《自占盛衰法》）”②。《太平经》第一卷已经不存，现存《太平经》经文中也没有发现“意神、志神、念神”这些概念，但敦煌本《太平经》残卷（S. 4226）保留了目录“《太平经》卷第一，自占盛衰法第一”③。说明《玄门大义》对《太平经》三一论的记录是可信的。

从这九部经典对三一论的修炼“图术”的记录来看，道教的三一论原本主要是用来修持延年的道术。正如王宗昱教授指出的：“《玄门大义》列出了九家三一说。经过搜寻我认为实际只有五家。天师道为一家，主三官正气的三一说；太平经为一家，主意志念三一说；太玄部为一家，主夷希微三一说；自然三一为一家，主三光三一说；其余实际为一家。

① 《太平经合校》下册，第728页。
② 《云笈七签》第3册，第1094页。
③ 《英藏敦煌文献》第6卷，第2页上。

并且，这五家之间不是相互隔绝的。除了太平部和太玄部尚需要进一步搜寻文献外，其他三一说有一个主流，就是三丹田三一说或称三元三一说，而这种三一说应该上溯至《老子中经》。”① 在《老子中经》之前，《黄帝内经素问》也有一些叙述可资借鉴，例如《黄帝内经素问·三部九候论篇第二十》：“帝曰：何谓三部？岐伯曰：有下部，有中部，有上部；部各有三候，三候者，有天，有地，有人也，必指而导之，乃以为真。”下部“天以候肝，地以候肾，人以候脾胃之气”；中部“天以候肺，地以候胸中之气，人以候心”；上部“天以候头角之气，地以候口齿之气，人以候耳目之气。”当然，《黄帝内经素问》并未强调三一守一，而是主张三三合九：“三部者，各有天，各有地，各有人。三而成天，三而成地，三而成人，三而三之，合则为九，九分为九野，九野为九藏。故神藏五，形藏四，合为九藏。”②《黄帝内经素问》这里的上中下“三部”，虽然还不是严格意义上的三元三一，但它对人体上中下三部、天地人三候，这些三分观念的认识，是值得重视的，《黄帝内经素问》理论对于三一修行应该有重要的启发意义。

《玄门大义》除了对九部经典三一修行的简略记叙外，还用不少篇幅总结了四家对三一论的本体论讨论。“出体之义，略有四家”③，《玄门大义》对前三家都进行了批评：（1）“大孟法师解云：三一之法，以妙有为体。有而未形，故谓为妙；在理以动，故言为一。”大孟法师是梁武帝天监年间的大道正孟景翼，他认为三一的本体是“妙有”，妙的意思是“有而未形”，但从因、果法上看“果法若起，故非未形之妙”，所以“妙有”为体的理论是存在缺陷的。

（2）“宋法师解云：有总有别：总体三一，即精、气、神也。别体者，精有三智，谓道、实、权；神有三宫，谓上、中、下；气有三别，

---

① 《〈道教义枢〉研究》，第 217 页。
② 《黄帝内经素问译释》（第 4 版），第 206 ~ 207 页。
③ 以下参见《云笈七签》第 3 册，第 1090 ~ 1092 页。

谓玄、元、始。”宋法师是梁代道士宋文明，他的论述是对三一论的分类论述，“非定三一之体”。实际上宋文明并非从哲学本体论上来探讨三一论，主要还是从修行论上出发，宋文明《道教义渊》（S. 1438）：“《请问经》下云：道为无心宗。一切作福田者，言道以三一为无心，观空为宗主。而无乎不在，又通为一切作福田也。人身有三官，上官在眉间，却入三寸，号泥洹宫，为上丹田；中官在心央，号绛宫，为中丹田；下宫在脐下，却入三寸，号命门黄庭宫，为下丹田也。”“若以无心为心，守志守一者，则三一之神，于其身中，滋益智慧。至于成道，混合为一。”① 可见宋文明主要还是前述三丹田三一说，意在修行而非对三一论进行哲学性探讨，亦有学者认为宋文明的“道以三一为无心论”对同时代的禅宗“守一不移”等修持有所影响。②

（3）“徐素法师云：是妙极之理，大智慧源，圆神不测，布气长生，裁成靡素，兼三为义，即一为体。”这种表述被认为言语混乱。“妙极之理”与“大智”属于“境智”的范畴，“慧源”与“裁成”属于“本迹”的范畴，三一到底以何为体，并没有说清楚。境智、本迹带有明显的佛教术语色彩，境智是所观之境界与能观之智慧的合成，后世王玄览、成玄英都多次使用过“境智”的概念来讨论道与德的关系。“本迹”在佛教文献中最早出自《妙法莲华经》卷五“如来寿品”，是说释迦牟尼佛在百千万亿那由他劫以前已成佛（“本”），净饭王子成佛世寿八十岁是“迹”，陈隋间天台宗实际创始人智𫖮对本迹二门多有发挥；同时代，南北朝时期的道教本迹观主要是讨论“摄本还迹”③。如果套用今日常用的哲学术语，“境智”大约属于认识论范畴，“本迹”大约属于本体论范畴，徐素的论述游离于认识论与本体论之间，故被认为：“语犹混通，未

① 《英藏敦煌文献》第 3 卷，第 17 页下 ~18 页上。

② 姜伯勤：《敦煌道书中南朝宋文明的再发现》，《传统文化与现代化》1997 第 3 期。

③ 李刚：《〈道教义枢〉论本迹与体用》，《江西社会科学》1997 年第 8 期。

的示体。”

（4）“玄靖法师解云：夫妙一之本，绝乎言相。非质非空，且应且寂。”玄靖法师即我们前文提到过的臧靖法师，南朝陈重新取得《太平经》的周智响“即臧靖法师之禀业也”。故他的观点值得我们充分重视，《玄门大义》中对他的观点也最为推崇，认为玄靖法师：“以圆智为体”“圆智非本非迹，能本能迹”“本迹皆圆，故同以三一为体也。三一圆者，非直精圆，神、气亦圆。何者？精之绝累即是神，精之妙体即是气，神之智即是精，气之智即是精，气之绝累即是神也。斯则体用圆一，义共圆三，圆三之三，三不乖一；圆一之一，一不离三。一不离三，故虽一而三；三不乖一，故虽三而一。虽三而一，故非一不一；虽一而三，故非三不三。三一既圆，故同以精、智为体；三义并圆而取精者，名殊胜也”。

南北朝时期，佛学义理昌隆，陈隋之际佛教天台宗实际创始人智颤提倡中假空三谛圆融，与上述玄靖法师对“三一圆者”的论述方式颇有异曲同工之妙。在南北朝佛道两教义学相互影响碰撞之下，原本以修持论为主的道教三一学说，开始带有玄学化的色彩，热衷于讨论三一“体义”，从本体论的角度探讨三一学说。原本单纯从修持角度探讨三一的学说被视为三一旧说，甚至被贬低为小乘，而玄学化的三一学说被视为大乘：“大小乘分，凡有三义：一约定有分，二约偏并分，三约待绝分。”（1）“定有者：昔小乘以三一为定境，义极于有，今大乘以三一为智慧，义在于空。何者？昔小乘入定，则舍于有，故在空之时，无复三一也。今大乘为观，群色是空，故虽于空，不失三一也。故《洞神经》释‘守三一’云：知守虚无空者为大乘也，守神炼形为中乘；守气含和为小乘也。”（2）“二偏并者：昔小乘学偏，今大乘能并。小乘舍色入空，故不能并；大乘即色辩空，故能并也。”“三待绝者，昔因三一以入于无，得无之时，谓为‘真一’，此之无一，犹对于有之无，是为挟二，故为待也；今之三一，即体非有，亦复非无，非有非无，故无所挟，既无所挟，故为绝也。”① 但这不是说，对三一论玄学化的思辨完全取代了原本的三一修持，所谓的大乘三一学说，也融摄了原本三一修持的重要内容，并加以改造：“二就因果义分，亦有三义：一约近远别，二约方便究竟别，三约常无常别。”（1）“一约近远者，昔以三为气，观果则近极三有，今以一为神，观果则远极道场，故极果圆智成，今三一义如前也。”（2）“二约方便究竟者，昔开方便，果极三界，今开究竟，故果极常一，故《升玄经》云，是为究竟。究竟者，功业成，罪行毕，则常一也。”（3）“三约常无常者，昔三有之果，为灾所成，故是无常；今一常之果，嶷然不动，故为常也。”

由《太平经》开启的天地人、精气神三一致太平、延年命的思想和修持，在南北朝时期被高度玄学化，“今之三一，即体非有，亦复非无”与同时代佛教义学的有无之辨乃至涅槃学思想，都可以相互借鉴比较。但终归南北朝时期的三一论应该还是意在存思静修，“今以一为神”“果极常一”，仍以守一为最高目的。

“以三一为宗”的《太平经》，至今仍然是一个值得探讨的话题，从天地人和合而立致太平、精气神和合而守一延命，到“圆三之三，三不乖一；圆一之一，一不离三”的玄学化讨论，其内容是异常丰富的，也有很大的诠释空间。

马克思主义辩证法强调一分为二地看待问题，“正”“反”矛盾双方需要一个中介来完成否定之否定的“合”的过程。故三一论在哲学思想中带有一定的普遍性，也有很多学者提倡“一分为三”②。以三一为宗的《太平经》在哲学上至今仍能给我们很多启发。

---

① 《云笈七签》第3册，第1095～1096页。

② 比较有代表性的著作如庞朴《一分为三论》，上海古籍出版社2003年版。

试论《太平经》的“广嗣”之术

——兼论秦汉时期子嗣观念之演变

姜守诚

（中国社会科学院哲学研究所副研究员）

内容提要：《太平经》是东汉道教的一部重要经典，书中涉及子嗣传衍等诸多内容。本文结合秦汉时期的历史背景、社会民俗、医学水平等情况，对该书所含该领域的基本内涵予以剖析，并据此折射出先秦两汉时期生育之术及其观念的演进轨迹及特征。

关键词：《太平经》　“广嗣之术”　汉代道教

古代社会，子嗣问题（尤指男胤）一直为世人所关注。《太平经》将“兴国广嗣”视为贯穿全书的基本宗旨和理想目标，也就是说将“广嗣”提升到与“兴国”同等高度。既然《太平经》以“广嗣之术”相标榜，其中必然蕴含着传衍子嗣的诸多方法和见解。① 不过应说明的是，《太平经》毕竟不是纯粹的医书，且撰作者也未必精通医术，很多论断难免显得不够专业。然而，透过这些看似粗疏的论述，我们却可体察出

① 《后汉书·襄楷传》载襄楷献书桓帝时曾谈到“神书”——《太平清领书》的性质及其主要内容，其中就明白地指出该书兼含“广嗣之术”，其谓：“前者宫崇所献神书，专以奉天地顺五行为本，亦有兴国广嗣之术。”（范晔撰，李贤等注：《后汉书》，中华书局1965年版，第1081页）

当时民众（尤指身处社会底层的逸民知识分子）对生育现象的认识程度和理论水平。

从语源学上分析，“生育”一词可拆分成两层含义：“生”和“育”。对此二字，《说文》均有训释，其一云：“生，进也。象草木生出土上。凡生之属皆从生。”其二云：“育，养子使作善也。……《虞书》曰：‘教育子。’”概括说来，“生育”大抵包括怀孕、生子以及抚养、教育后代等内容。下面，我们分别从几个方面予以论述。

一、种子受胎

第一，胎儿孕育之过程

男女两性的交合是孕育新生命的开始，胚胎着床后在母体子宫内不断发育和成熟，历时十个月终现人世。古人早已认识到胎儿发育的各个阶段，如《淮南子·精神训》载：“一月而膏，二月而胅，三月而胎，四月而肌，五月而筋，六月而骨，七月而成，八月而动，九月而躁，十月而生。形体以成，五藏乃形，是故肺主目，肾主鼻，胆主口，肝主耳，外为表而内为里，开闭张歙，各有经纪。”① 马王堆汉墓帛书《胎产书》云：“一月名曰留（流）刑……二月始膏……三月始脂……【四月】而水受（授）之，乃始成血……五月而火受（授）之，乃始成气……六月而金受（授）之，乃始成筋……七【月而】木受（授）【之，乃始成骨】……八月而土受（授）【之，乃始成肤革】……【……九月而石授之，乃始成】豪（毫）毛……十月气陈□□，以为。”②

《太平经》对胎儿的孕育过程也有一定的认识，如卷三十五《分别

① 何宁撰：《淮南子集释》，中华书局1998年版，第505~507页。

② 马王堆汉墓帛书整理小组：《马王堆汉墓帛书》（肆），文物出版社1985年版，第136页。

贫富法》云："又人生皆含怀天气具乃出，头圆，天也；足方，地也；四支，四时也；五藏，五行也；耳目口鼻，七政三光也；此不可胜纪，独圣人知之耳。人生皆具阴阳，日月满乃开胞而出户，视天地当复长，共传其先人统，助天生物也，助地养形也。"① 那么，胎儿为什么要满十个月后才出生呢？卷九十三《国不可胜数诀》对此诠释说："一凝成天。天有上下八方，故为十也。又有五方，各自有阴阳，故数十也。下因地也，一下因地者，数俱于十乃生，故人象天数，至十月乃生也。一者，正是其施和洞洞之时也。已爱施者，反当象天数，十月乃出，故数终于十。"②

此外，《太平经》对胎儿的体位也有洞悉。如卷一百一十九《三者为一家阳火数五诀》云："故凡怀妊者，在头下足上，中腹而居，微在中和之下。"③ 引文中"头下足上，中腹而居"乃包括两种涵义：第一，新生命的孕育是在人体"头下足上"的"中腹"位置——即胎儿在母体的中央部位（即子宫之内）着床、发育乃至成熟；第二，胎儿在子宫中的姿势是"头下足上，中腹而居"——即胎儿在母体中乃以头下脚上的倒悬姿势而存活着。这一说法，无疑是符合客观事实的。进而，《太平经》又援引历法、易学等形上知识来论证这一体位的合理性，其云："甲子，天正也，日以冬至初还反本。乙丑，地正也，物以布根。丙寅，人正也，平旦人以初起，开门就职。此三者，俱天地人初生之始，物之根本也。初生属阳，阳者本天地人元气。故乾坎艮震，在东北之面，其中和在坎艮之间，阴阳合生于中央。……阳合者生于最先发去，出其形气，投于他方者，此主天地人三气初生之处，物之更始，以上下不可有刑杀气居其中也。"④

① 王明编:《太平经合校》,中华书局1960年版,第36页。
② 王明编:《太平经合校》,第392页。
③ 王明编:《太平经合校》,第676页。
④ 王明编:《太平经合校》,第676页。

《太平经》对胎儿的生命机理也做了简略的探讨。譬如，妊娠期的胎儿不食，乃得益于何种途径赖以存活?《太平经钞》（以下简称《钞》）辛部对此解释：“胞中之子，不食而取气。在腹中，自然之气。已生，呼吸阴阳之气。”①《道典论》卷四《胎息》引《太平经》佚文亦有类似语句：“请问胎中之子，不食而气者何也？天道乃有自然之气，乃有消息之气。凡在胞中，且而得气者，是天道自然之气也；及其已生，嘘吸阴阳而气者，是消息之气也。”② 就是说，胎儿通过一种独特的呼吸方式（亦称胎息）来存活；胎儿在母腹中摄取先天自然之气，而出生后则只能呼吸外界中的阴阳之气（亦即“消息之气”）。这两种呼吸方式立足于各自不同的生命机理。所以，《太平经》认为学道之人需仿效胎儿呼吸法，摄取先天自然之气而摒弃后天消息之气。这样才能反转至婴儿状态、达到保养生命之目的，“人而守道力学，反自然之气者生也，守消息之气者死矣。故夫得真道者，乃能内气，外不气也。以是内气养其性，然后能反婴儿，复其命也。故当习内气以内养其形体”③。《钞》丁部《胞胎阴阳规矩正行消恶图》④ 亦云：“欲知其意胞中童，不食十月神相通。自然之道无有上，不视而气宅十二重。故反婴儿则无凶，老还反少与道通。”⑤《太平经》卷一百二《虚无无为自然图道毕成诫》又说：“虚无者，乃内实外虚也，有若无也。反其胞胎，与道居也；独存其心，县龙虑也；遂为神室，聚道虚也。”⑥ 此外，《太平经》对胎儿呼吸及其他内容等描述也反映出：胎息法作为一种食气养生术，在汉代就已臻于成熟和完善。后世道教乃承袭了这种食气方术，并赋予其宗教功能。

---

① 王明编:《太平经合校》,第 699 页。按:《太平经钞》原不分卷,据文意看此处经文似属敦煌《太平经目录》所载的第二百五十七篇《力学反自然之炁决》。

② 《道藏》第 24 册,文物出版社、上海书店、天津古籍出版社 1988 年版,第 854 页。

③ 《道典论》卷四《胎息》引《太平经》佚文。——《道藏》第 24 册,第 854 页。

④ 敦煌遗书《太平经目录》则将此篇命名为《胞胎阴阳图决》。

⑤ 王明编:《太平经合校》,第 193 页。

⑥ 王明编:《太平经合校》,第 469 ~470 页。

第二，子嗣之性别选择及转胎

《太平经》卷九十六《忍辱象天地至诚与神相应大戒》云：“受阳施多者为男，受阴施多者为女。”① 这句话中包含了两层涵义：第一，胎儿的男女性别在受孕时就已决定了，即文中所说“施”与“受”的一刹那；第二，受孕的胚胎中阳性成分多者为男孩，阴性成分多者为女孩。这段引文大体反映出汉人对男女性别之形成机理的认识。这种说法对后世产生一定影响。如《医心方》卷二十四《治无子部·知有子法》引《玉房秘诀》即云：“阳精多则生男，阴精多则生女。”② 此处所言与前述《太平经》引文甚合。

古人对子嗣性别之选择理论有其独特见解。马王堆汉墓帛书《胎产书》云：“禹问幼频曰：我欲埴（殖）人产子，何如而有？幼频合（答）曰：月朔已去汁□，三日中从之，有子。其一日南（男），其二日女殹（也）。”③ 这是说，欲怀孕产子可于月经净后的三日内交配。第一天交合可生男孩，第二天生女孩。这一观念后代医书多有承袭。如《医心方》卷二十八《房内部·求子》引《洞玄子》云：“凡欲求子，候女之月经断后，则交接之。一日、三日为男，四日、五日为女；五日以后，徒损精力，终无益也。”④ 又《备急千金要方》卷二十七《房中补益》也说：“若欲求子者，但待妇人月经绝后一日、三日、五日，择其王相日，及月宿在贵宿日，以生气时夜半后乃施泻，有子皆男，必寿而贤明高爵也。以月经绝后二日、四日、六日施泻，有子必女。过六日后勿得施泻，既不得子，亦不成人。”⑤ 无论汉帛中的一日为男、二日为女，或是隋唐医

---

① 王明编:《太平经合校》,第 424 页。

② [日]丹波康赖撰:《医心方》,人民卫生出版社 1955 年版,第 531 页。

③ 马王堆汉墓帛书整理小组:《马王堆汉墓帛书》(肆),第 136 页。

④ [日]丹波康赖撰:《医心方》,第 648 页。

⑤ 孙思邈著,李景荣等校释:《备急千金要方校释》,人民卫生出版社 1997 年版,第 950 ~951 页。

书中的一三五为男、二四六为女，其观念均属一脉相承：以奇数代表阳，偶数代表阴；故奇日种子为男，偶日种子为女。此外，《胎产书》又载埋胞衣法：“字而多男毋（无）女者而欲女，后□□□□包（胞）狸（埋）阴垣下。多女毋（无）男，亦反〈取〉【胞】狸（埋）阳垣下。一曰：以甗衣约包（胞），狸（埋）之。”① 这是说，将胞衣埋于不同位置可决定下一胎婴儿之性别。若埋于背阴的墙垣下，生女；埋于向阳的墙垣下，生男。

上述内容均属施种之际即已决定了胎儿性别。汉代人认为，种子受胎之后仍能控制其性别。如马王堆汉墓帛书《胎产书》便载一法，名曰“内象成子”，其谓：怀胎三月“未有定义（仪），见物而化……□欲产男，置弧矢，□雄雉，乘牡马，观牡虎；欲产女，佩蚕（簪）耳（珥），呻（绅）朱（珠）子，是谓内象成子”②。又说：“怀子未出三月者，呻（吞）爵瓮二，其子男殹（也）。一曰：取爵瓮中虫青北（背）者三，产呻（吞）之，必产男，万全。”③ 孙思邈《备急千金要方》卷二《妇人方上》也说妊娠三月内，胎儿形仪未定、可服药方术转女为男，如谓：“阴阳调和，二气相感，阳施阴化，是以有娠。而三阴所会则多生女，但妊娠二月名曰始膏，精气成于胞裹。至于三月名曰始胎，血脉不流，象形而变，未有定仪，见物而化，是时男女未分，故未满三月者，可服药，方术转之，令生男也。”④ 并附载一则医方——“丹参丸方”，“治妇人始觉有娠，养胎并转女为男”⑤，其后另载四方似属方术⑥。此外，《医心方》卷二十四《治无子部·变女为男法》也收录诸多医书所载转胎处方

① 马王堆汉墓帛书整理小组：《马王堆汉墓帛书》（肆），第137页。
② 马王堆汉墓帛书整理小组：《马王堆汉墓帛书》（肆），第136页。
③ 马王堆汉墓帛书整理小组：《马王堆汉墓帛书》（肆），第138页。
④ 孙思邈著，李景荣等校释：《备急千金要方校释》，第41页。
⑤ 孙思邈著，李景荣等校释：《备急千金要方校释》，第41页。
⑥ 详见孙思邈著，李景荣等校释：《备急千金要方校释》，第41~42页。

若干，兹不详述。①

二、朴素的优生理念

第一，择日生子

古代的卫生条件、医学知识等相对落后，婴儿的存活率很低，此外，分娩难产、新生儿夭亡等现象也时常发生。人们对此无法给予科学的解释，只能归因于产子时日的吉凶，并寄托希望能吉日生子，祈求小儿得享健康、平安和富贵。这一观念充分体现了古人渴望优化生育的心理需求。秦汉时期，民间社会盛行以生日占测小儿之一生命运的做法。对此，《史记·日者列传》予以证实，其载卜者司马季主谈到当时民众“产子必先占吉凶，后乃有之”②。《太平经》卷一百十二《写书不用徒自苦诫》：“先时为恶，殃咎下及。故令生子，必不良之日……生子不遂，必有祸殃。”③ 卷一百十四《不孝不可久生诫》：“性善之人，天所佑也。子孙生辄以善，日下无禁忌，复直月建，日月星光明之时，用是生者，何忧不寿乎？是为善行所致也。”④ 这是说，恶人遭天惩罚乃使生子于不良之日，尔后长成也将身陷灾祸，而善人为天所保佑使其生子择良善之日，不仅无犯禁忌且更值十二建除中之建日，因此日主生，生子得获长寿。总之，上述两段引文明确反映出生日占子这一古老的生育礼俗对《太平经》的影响和渗透。

关于择日生子的具体情况，睡虎地秦简《日书甲种》曾有详细记载，其中涉及多种不同占法，如“除”篇、“稷辰”篇、“星”篇、“生

① 详见[日]丹波康赖:《医心方》,第533～534页。
② 司马迁:《史记》,中华书局1959年版,第3218页。
③ 王明编:《太平经合校》,第572～573页。
④ 王明编:《太平经合校》,第599页。

子”篇中就分别谈到几个特殊日子中生子吉凶情况、据二十八宿推测小儿未来、以六十甲子推占法测算生子之情况等。① 此外，睡虎地秦简《日书甲种》和马王堆汉墓帛书《胎产书》各载两幅人形图，并循躯体部位标示十二地支（睡虎地秦简《日书》另配春夏秋冬四季；马王堆帛书《胎产书》中则无，疑或遗脱亦未可知）。② 其用途乃据婴儿出生之日推测其命运。这些内容大抵涵盖了秦汉时期流行的占测生子诸法，《太平经》所言恶人生子“必不良之日”中“良日”和“不良日”，当与前述观念一脉相承。

第二，生育的理想年龄

古人很早就认识到，受孕及妊娠、生产时父母的健康状况将直接影响到子嗣的先天体质。因此，最佳生育时机应选择在双亲的精力和体力最旺盛的年龄段。故《礼记·曲礼上》曰：“三十曰壮，有室。”意思是说，就男性而言，三十岁乃属生儿育女的黄金期。年过三十后，人体素质渐趋衰弱。对此，《素问·阴阳应象大论》言：“年四十，而阴气自半也，起居衰矣；年五十，体重，耳目不聪明矣；年六十，阴痿，气大衰，九窍不利，下虚上实，涕泣俱出矣。故曰：知之则强，不知则老，故同出而名异耳。”③ 马王堆汉墓竹简《天下至道谈》亦载：“行年四十而阴气自半也，五十而起居衰，六十而耳目不葱（聪）明，七十下枯上涚（脱），阴气不用，淉泣留（流）出。”④

《太平经》对此亦有深刻的见解。《钞》丁部《阙题》（似属敦煌残

① 详见睡虎地秦墓竹简整理小组：《睡虎地秦墓竹简》，文物出版社 1990 年版，第 181 页、第 184 ~ 185 页、第 191 ~ 192 页、第 202 ~ 205 页。

② 详见睡虎地秦墓竹简整理小组：《睡虎地秦墓竹简》，第 206 页；马王堆汉墓帛书整理小组：《马王堆汉墓帛书》（肆），第 133 页。

③ 郭霭春编著：《黄帝内经素问校注语译》，天津科学技术出版社 1999 年版，第 37 页。

④ 马王堆汉墓帛书整理小组：《马王堆汉墓帛书》（肆），第 164 页。

卷《太平经目录》中所载《阴阳施法》）云："天道三合而成，故子三年而行。三三为九，而和道究竟。未知牝牡之合，其中时念之未能施也。天数五，地数五，人数五，三五十五，而内藏气动。四五二十，与四时气合而欲施，四时者主生，故欲施生。五五二十五，而五行气足而任施，五六三十而强。故天使常念施，以通天地之统，以传类，会三十年而免。老当衰，小止闭房内。"① 这段文字的中心含义是说，男子二十岁始生欲望渴求与异性交接，然二十五岁后方可行交媾生育，至三十岁时体质达顶峰值，此时交配得子之概率最高、也最优秀。尔后三十年即六十岁时，乃当停止交配，因已年老体弱，不利子嗣的健康成长。此即如《医心方》卷二十八《房内部·求子》引《玉房秘诀》所言："若夫妇俱老，虽生化有子，皆不寿也。"②

古代社会中流行很多关于性的禁忌。③ 譬如，《产经》云："夫合阴阳之时，必避九殃。"④ 《玉房秘诀》也说："合阴阳有七忌。"⑤ 所谓"九殃""七忌"是对各种性禁忌的描述和概括。这些禁忌也从侧面体现了古人朴素的优生思想，如《医心方》卷二十八《房内部·求子》引《玉房秘诀》言："夫人合阴阳，当避禁忌，常乘生气，无不老寿。"⑥ 又《产经》言："夫欲令儿子吉良者，交会之日，当避景丁日及弦、望、朔、晦、大风、大雨、大雾、大寒、大暑、雷电、霹雳、天地、昏冥、日月无光、虹霓地动、日月薄蚀。此时受胎，非只百倍损于父母，生子或痦痖聋聩，顽愚癫狂，挛蛙盲眇，多病短寿，不孝不仁。"⑦ 对此，我们将从几点予以论述。

---

① 王明编:《太平经合校》,第217~218页。

② [日]丹波康赖:《医心方》,第648页。

③ 郭立诚先生将这些性禁忌划分为三类:一、自然灾变;二、时日避忌;三、神庙等场所。详见氏著:《中国生育礼俗考》,台湾文史哲出版社1979年版,第68页。

④ [日]丹波康赖:《医心方》卷二十八《房内部·求子》,第647页。

⑤ [日]丹波康赖:《医心方》卷二十八《房内部·求子》,第647页。

⑥ [日]丹波康赖:《医心方》,第648页。

⑦ [日]丹波康赖:《医心方》,第646~647页。

1. 禁酒醉行房

酒醉行房的严重后果，历代医家多有劝诫。《素问·上古天真论篇》云："今时之人……以酒为浆，以妄为常，醉以入房，以欲竭其精，以耗散其真，不知持满，不时御神，务快其心，逆于生乐，起居无节，故半百而衰也。"①《腹中论篇》亦论曰："若醉入房中，气竭肝伤，故月事衰少不来也。"② 另，《灵枢·邪气脏腑病形》也论述说："若醉入房，汗出当风，则伤脾。……若入房过度，汗出浴水，则伤肾。"③《医心方》卷二十八《房内部·七损》引《玉房秘诀》云："又醉而交接，喘息气乱则伤肺，令人咳逆上气，消渴喜怒，或悲惨惨，口干身热而难久立。"④同卷《房内部·禁忌》又引《养生要集》云："交接尤禁醉饱，大忌也，损人也，损人百倍。醉而交接，或致恶疮，或致上气。"⑤ 概言之，酒醉入房，轻者伤及己身，重者终生不育；更常见的是，饮酒交配产子也给子嗣日后之成长埋下祸端，如《医心方》卷二十八《房内部·求子》引《产经》言："醉饱之子，必为病癫、疽痔有疮。"⑥ 又引《玉房秘诀》言"大醉之子必痴狂"⑦，这是因为"新饮酒饱食，谷气未行以合阴阳，腹中彭亨，小便白浊，以是生子，子必颠狂"⑧。对此，《太平经》也给予说明。如《钞》丁部《阙题》（据敦煌目似属《禁酒法》）："念四海之内，有几何市，一月之间，消五谷数亿万斗斛……或孤独因以绝嗣，……或流灾子孙。"⑨

《太平经》卷一百十二《写书不用徒自苦诫》："或当怀妊之时，雷

① 郭霭春编著:《黄帝内经素问校注语译》,第 1 页。
② 郭霭春编著:《黄帝内经素问校注语译》,第 231 页。
③ 郭霭春编著:《黄帝内经灵枢校注语译》,第 37 页。
④ ［日］丹波康赖:《医心方》,第 642 页。
⑤ ［日］丹波康赖:《医心方》,第 651 页。
⑥ ［日］丹波康赖:《医心方》,第 647 页。
⑦ ［日］丹波康赖:《医心方》,第 648 页。
⑧ ［日］丹波康赖:《医心方》,第 647 页。
⑨ 王明编:《太平经合校》,第 214 页。

电霹雳，弦望朔晦，血忌反支，以合阴阳。生子不遂，必有祸殃。地气所召，反怨仓狼。为恶报恶，何复所望？不知变易，自职当绝灭无户，死不与众等。”① 这段经文主要谈到两种性交禁忌：气候变异（风雨、雷电、霹雳）和特定时日（弦、望、朔、晦和血忌、反支）。《太平经》反映了世俗流行的一种看法：适逢避忌之时乃当断绝交配，以免受孕生子、触犯禁忌。下面，我们对前引所言两种禁忌内容予以分析。

2. 天气异常时禁止行房

古礼中言，当发生风雨雷电及日月食等异常现象时不宜行房中之事。《礼记·月令》载：“（仲秋之月）是月也：日夜分，雷乃发声，始电。蛰虫咸动，启户始出。先雷三日，奋（木）铎以令兆民曰：‘雷将发声，有不戒其容止者，生子不备，必有凶灾。’”显然，这一礼制乃基于优生之考量。如东汉郑玄（127～200）《正义》对此解释说：“言此时夫妇交接，生子支节性情必不备，其父母必有灾也。”《论衡·命义篇》：“遭命者，初禀气时遭凶恶也，谓妊娠之时遭得恶［物］也，或遭雷雨之变，长大夭死。”② 《医心方》卷二十八《房内部·求子》引《产经》言：“日蚀之子，体戚毁伤……雷电之子，天怒兴威，必易服狂。”③ 又引《玉房秘诀》云：“雷风天地感动，以合阴阳血脉踊，以是生子，子必痈肿。”④ “大风之子多病，雷电之子狂颠”⑤，“人生颠狂，是雷电之子，四月、五月大雨霹雳，君子斋戒，小人私合阴阳，有子必颠狂。”⑥

3. 某些特殊日子禁止行房

除上述天气（或天象）呈现异常变化的日子外，一些特殊时日也归入到行房忌日之列。前引《太平经》所言“弦望朔晦”和“血忌”、

① 王明编：《太平经合校》，第572～573页。
② 黄晖：《论衡校释》，第53页。
③ ［日］丹波康赖：《医心方》，第647页。
④ ［日］丹波康赖：《医心方》，第647页。
⑤ ［日］丹波康赖：《医心方》，第648页。
⑥ ［日］丹波康赖：《医心方》，第648页。

“反支”等即属此类。

其一，弦望朔晦

汉俗讳乳子，道畔建产房、逾月始归。此风盛行于汉代民间，《论衡·四讳篇》对此曾有批评：“月之晦也，日月合宿，纪为一月。犹八日，月中分谓之弦；十五日，日月相望谓之望；三十日，日月合宿谓之晦。晦与弦望一实也，非月晦日月光气与月朔异也，何故踰月谓之吉乎？如实凶，踰月未可谓吉；如实吉，虽未逾月，犹为可也。”① 据余猜测，此俗似与性禁忌中避“弦望朔晦”四个特殊时日有关。《医心方》卷二十八《房内部·求子》引《产经》云“弦望之子，必为乱兵风盲”②，又引《玉房秘诀》云：“晦朔弦望以合阴阳，损气，以是生子，子必刑残。宜深慎之。”③

其二，血忌日

汉人奉行血忌之习俗。《论衡》一书便记载了这方面的情况，然多属专论祭祀之禁忌。如该书《四讳篇》载俗言：“祭祀言触血忌，丧葬言犯刚柔，皆有鬼神凶恶之禁。人不忌避，有病死之祸。”④ 又《讥日篇》载：“祭祀之历，亦有吉凶。假令血忌、月杀之日固凶，以杀牲设祭，必有患祸。”⑤《辨祟篇》也说：“血忌不杀牲，屠肆不多祸。”⑥ 有关“血忌”之情况，《路史·后纪》卷五注引《黄帝元辰经》云：“血忌，阴阳精气之辰，天上中节之位，亦名天之贼曹，尤忌针灸。”⑦ 血忌日不施针灸，当与血忌日避免身体损伤和流血的习俗有关。据香港中文大学文物馆藏汉简《日书》第73号简释文云：“娄、虚。是胃（谓）血

① 黄晖：《论衡校释》，第977页。
② [日]丹波康赖：《医心方》，第647页。
③ [日]丹波康赖：《医心方》，第647页。
④ 黄晖：《论衡校释》，第969页。
⑤ 黄晖：《论衡校释》，第992页。
⑥ 黄晖：《论衡校释》，第1013页。
⑦ 罗泌纂，罗苹注：《路史》，《四部备要》295史部，台湾中华书局1981年版，第10页。

忌，出血若伤，死。”① 简文大意是说：血忌日若意外受创伤而流血，就会导致死亡。然，将血忌日列入性禁忌之范畴，《太平经》似属最早。

其三，反支日

同“血忌”一样，“反支”亦属凶煞类②，二说均可推溯至先秦。据学者考证，汉代历谱中已将“血忌”“反支”列入历注项目。③ 血忌日之推算是依据每月中某一纪日地支来决定，反支日则是由每月朔日纪日干支之地支而决定的。如睡虎地秦简《日书甲种》“反枳（支）”篇记载了推求反支之规律：“子丑朔，六日反枳（支）；寅卯朔，五日反枳（支）；辰巳朔，四日反枳（支）；午未朔，三日反【支】；申酉朔，二日反枳（支）；戌亥朔，一日反枳（支），复卒其日，子有（又）复反枳（支）。一月当有三反枳（支）。”④ 汉人避反支似已成惯例，据《汉书·陈遵传》载：“（张）竦为贼兵所杀。”李奇注曰：“（张）竦知有贼当去，会反支日，不去，因为贼所杀。”⑤ 这是说，张竦因顾及反支日不出行的禁忌而不愿弃家避祸，终为贼所杀害。遇反支日不出行的禁忌至后来似更趋严格和烦琐，乃至值此日时连官方公务也一并暂停，如《后汉书·王符传》载：“明帝时，公车以反支日不受章奏。”⑥ 李贤注解此条时引《阴阳书》对反支之推演略作阐释：“凡反支日，用月朔为正。戌、亥朔一日反支，申、酉朔二日反支，午、未朔三日反支，辰、巳朔四日反支，

---

① 陈松长编著：《香港中文大学文物馆藏简牍》，第 38 页；简文之断句参见刘国胜：《港中大馆藏汉简〈日书〉补释》，简帛网（www. bsm. org. cn）2005 年 11 月 22 日。

② 诚如《医心方》卷廿三〈产妇反支忌法〉引《产经》对“反支”给予解释说：“反支者，周来害人，名曰反支。”（[日]丹波康赖：《医心方》，第 461 页）

③ 江晓原：《历书起源考》，《中国文化》1992 年第 6 期。

④ 睡虎地秦墓竹简整理小组：《睡虎地秦墓竹简》，第 227 页。

⑤ 班固撰，颜师古注：《汉书》，第 3714 页注释。

⑥ 范晔撰，李贤等注：《后汉书》，第 1640 页。此外，《潜夫论·爱日》篇对此亦详载：“孝明皇帝尝问：‘今旦何得无上书者？’左右对曰：‘反支故。’帝曰：‘民既废农远来诣阙，而复使避反支，是则又夺其日而冤之也。’乃敕公车受章，无避反支。”（王符著，汪继培笺，彭铎校正：《潜夫论笺校正》，第 221 页）

寅、卯朔五日反支，子、丑朔六日反支。”① 北齐颜之推（531—约590之后）《颜氏家训》卷七《艺杂》云：“世传术书，皆出流俗，言辞鄙浅，验少妄多。至如反支不行，竟以遇害；归忌寄宿，不免凶终：拘而多忌，亦无益也。”② 据上述内容可知，汉代虽流行反支禁忌，但同避血忌日一样，均无证据表明这些已运用到生育和交配领域。故而，《太平经》可能首倡其风。

第三，养胎及妊娠护理

胎儿的受孕到分娩，一般需历时十个月。这期间，诸多事宜均须谨慎行事。《太平经》对其重要性也有所认识，如卷九十二《万二千国始火始气诀》云：“阴者主怀妊。凡物怀妊而伤者，必为血……怀妊而伤者，必怒不悦，更以其血行污伤人。”③ 这段经文代表了是书对妊娠保养工作的强调。《太平经》包含了这方面的丰富信息，有关情况详见如后论述。

1. 保胎、安胎

《太平经》特别强调妊娠期间保胎之重要性，如卷一百十九《三者为一家阳火数五诀》云：“胞中之子，不可有小害，辄伤死，死不复生，辄弃一人，为是连伤而不止，便绝灭无后世矣，一家无统绝去矣。”④ 就是说，胎儿极易遭受外界伤害，一些轻微的失误也会引发流产。胎儿流产就意味着新生命的夭折，这跟常人的死亡一样，永不能复生。一个家庭（或一个家族）若接连不断地遭受如此厄运，就会因没有后代而无法延续下去，整个族群将彻底消失。如卷一百十二《不忘诫长得福诀》所言：“万民愚戆，恣意杀伤，或怀妊胞中，当生反死，此为绝命，以给

① 范晔撰，李贤等注：《后汉书》，第1640页注释。
② 王利器：《颜氏家训集解（增补本）》，中华书局1993年版，第583页。
③ 王明编：《太平经合校》，第371页。
④ 王明编：《太平经合校》，第676页。

人口。”①

如果说，保胎事项多属对孕妇的要求和强调，那么《太平经》对胎儿自身的行为也给予规范性说明，如卷四十五《起土出书诀》即云：“比若人有胞中之子，守道不妄穿凿其母，母无病也；妄穿凿其母而往求生，其母病之矣。”② 即是说，《太平经》已认识到：流产及其他损伤胎儿等现象也不能全都归咎于母体或外界因素之影响，胎儿自身在胞宫（《内经》又称“奇恒之府”）中的不当行为，诸如胎动不安——胡乱踢打乃至损伤母体等，也是原因之一。针对这一情况，就需施予安胎之药物或措施。如汉墓帛书《胎产书》云：“怀子者，为享（烹）白牡狗首，令独食之，其子美皙，有（又）易出。欲令子劲者，□时食母马肉。”③ 这些方药也大多含有防治难产之意。孙思邈《千金翼方》卷二十九《禁经上·咒禁产晕》载“禁产难方”云：“先禁水一杯与服之，乃禁曰：天有阴阳，地有五行，星辰列布，日月精明，四时变化，不失其常，骨肉已成，四体已强，毛发已就，今是生时，生迟何望，河伯在门，司命在庭，日月已满，何不早生，若男若女，司命须汝促出无迟，并持胞衣，急急如律令。”④

2. 胎教

胎教之观念起源久远，汉代典籍多有载录。⑤ 考其名之由来，贾谊（前200～前168）《新书》卷十《胎教》给予解释：“青史氏之记曰：古者胎教之道，王后有身七月而就蒌室……比三月者，王后所求声音非礼乐，则太师抚乐而称不习；所求滋味者非正味，则太宰荷斗而不敢煎调，

---

① 王明编：《太平经合校》，第581～582页。

② 王明编：《太平经合校》，第120页。

③ 马王堆汉墓帛书整理小组：《马王堆汉墓帛书》（肆），第138页。

④ 孙思邈著，李景荣等校释：《千金翼方校释》，人民卫生出版社1998年版，第453页。

⑤ 贾谊《新书》、《大戴礼》、刘向《列女传》、王充《论衡》等对此均有论述。此外，有关古代胎教之情况，详见程培杰：《中国古代胎教思想》，《河北师范大学学报（社会科学版）》1992年第4期。

而曰：不敢以侍王太子。……周妃后妊成王于身，立而不跛，坐而不差，笑而不喧，独处而不倨，虽怒不詈，胎教之谓也。”① 此外，韩婴（前200～前120）撰《韩诗外传》（卷九）所载孟母之言也涉及了胎教内容，其谓：“吾怀妊是子，席不正不坐，割不正不食，胎教之也。”② 对胎儿及婴幼童的早期教育，《太平经》也有所认识。如卷九十三《国不可胜数诀》明言胎儿未出胞中尚属无知：“比若婴儿蒙蒙，未出胞中，随其母身而行，安知天道广远而无方。”③《太平经》认为，经验知识的获得乃源于后天的学习，如此就凸现出教育之重要性。对此，卷六十八《戒六子诀》说：“夫天将生人，悉以真道付之物具。故在师开之导之学之，则可使无不知也；不闿其门户，虽受天真道，无一知也。比若婴儿生，投一室中，不导学以事，无可知也。”④

汉代人指出，气对胞中胚胎具有重大影响。如东汉王符（约85～162）《潜夫论·本训》载：“以此观之，气运感动，亦诚大矣。变化之为，何物不能？所变也神，气之所动也。当此之时，正气所加……声入于耳，以感于心，男女听，以施精神。资和以兆衃，民之胎，含嘉以成体。及其生也，和以养性，美在其中，而畅于四肢，实于血脉，是以心性志意，耳目精欲，无不贞廉洁怀履行者。”⑤ 其实，引文所言之“气”最终要落实到饮食、视听等具体事情上来。这些内容也都属于胎教范畴。汉墓帛书《胎产书》对此予以说明：“故人之产殹（也），入于冥冥，出于冥冥，乃始为人。一月……食饮必精，酸羹必【熟】，毋食辛星（腥），是谓财贞。二月……毋食辛臊，居处必静……三月……毋使朱（侏）儒，不观木（沐）侯（猴），不食（葱）姜，不食兔羹；……

① 贾谊：《新书》卷十（《四部备要》本345子部），台湾中华书局1981年版，第4～5页。

② 韩婴撰，许维遹校释：《韩诗外传集释》，中华书局1980年版，第306页。

③ 王明编：《太平经合校》，第397页。

④ 王明编：《太平经合校》，第259页。

⑤ 王符著，汪继培笺，彭铎校正：《潜夫论笺校正》，第369页。

【四月】……其食稻麦，（鳝）鱼□□，【以】清血而明目。五月……晏起□沐，厚衣居堂，朝吸天光，辟（避）寒央（殃），【其食稻】麦，其羹牛羊，和以茱臾（萸），毋食□，【以】养气。六月……劳□□□，【出】游【于野，数】观走犬马，必食□□殹（也），未□□□，………七【月】……居燥处，毋使【定止】，……【饮食】辟（避）寒……”①此后，《医心方》卷二十八《房内部·求子》也引《洞玄子》云：“凡女子怀孕之后，须行善事，勿视恶色，勿听恶语，省淫欲，勿咒咀，勿骂詈，勿惊恐，勿劳倦，勿妄语，勿忧愁，勿食生、冷、醋、滑、热食，勿乘车马，勿登高，勿临深，勿下坂，勿急行，勿服饵，勿针灸。皆须端心正念，常听经书，遂令男女如是，聪明智惠，忠真贞良，所谓教胎者也。”②《备急千金要方》卷二《妇人方上》特别强调妊娠三月当施以胎教：“旧说凡受胎三月，逐物变化，禀质未定，故妊娠三月，欲得观犀象猛兽珠玉宝物，欲得见贤人君子盛德大师，观礼乐钟鼓俎军旅陈设，焚烧名香，口诵诗书古今箴诫，居处简静，割不正不食，席不正不坐，弹琴瑟，调心神，和情性，节嗜欲，庶事清净，生子皆良，长寿忠孝，仁义聪慧，无疾，斯盖文王胎教者也。”③并随后载孕妇饮食禁忌和“逐月养胎方”等诸多内容。④

三、对不育及“生子少”等现象的宗教性解释

马王堆汉墓帛书《养生方》载禹与少河对答：禹问曰：“我欲合气，

① 马王堆汉墓帛书整理小组：《马王堆汉墓帛书》（肆），第136页。

② ［日］丹波康赖：《医心方》，第649页。

③ 孙思邈著，李景荣等校释：《备急千金要方校释》，第44~45页。

④ 孙思邈著，李景荣等校释：《备急千金要方校释》，第45~53页。此外，有关汉唐时传统医学对女性怀孕生产及不孕求子等论述情况，详见李贞德：《汉唐之间医书中的生产之道》，《“中央研究院”历史语言研究所集刊》第六十七本、第三分，1996年，第533~654页；李贞德：《汉唐之间求子医方试探——兼论妇科滥觞与性别论述》，《“中央研究院”历史语言研究所集刊》第六十八本、第二分，1997年，第283~367页。

男女蕃兹，为之若何？”少河答曰：“凡合气之道，必□□□□□□□□□□□□。”① 引文虽已残缺，但大意却已明了。就是说，少河的合气之道具有广嗣之功能，不仅可治疗不育症，并能促进多生育。此外，同类帛书《胎产书》也载有多例治疗不育症的处方。其中既有专对女性而言者，如：“凡治字者，以清【水】（澣）包（胞）。”② 又有夫妻合服者，如：“求子之道曰：求九宗之草，而夫妻共以为酒，饮之。”③ 由此可见，汉代人已初步了解不育症的复杂性：既可能与夫妻中某一方有关，也可能是双方的共同责任。此外，汉代医书也多治疗记载不育症的处方及用药。如《神农本草经》便记载诸味治疗“无子”的药物，其中包括玉石类：紫石、阳起石、白垩；草木类：芎、马先蒿、桑根白皮；虫兽类：木虻、蜚廉、乌贼鱼骨、水蛭；果菜类：桃核等。《黄帝内经》也载有不孕、不月、子瘖等妇科病名及妊娠诊断，且对不孕之医理分析已达一定水平。如《素问·骨空论篇》：“此生病，从少腹上冲心而痛，不得前后，为冲疝；其女子不孕，癃痔遗溺嗌干。”④《太平经》对此提出了自己的看法，如《后汉书·襄楷传》李贤注引《太平经》佚文云：“（真人）又问曰：‘今何故其生子少也？’天师曰：‘善哉子之言也，但施不得其意耳。如令施其人欲生也，开其玉户，施种于中，比若春种于地也，十十相应和而生。其施不以其时，比若十月种物于地也，十十尽死，固无生者。真人欲重知其审，今无子之女，虽日百施其中，犹无所生也。不得其所生之处，比若此矣。是故古者圣贤不妄施于不生之地也，名为亡种，竭气而无所生成。”⑤ 此外，《太平经》还从宗教角度诠释不育及生子少等现象，如卷三十七《五事解承负法》云：“今交阴阳，相得尽

① 马王堆汉墓帛书整理小组:《马王堆汉墓帛书》(肆),第118页。
② 马王堆汉墓帛书整理小组:《马王堆汉墓帛书》(肆),第137页。
③ 马王堆汉墓帛书整理小组:《马王堆汉墓帛书》(肆),第139页。
④ 郭霭春编著:《黄帝内经素问校注语译》,第323页。
⑤ 范晔撰,李贤等注:《后汉书》,第1081页注释;或见《太平经合校》,第733页。

乐。有子孙祭神求吉，而自若不能生子，岂有解耶?”① 随后，经文指出此乃承负先人之过所致——“此尽承负之大效也”②。并且，经文还对祈神求子之做法给予了委婉的批评。此外，卷七十一《真道九首得失文诀》中列举了九种道术③，其中“社谋”位居第七，属下等的招神迎鬼术，经文随后也指出这类道术“其道多耶”，可“令人惚惚恍恍”。所谓“社谋”，亦即高禖、郊禖。④“禖”，《说文》训曰：“祭也。”即是说，“禖”是古人祈求生子而举行的禖神之祀。⑤ 有时，“禖”也特指求子嗣所祭之神，如《礼记·月令》载：“是月（仲春之月——笔者注）也，玄鸟至。至之日，以大牢祠于高禖。”又，《后汉书·礼仪志》注引蔡邕《月令章句》云：“高，尊也。禖，媒也。吉事先见之象也。盖为人所以祈子孙之祀。玄鸟感阳而至，其来主为子乳蕃滋，故重其至日，因以用事。”⑥ 另，睡虎地秦简《日书甲种》中载“马禖”篇也旨在祈求马匹多产：“祝曰：‘先牧日丙，马禖合神。’东乡（响）南乡（响）各一马□□□□□中土，以为马禖……”⑦ 唐代柳宗元（773～819）《天对》

---

① 王明编:《太平经合校》,第60页。

② 王明编:《太平经合校》,第60页。

③ 这九种道术分别是:“一事名为元气无为,二为凝靖虚无,三为数度分别可见,四为神游出去而还反,五为大道神与四时五行相类,六为刺喜,七为社谋,八为洋神,九为家先。”《太平经》将这九种道术分为三个等级,前三个属上等,“可以度世”;第四～六种属中等,“可使真神吏”;后三种属下等,“其道多耶,其神精不可常使也。令人惚惚恍恍,其中时有不精之人,多失妄语,若失气者也。”(《太平经合校》,第282页)

④ 有关史籍中“高禖”之含义及功能等情况,法国学者康德谟(Mak Kaltenmark)有过详细的梳理和考证。详见氏作:《释高禖》,载《法国汉学》丛书编辑委员会编:《法国汉学》第七辑“宗教史专号”,中华书局2002年版,第11～38页。

⑤ 汉代,为祈子举行的祭祀禖神之活动似颇为流行。如东汉“宜子碑”记云:“《图经》云峡中汉刻少,今汉中报恩寺有汉碑,高五尺,乃汉桓延熹年间刻石,凡百余字,土人谓之宜子碑。”刘昭瑞注曰:“盖当时人以此为禖而祈子。”(刘昭瑞:《汉魏石刻文字系年》,台湾新文丰出版公司2001年版,第63页)

⑥ 转引自睡虎地秦墓竹简整理小组:《睡虎地秦墓竹简·释文〈日书甲种〉》,第228页注释(1)。

⑦ 睡虎地秦墓竹简整理小组:《睡虎地秦墓竹简》,第227～228页。

云："狄祷禖，契形于胞。"① 总之，"社谋"是指世俗所传祈子求嗣的神祇及祭祀活动，《太平经》将此法列入道术之下等而不予提倡。

最后，《太平经》认为胞胎尚未出世就夭亡（即指流产），也乃由"承负"所使然，如《钞》乙部《解承负诀》云："胞胎及未成人而死者，谓之无辜承负先人之过。"② 又卷一百十二《贪财色灾及胞中诫》云："先古之人，万无一人相得，其贪财色，不顾有患，灾及胞中，不见日月星，何惜痛乎！"③ 同卷《衣履欲好诫》也说："何为弃世，殃流从生，胞中之子反言我同从父母生耳。是皆怨天咎地，言恶当别，不可杂厕，清浊分离，如君与奴使。"④ 这一观念似可从秦汉民俗心理中找到其原型。据睡虎地秦简《日书甲种》载："人生子未能行而死，恒然，是不辜鬼处之。"⑤ 这是说，胎死腹中乃是由于"不辜鬼"——冤魂游鬼施以报复所致。显然，《太平经》承继了这一民俗观念，并赋予宗教化色彩，用来解释一些特定现象，使其成为贯穿全书的基本理念之一。这一观念也为后世道教所继承，如六朝道经《赤松子章历》（卷二）即认为人的行为不端将直接危害到腹中胞胎，"五百四十过为一凶，凶者令人损胎伤子"⑥。

四、结论

《太平经》成书于东汉中后期，其思想渊源可追溯至秦汉甚至先秦时期。该书在下层社会中长期流传，大抵代表了民间知识分子的政治见解和养生理念。本文主要从生育观念和子嗣繁衍等角度加以梳理和探讨。

① 柳宗元：《柳河东集》，上海人民出版社 1974 年版，第 251 页。
② 王明编：《太平经合校》，第 23 页。
③ 王明编：《太平经合校》，第 564 页。
④ 王明编：《太平经合校》，第 581 页。
⑤ 睡虎地秦墓竹简整理小组：《睡虎地秦墓竹简》，第 214 页。
⑥ 《道藏》第 11 册，第 191 页。

这部分内容在《太平经》中所占比重虽不大，但就重要性而言却有深究和探研之必要，惜以往学者对此多有忽视。必须指出的是，与同时代医学典籍相比，《太平经》所载“广嗣”之术，无论从理论学说还是技术水平而言，都不能称为专业。但借助这些言论，我们得以考察当时广大民众处理生育问题时的一些常识性看法。所以，本文的研究理路主要侧重于从社会民俗及文化背景等方面进行梳理和论述，而并非以纯粹的医学经验加以阐释。

《太平经》所述“广嗣”之术，大抵是基于秦汉时的社会背景和医学经验而得出的。秦汉时传统医学已渐趋成型，时人对有关生育的诸多问题已形成了一套基本看法，这些医学经验转化成常识性知识在《太平经》中得到反映。比如，《太平经》对种子受胎、胎儿孕育的过程等内容都有所了解，经文在谈论胚胎在母体子宫中的体位、胎儿的生命机理等问题上更显示了作者所具备的良好医学素养。此外，《太平经》针对时人的求子（尤指男胤）心理，从阴阳受施的对比差异解释了男女性别之形成机理（即“受阳施多者为男，受阴施多者为女”），由此揭示秦汉时已形成了一套人为选择性别的方法。秦汉时民间流行占测生子诸法，《太平经》亦受此影响，经文中谈到生子的“良日”或“不良日”，并出于惩恶之目的而指出恶人生子“必不良之日”。秦汉时流行很多性交禁忌，虽然这些禁忌带有强烈的神秘色彩，但某种程度上也的确起到了优化生育的效果。譬如，《太平经》提出：酒醉、天气异常以及弦望朔晦、血忌、反支等特殊日子时禁止行房，这些都体现了古代的医学传统。《太平经》对保胎、安胎、胎教等内容的论述，也体现出秦汉时人对养胎及妊娠期的护理等课题的医学认识成就。不孕或少子等现象是古人比较苦恼的事情，《太平经》主要从宗教角度加以解释：认为不孕、流产等症状，均系承受了先人的过失所致，故而劝人要多做善事、广积德才能广嗣、多子孙。这也充分地体现了《太平经》的宗教性质，说明其与医书有本质区别。

论《太平经》伦理思想对当代的启示

李肖　陈胜

（北方工业大学，中国公安大学）

摘要：太平道是我国最早出现的民间宗教之一，它以《太平经》为教义，以创教救世为已任，幻想建设一个没有剥削压迫、没有饥寒病灾、没有诈骗偷盗而又人人自由幸福的太平盛世。它为此提出了自己的政治伦理、家庭伦理，以神的权威劝诫和警告昏君和贪官污吏，谴责他们的贪婪、残暴和不劳而获。要求人们平等相处，为建立人人劳动、周济贫穷、孝敬老人为目标的太平盛世而克己修道。

关键词：道家　老子　庄子　文化　和谐

美国前国家安全顾问布热津斯基说："如果说罗马献给世界的是法律，大不列颠献给世界的是议会和民主政体，法兰西献给世界的是共和制，那么，美利坚献给世界的就是高新科技和大众文化。"① 其实，人类最为珍贵的不是令人炫目的科技、文化，不是浩瀚的大师们的经典著作，而是"天人合一，和谐共生"的生态理念，"道法自然，无为而治"的治理方法，以及"救世赈民，追求太平"的远大目标。《太平经》就提出了一个以创教救世为已任，致力于建设一个无剥削压迫、无饥寒病灾、无诈骗偷盗而又人人自由幸福的理想社会，并提出一整套政治伦理思想、

① 《新华文摘》2009 年第 9 期。

家庭伦理思想，可谓是见解真挚，独具慧眼，对当代中国的社会治理很有借鉴意义。

一、《太平经》中的政治伦理思想

在古代希腊罗马，人们比较关注人与自然的关系，所以，西方的自然科学比较发达；在古代印度，人们关注人与神的关系，所以，印度的宗教神学比较成熟；在古代中国，人们重视人与人的关系，所以，中国的伦理学十分发达。在儒家、法家、道家、兵家、农家、纵横家等诸子百家的经典里，都保留了大量的伦理思想，是我们中华文化的重要组成部分。在太平道经典《太平经》里，同样蕴含着丰富的政治伦理思想，它是我们修齐治平、建设美好国家的重要财富。

《太平经》继承了诸子百家的优秀思想，结合他们的现实需要，提出了忠、孝、诚、仁的政治伦理规范，以民为本的政治道德原则，君臣互爱的政治美德，德主刑辅的制度伦理，自成一体，独具特色。

其一，《太平经》提出了“天人一体，以人为本”的治理之道。《太平经》以阴阳五行学说为理论基础，以“无为而无不为”的黄老学说为治国方针，提出了它的政治伦理。《太平经》认为：“治国之道，乃以民为本也。”① 认为天人一体，人的一切能够影响天道，国家治理得不好，天必降灾祸，小则损伤疾病，大则灭国亡家，均与治道有关。上天有人的情感和是非判断标准，它还会以神的权威，劝诫和警告昏君和贪官污吏，谴责他们的贪婪、不劳而获和残暴。《太平经》要求人人平等，反对过度剥削，提出一种以建立人人劳动、周济贫穷的平等社会为目标的太平思想，要求古代帝王追求社会太平。为政者若想政治清明、国家繁荣富强、社会和谐稳定，就不能自以为是，独断专权，必须以人为本。

其二，以善道教化为宗旨，宣传仁爱，教人叩头思过，救世赈民，

① 王明编:《太平经合校》,中华书局1960年版,第150、165、128、543、656、593页。

追求天下太平，人人幸福。《太平经》极为推崇仁爱、仁政的原则，认为“仁”是天心、地意、人意三位一体的精神体现。“学人以德，才使其仁；学仁以仁，才使其平平保；其故不敢相欺夺人财物也。”① 要人们“怀仁心”“致富为仁”。当然，君王也要处处为百姓着想，否则老百姓也会造反，君主地位会被推翻。这样，儒家的“三纲五常”也成为《太平经》作者所倡导的规范，有迎合当时统治者的意味。所以，《太平经》中所说的“尊道贵德”已经突破了道家思想的局限性，在某种程度上上升为国家的意志。《太平经》的政治伦理可以称为“道、德、仁”之治，忠、孝、诚、信、仁成为道教教化臣民自觉行善的道德律令。

其三，《太平经》强调中和之道，主张君、臣、民三者协调共处，各安其位，各得其所，各尽其职。《太平经》认为“天下大急有二，小急有一”，大急为“饮食、男女”，小急为“衣服”。② 用现代语言来解释，就是要解决百姓的温饱问题与人口生育问题，这是农业社会的头等大事。“守此三者，足以竟其天年，传其天统，终者复始，无有穷已。故古者圣人以此为治也，其余不急，召凶祸物者悉已去矣。”③ 它强调中和之道，主张君、臣、民三者协调共处。它把君、臣、民的关系比喻为一个人的心、股肱、手足的关系，认为“夫帝王，天下心也；群臣，股肱也；百姓，手足也”。主张君王理政当行道德，弃刑祸，让“君主当以道德化万物，令各得其所也。不能变化万物，不能称君也”。君王实行德政，天下有德之人都会出来辅佐；官吏百姓有德，万物自理，大德降临。

其四，《太平经》提出“为政以德，重德轻刑”的治国方略。《太平经》治理国家有三种方式：道治、德治、武治。它认为道治最佳，德治次之，武治最差。用道治治理天下，政治清明而人民长寿；用德治治理天下，政治效果其次；用武治治理天下，效果最差，将会导致国家混乱，

---

① 王明编:《太平经合校》,中华书局 1960 年版,第 150、165、128、543、656、593 页。
② 王明编:《太平经合校》,中华书局 1960 年版,第 150、165、128、543、656、593 页。
③ 王明编:《太平经合校》,中华书局 1960 年版,第 150、165、128、543、656、593 页。

吏民频繁造反。所以，自古圣贤不肯用严刑酷法治理国家。刑法越多，国家寿命越短；刑法越少，国家寿命越长。

其五，倡导贤人治国，进言献策。《太平经》认为：“赐国家千金，不若与其一要言可以治者也；与国家万双璧玉，不若进二大贤也。夫要言大贤珍道，乃能使帝王安枕而治，大乐而致太平，除去灾变，安天下，此大贤要言奇道，价值多少乎哉？故古者圣贤帝王，未尝贫于财货也，乃常苦贫于士，愁大贤不至，人民不聚，皆欲外附，日以疏少。”①

二、《太平经》中的家庭伦理思想

家庭是社会的细胞，是构成社会的基本元素，对家庭关系的调整，也是《太平经》关注的中心内容。

其一，《太平经》把“孝”列为百善之首，称为“善之善也”，把“不孝”称为“最恶下行”。“夫天地至慈，唯不孝大逆，天地不赦。”“不孝而为道者，乃无一人得上天者也。”因此，《太平经》一再要求教徒要加强自身的道德修养，把“孝、忠、诚、信”列为道德修养的核心内容，《太平经》认为“天下之事，孝忠诚信为大”②，有了“孝忠诚信”，家庭才能和睦，国家才能强盛。

其二，《太平经》十分重视对家庭关系的调整，提出了“父慈子孝”的齐家思想，要求教徒将“孝”的家庭伦理行为拓展到政治领域，转化为“忠”的政治道德行为，实现忠与孝的辩证统一。这种“移孝为忠”思想，要求所有教徒都要遵守“忠”这一伦理规范，“提倡忠君，鼓励‘贤人’学道出仕，为帝王良辅善吏，治国致太平”③。鼓励百姓人人争做“良臣”“顺民”，“不但自孝于家，并及内外。为吏皆孝于君，益其

① 王明编：《太平经合校》，中华书局1960年版，第150、165、128、543、656、593页。
② 王明编：《太平经合校》，中华书局1960年版，第150、165、128、543、656、593页。
③ 任继愈主编：《中国道教史》上卷，中国社会科学出版社2001年版，第42页。

忠诚，常在高职，孝于朝廷”。至于《太平经》的诚信理念，则源出于儒家伦理观，不同的是外加了神对于人的监视和审判，并把它与生命问题联系起来讨论，显示出儒道互补、彼此交融的思想融合。

其三，《太平经》第一次为道教信徒划出了道德底线，提出了孝道的最低要求。对于父母而言，其道德的最低要求是给予奉养；对于国君而言，其道德底线是做到尊敬；对于师父而言，其道德底线是要专心修道。“子不孝，则不能尽力养其亲；弟子不顺，则不能尽力修明其师道；臣不忠，则不能尽力共敬事其君。为此三行而不善，罪名不可除也。天地憎之，鬼神害之，人共恶之，死尚有余责于地下。”① 如果连这个最低要求都做不到的话，会受到天地鬼神的惩罚和众人的厌恶。因为，在家国同构的社会里，君主和师父享有与父亲一样的地位，孝包括对君主的忠诚和对师父的顺从。仅是做到外在行为的养亲、敬君、修师道是不够的，还要在内心情感上做到忠君、爱父、敬师。对父母的爱表现在行为上是“常守道不敢为父母致忧，居常善养，旦夕存其亲，从已生之后，有可知以来，未尝有重过罪名也”②。

其四，《太平经》中有浓重的劝善思想，提出了“承负”的善恶观。它认为先人犯有过失，积累日多，当由后辈子孙负其过。前人为后人悔过称为“承”，后人为前人悔过称为“负”。如果做好事，则前人积福，后人受荫，这是对“一家三代”祸福根源的伦理分析。《太平经》进而推广之，认为天地人三统共生，如果人类作恶太多，则天地必降灾异，殃及后人。因为，天以至道为行，地以至德为家，共以生万物，无所匿，无所私。人们的过错，是违反天意、恶意犯错导致的，要想治好病，就得跪拜首过，进行反思。跪拜思过的方法是：常以除日于旷野四达道上四面谢，叩头各五行，先上视天，后下叩头于地。

它认为天像人一样，看得见人间善恶，听得懂人间语言，会对作恶

① 王明编:《太平经合校》,中华书局 1960 年版,第 451 ~452 页。
② 王明编:《太平经合校》,中华书局 1960 年版,第 131 页。

多端的人进行惩罚。有罪之人向天地跪拜，就是向天、神、地祈祷，让它们宽恕自己，解除自己的罪过与痛苦。

三、《太平经》伦理思想的当代启示

其一，用“以人为本”的治理理念，调整国家、社会、个人之间的利益关系，让三者协调共处、各安其位、各得其所、各尽其职。治理大国就像烹制小鱼一样，头绪繁多，过程复杂，需要严格把握自然规律、执政规律、人类社会发展的规律，做到以人为本，科学执政、民主执政、依法执政，力求实现刚柔相济，宽严适度，把握好国家事务中的每一个细节，尽可能做到尽善尽美、完美无缺。群众利益无小事，但群众的利益就体现在“饮食男女”之类的日常生活当中。因此，中国的社会治理，不能好高骛远，华而不实，而应当以人为本，在群众关心的就业问题、剩男剩女问题、温饱问题、拆迁问题、养老问题、食品安全问题等方面，求真务实，抓出实效，让老百姓老有所终，壮有所用，幼有所长，鳏、寡、孤、独、废疾者皆有所养。

其二，用“天人合一，无为而治”的治理思想，调整人与自然的关系，实现人与自然的和谐统一。过去，由于我们过分强调斗争哲学，号召人们改造自然、征服自然，与大自然斗争。人们与大自然斗争，移山填海，围湖造田，造成水土流失，生态环境严重恶化；征服自然、掠夺性开发自然资源，导致草原退化，水资源枯竭，人类生存出现危机。所以，道家主张“不得妄上树探巢取卵”“不得渔猎杀伤众生”“不得为己杀伤鸟兽虫鱼”“不得妄凿地毁山川”“不得妄开决陂湖”，强调“天地与我同生，万物与我合为一”，以道为本，以德为行，热爱自然，保护环境，开创万世和谐的太平盛世。

其三，马上得天下，不能马上治天下；枪杆子里面出政权，不能用枪杆子来维持政权。要用“以柔克刚、水滴石穿”的柔性政策，化解社会矛盾，实现干群关系的和谐。老子认为：“人之生也柔弱，其死也坚强。草木之生也柔脆，其死也枯槁。故坚强者死之徒，柔弱者生之徒。”① 很多时候，怀柔政策往往比高压政策更有效，文化软实力甚至比强硬的军事手段、政治手段更能发挥作用。老子云：“圣人无常心，以百姓心为心。”中国共产党也一样，它没有一党一己的私利，时时刻刻把人民的利益作为自己的根本利益，认为人民利益高于一切，始终把“立党为公，执政为民”作为他们的执政理念。这就决定了共产党和人民之间没有根本的利益冲突，他们之间的矛盾完全可以用说服教育、批评与自我批评的办法来解决。所以，在处理干群关系时，千万不要迷信暴力，不要认为暴力万能。中国社会转型时期频发的暴力抗法事件，从深层原因上说，就是少数干部过于迷信专政工具的结果，他们一遇到各种突发事件，不是耐心做群众的思想工作，而是把公安机关推到风口浪尖上，企图用专政工具解决民事纠纷，用暴力手段胁迫群众就范，结果事与愿违，造成不可收拾的局面。

《太平经》伦理思想告诉人们一个道理，任何事物的发展都是相对的，好与坏、美与丑、善与恶以及人类社会的许许多多是是非非，都不能用一种绝对的眼光去衡量。衡量人生价值大小的标准、尺度，是多种多样的，是发展变化的，切不可目光短浅，视野狭窄，用消极悲观的眼光看待人生。只有这样，才能心理平衡，身心和谐，以积极的人生态度，投入到中华民族的伟大复兴之中，为社会和谐、人类幸福做出更大贡献。

---

① 《老子》第十二章。

好社会：太平道的宗旨
——兼论清领太平道与黄天太平道

郭硕知
（中国道教学院）

所谓太平道即因《太平经》而得名，因此《太平经》的降世与传布则是太平道的起源，而非始自张角。黄巾起义也并非太平道的全部，太平道有着悠远的思想传承，其间经历了从“清领太平道”到“黄天太平道”的转变。但它所追求的被称作“太平”的好社会（其包含天地宇宙）则是一脉相承的宗旨。

一、《太平经》出世

称张角一派为“太平道”大约始自《三国志·张鲁传》裴松之注引鱼豢所撰《典略》所记：“太平道者，师持九节杖为符祝，教病人叩头思过。”① 该派所崇奉的经书《太平经》则在东汉顺帝（125～144）时期即已出现。《后汉书·襄楷传》记载：“初，顺帝时，琅邪宫崇诣阙，上其师干吉于阳泉水上所得神书百七十卷，皆缥白素朱介青首朱目，号《太平清领书》。其言以阴阳五行为家，而多巫觋杂语。有司奏崇所上妖

① 陈寿撰，裴松之注：《三国志》卷八《二公孙陶四张传》，中华书局 1964 年版，第 264 页。

妄不经，乃收臧（藏）之。后张角颇有其书焉。”① 相似的，《三国志·孙破虏讨逆传》裴注中引《志林》云：“初顺帝时，琅邪宫崇诣阙上师于吉所得神书于曲阳泉水上，白素朱界，号《太平清领道》，凡百余卷。”② 这里有两个关键人物，宫崇和他的老师于吉。汉顺帝刘保在位期间，于吉从曲阳泉水得到了这部经书，宫崇则将于吉所得之书献给皇帝。在司马彪《续汉书·郡国志》中设有条目中山国上曲阳恒山，其中刘昭注言：“有泉水，干吉得神书。”③ 因此于吉得到《太平青领书》的地点当在河北恒山（笔者按：此恒山非山西之恒山）的曲阳泉水处。当然王明、金春峰、李刚等前辈学者曾论及《太平经》与汉代道书的关系，涉及道教生成史，本文暂仅依古文献之提法。此经以天干为帙，故又或称《甲乙经》，每帙十七卷，共一百七十卷，三百六十六篇，现已残缺。明《正统道藏》藏《太平经钞》，伦敦博物院图书馆藏有敦煌本目录，今人王明考据编有《太平经合校》。④

此外，在《太平青领书》之前亦有以“太平”为名的书目，现已知的仅有《包元太平经》（存目），十二卷，为西汉末年成帝时甘忠可所造。该经被视为谶书。据《汉书·王莽传》载：“甘忠可、夏贺良谶书臧兰台。”⑤ 当指此书。《汉书·眭两夏侯京翼李传》云：“成帝时，齐人甘忠可诈造《天官历包元太平经》十二卷，以言‘汉家逢天地之大终，当更受命于天，天帝使真人赤精子，下教我此道。’忠可以教重平夏贺良、容丘丁广世、东郡郭昌等，中垒校尉刘向奏忠可假鬼神罔上惑众，下狱治服，未断病死。”⑥ 由此而言，此经颇类后世道书。或与于吉《太

① 范晔撰，李贤等注：《后汉书》卷三十下，中华书局 1965 年版，第 1084 页。
② 陈寿撰，裴松之注：《三国志》卷四十六《孙破虏讨逆传第一》，中华书局 1964 年版，第 1110 页。
③ 钱林书编著：《续汉书郡国志汇释》，安徽教育出版社 2007 年版，第 114 页。
④ 参阅丁培仁《增注新修道藏目录》，巴蜀书社 2006 年版，第 65 页。
⑤ 班固撰，颜师古注：《汉书》卷九十九上，中华书局 1962 年版，第 4094 页。
⑥ 班固撰，颜师古注：《汉书》卷七十五上，中华书局 1962 年版，第 3192 页。

平青领书》有关。

于吉所得之经号“太平青领”，其中“太平”二字即充满了对好社会的憧憬，“太者，大也；平者，正也；气者，主养以通和也；得此以治，太平而和，且大正也，故言太平气至也”①。而“青领”所表达的则是此种经书的编修形式。古代“青”字与“清”字通用，青领文或清领书意同。《释名·释言语》曰：“清，青也，去浊远秽，色如青也。”② 经名所用即《襄楷传》中所言“皆缥白素朱介青首朱目”，《太平经钞》载：“吾书中善者，悉使青下而丹目。”③“缥”为淡青白色，指一种绢本的书卷，不同于当时的竹简本，而且除朱红的题目，其内容以青色进行书写。若进行更进一步的解读，“青领”二字还可以从汉代纬书流行的五行之说看出端倪。青为东方木色，根据五行相生的原理，木生火，而汉代继承了周的火德，因此又有炎汉或赤汉的说法。《太平经》的一些内容也体现了这一点。“安乐王者法”中认为火为五行之首：“火能化四行自与五，故得称君象也。”④ 其他四行则是臣象。“天谶干支相配法”称：“天常谶格法，以南方固为君也。”并且，“东方为文……南方为章，故正为文章也。章者大明也，故文生于东，明于南。故天文交者，赤也，赤者，火也”⑤。道出了木生火的意味。实际上所谓木生火即意谓扶保汉室（汉为火德）。“解师策书诀”的表达甚为明晰，曰：“天气还复初九，甲子岁也；冬至之日也，天地正起于是也；龙者，乃东方少阳，木之精神也，故天道因木而出，以兴火行。”⑥ 此兴火行就是兴火所代表的汉王朝，同章中有“明为止者，赤也，言赤气得此，当复更盛，王大明也”，

---

① 王明编:《太平经合校》,中华书局 1960 年版,第 148 页。

② 刘熙:《释名》,中华书局 1985 年版,第 55 页。

③《道藏》第二十四册,文物出版社、上海书店、天津古籍出版社 1988 年版,第 359 页。

④ 王明编:《太平经合校》,中华书局 1960 年版,第 20 页。

⑤ 王明编:《太平经合校》,中华书局 1960 年版,第 262 ~ 263 页。

⑥ 王明编:《太平经合校》,中华书局 1960 年版,第 65 页。

辅佐王政之意无疑。在敦煌本目录中，《太平经》有“人腹各有天子文归赤汉”的篇目。所以襄楷认为：“前者宫崇所献神书（笔者按：即《天平青领书》），专以奉天地顺五行为本，亦有兴国广嗣之术。”① 由此可见《太平经》传世的目的在于支持汉室。该经被献给皇帝，其目的即借助当权者构造一个好的社会。青领太平道最终衍化为黄天太平道，尽管二者的行为方式不同，但作为奉行同一部经典的道派，显见二者有所关联。

二、从青领太平道到黄天太平道

于吉、宫崇这一支道派号曰“太平清领道”或“太平青领道”（《三国志》裴注），以《太平青领书》为经典，在社会层面上维护汉朝统治，并期望由此建立理想社会，但汉王朝并没有重视这部经书，反而黄巾起义的领导人张角如获至宝，《襄楷传》言：“其言以阴阳五行为家，而多巫觋杂语。有司奏崇所上妖妄不经，乃收臧之。后张角颇有其书焉。”襄楷本人也多次上疏朝廷，希望能采纳此书，“臣前上琅邪宫崇受干吉（即于吉）神书，不合明听。臣闻布谷鸣于孟夏，蟋蟀吟于始秋，物有微而志信，人有贱而言忠。臣虽至贱，诚愿赐清闲，极尽所言。书奏不省。十余日，复上书曰：……夫天子事天不孝，则日食星斗。比年日食于正朔，三光不明，五纬错戾。前者宫崇所献神书，专以奉天地顺五行为本，亦有兴国广嗣之术。其文易晓，参同经典，而顺帝不行，故国胤不兴，孝冲、孝质频世短祚”②。

于吉获得道书或许并非偶然，《太平经》中本含有“种民”的思

① 范晔撰，李贤等注：《后汉书》卷三十下，中华书局1965年版，第1081页。
② 范晔撰，李贤等注：《后汉书》卷三十下，中华书局1965年版，第1080～1081页。

想，这种思想也影响了后世的上清等派南人寒门的种民观念。[1] 于吉（或干吉）生于神仙家发源地之一的琅琊，“其父祖世有道术，不杀生，命吉精苦，有逾于昔人。常游于曲阳流水上，得神书百余卷，皆赤界白素，青首朱目，号曰《太平青箓书》”[2]。由此可见，于吉及其家族本就修道，因此无论神话中的得经书，或者学界认为其与宫崇共同编造或整合汉代经书，在于吉这里都具有一定的基础。此亦暗合“种民”的思想。

此外，三国时期的亦有一位于吉，其教法当属太平道，颇似得经之于吉，但尚未可知。《三国志·孙破虏讨逆传》裴注引《江表传》中所记载的“道士琅邪于吉，先寓居东方，往来吴会，立精舍，烧香读道书，制作符水以治病，吴会人多事之”[3]。孙策三分之二的将领、宾客乃至母亲都崇拜此公，因此孙策斥之为妖，催而斩之，并悬其首于市。但祭祀之风并未从此终止，于吉依然被认为尸解，从而“复祭祀祈福”。从东汉顺帝到孙坚战死，孙策盘踞江东至少有五十年的光景，因此被斩之人是否与得书之人为同一于吉难以判定，但究其琅邪道士，并且以符水治病，的确有可能就是同一人。无论如何，他制作符水、助军作福等的确是太平道法无疑。此种方式同样在张角处得到体现。

《太平经》无疑是青领太平道到黄天太平道的传承线索。于吉或宫崇并未将经书直接传授给张角。《后汉书·襄楷传》载：“后张角颇有其书焉。”“焉”字有于此的意思，因而张角极有可能在宫闱之中获得此经书。最有可能的是被其收买或皈依其道的宦官为张角提供了此经。《后汉书·皇甫嵩传》记载黄巾起义前，“（马）元义数往来京师，以中常侍封

① 参阅都筑晶子著，宋金文译《关于南人寒门，寒士的宗教想象力——围绕〈真诰〉谈起》，《日本中青年学者论中国史（六朝隋唐卷）》，上海古籍出版社1995年版。

② 张君房编，李永晟点校：《云笈七签》卷一百一十一《洞仙传》，中华书局2003年版，第2415页。此文为南朝人所书。

③ 陈寿撰，裴松之注：《三国志》卷四十六《孙破虏讨逆传第一》，中华书局1964年版，第1110页。

谓、徐奉等为内应，约以三月五日内外俱起。”① 封、徐二中常侍均为近臣宦官，以此二人作为起义内应，据此，张角必有在宫中的门路。若《太平经》的社会理想在于吉的青领太平道那里只是寄希望于汉王朝而实现，那么张角则选择了自己付诸实践。

《后汉书·皇甫嵩传》说：“钜鹿张角自称‘大贤良师’，奉事黄老道，畜养弟子，跪拜首过，符水咒说以疗病，病者颇愈，百姓信向之。角因遣弟子八人使于四方，以善道教化天下，转相诳惑。十余年间，众徒数十万，连结郡国，自青、徐、幽、冀、荆、杨、兖、豫八州之人，莫不毕应。遂置三十六方。方犹将军号也。大方万余人，小方六七千，各立渠帅。讹言‘苍天已死，黄天当立，岁在甲子，天下大吉’。”② 其中八州设置三十六方可比张陵二十四治，已经具有了完整的宗教组织构架，且同时是一种军事编制，《国语·吴语》中就有“万人为方阵”一说，因此太平道常被认为起自张角。而张角与于吉的教法基本相同，均为叩头思过、符水治病。《三国志·张鲁传》裴注引《典略》曰：“光和中，东方有张角，汉中有张修。骆曜教民缅匿法，角为太平道，修为五斗米道。太平道者，师持九节杖为符祝，教病人叩头思过，因以符水饮之，得病或日浅而愈者，则云此人信道，其或不愈，则为不信道。”③ 巴蜀汉中的“正一盟威之道”亦有“静室思过”等道术，皆将伦理与身体关联，并予以治愈，其呈现出道教整体的生命中心主义的关怀，进而通过伦理教化而进入好社会的憧憬。因此《后汉书·皇甫嵩传》中所言“角……杀人以祠天”④ 的真实性就值得怀疑了，况《三国志》中有张角

① 范晔撰，李贤等注：《后汉书》卷七十一，中华书局 1965 年版，第 2299～2300 页。

② 范晔撰，李贤等注：《后汉书》卷七十一，中华书局 1965 年版，第 2299 页。

③ 陈寿撰，裴松之注：《三国志》卷八《二公孙陶四张传》，中华书局 1964 年版，第 264 页。

④ 范晔撰，李贤等注：《后汉书》卷七十一，中华书局 1965 年版，第 2300 页。

“遣八使以善道教化天下”[①] 的记载。

张角之所以选择起义的原因大概是其社会理想无法实现。前辈学者已经明确指出了张角与当时社会矛盾的关联。汉恒帝时已经“司隶、豫州饥死者什四五，至有灭户者”[②]。至汉灵帝时甚至到了“河内人妇食夫，河南人夫食妇”[③] 的地步。勿需赘言，这样一幅王朝景象很难让人再寄予建立理想社会的期望。因而《太平经》中宛若“新天新地”的憧憬在张角这里演变成了一场道教的弥赛亚运动。史书中称黄巾之处甚至多于称太平之处。这不仅是一种政治实践，也是张角在《太平经》的基础上进行的神学的发展。其中最为核心的当属“中黄太一”的提出。

“太一”与“中黄”二词均非张角的独创，太一散见于古代文献如《庄子》《淮南子》《吕氏春秋》等以及各类纬书中，郭店还出土了《太一生水》，其本身就是汉代的信仰对象。《庄子·天下》云“至大无外，谓之大一”[④]，大即太。《淮南子·天文训》曰：“太微者，太一之庭也；紫宫者，太一之居也。”[⑤] 又有《汉书·郊祀志》载：“神君最贵者曰太一。”这一提法实源自《史记·封禅书》“天神贵者太一，太一佐曰五帝。……天子令太祝立其祠长安东南郊，常奉祠如忌方。其后人有上书，言‘古者天子三年壹用太牢祠神三一：天一、地一、太一’。天子许之，令太祝领祠之于忌太一坛上，如其方”[⑥]。其与昊天上帝无异，是最高之神。对张角影响最大的应为当时的纬书，“太一”以纬书拆字法解大与一即“天”，又称“北极天皇大帝”。《诗纬》讲：“北极天皇大帝，其精生人。”后世道教四御中“紫微北极大帝”与“勾陈上宫天皇大帝”

---

① 陈寿撰，裴松之注：《三国志》卷四十六《孙破虏讨逆传第一》，中华书局 1964 年版，第 1094 页。

② 范晔撰，李贤等注：《后汉书》卷七，中华书局 1965 年版，第 317 页。

③ 范晔撰，李贤等注：《后汉书》卷八，中华书局 1965 年版，第 331 页。

④ 郭象注，成玄英疏：《庄子注疏》，中华书局 2011 年版，第 571 页。

⑤ 何宁：《淮南子集释》，中华书局 1998 年版，第 200 页。

⑥ 司马迁：《史记》卷二十八，中华书局 1959 年版，第 1386 页。

或衍生于此。故而张角自称“天公将军”，《太平经》讲求三合相通，为符合汉代天地人三正，则张宝称“地公将军”，张梁称“人公将军”。

“中黄”实即中央之黄，代表土德。后世道士称“黄冠”或与黄巾有关。《三国志》中，张角曾自称“黄天泰平”①。因此这代表了张角的社会理想即建立一土德之世以代替汉朝，从而实现“安平泰”的理想社会。中黄不仅昭示了土五行居中，乃大吉之色，而且也有应运之意。秦尚水，汉初沿用，汉武帝时以五行相克说改土，汉光武帝受《赤伏符》而登帝位，故改火德。张角的“中黄”土德即有五行相生，以火生土的意味，故称“苍天②已死，黄天当立”。实际上，当时这种谶语早已出现甚至形成风气，《三国志·武帝记》注引鱼豢《魏略》中就记载：“桓、灵之间，诸明图纬者，皆言‘汉行气尽，黄家当立’。”③

无论青领太平道还是黄天太平道，二者所别为“青”“黄”之别，在政治层面一力挺汉王朝，另一则试图颠覆之，然此皆时运处境的相异所导致的对实现社会愿景的方法有所区别。《太平经》作为根本经典也呈现了两种境遇，因此，其作为汉代诸思想的交汇之所，并不与效忠或暴力革命直接相关，而是提出了太平的社会理念，并扩展到宇宙自然。

三、好社会——太平的追求

太平道所追求的社会图景贯穿《太平经》，且较为细致直白。太平之世就是这种追求的宗旨。如前文所引，“太平而和，且大正也”。“太”与“平”分别对应着天与地，《太平经》卷四十六认为：“太者，大也，乃言其积大行如天，凡事大也，无复大于天者也。平者乃言其治太平均，

① 陈寿撰，裴松之注：《三国志》卷四十六《孙破虏讨逆传第一》，中华书局 1964 年版，第 1094 页。

② 苍天或指《太平经》中的木德，以可能为汉代苍青色官服，也有苍天本为赤天之说。《史记·天官书》张守节《正义》说：“苍者主凶，黄者主吉。”

③ 陈寿撰，裴松之注：《三国志》卷一《武帝纪第一》，中华书局 1964 年版，第 53 页。

凡事悉理，无复奸私也；平者，比若地居下，主执平也，地之执平也。”从而“太”具有至大无外、无所不包的意思，而“平”则更多强调公平和平均之义。天地气三合相通构成一个好的世界：“气之法行于天下地上，阴阳相得，交而为和，与中和气三合，共养凡物，三气相爱相通，无复有害者。……无复有害，故曰太平。天地中和同心，共生万物。男女同心而生子，父母子三人同心共成一家，君臣民三人共成一国。”① 其治太平均亦有“天之道，损有余而补不足”之意。卷六十七言道：“此财物乃天地中和所有，以共养人也……此太仓之粟，本非独鼠有也；少内之钱财，本非独以给一人也，其有不足者，悉当从其取也。愚人无知，以为终古独当有之，不知乃万户之委输，皆当得衣食于是也。”②

道教亲近自然的哲学在对好社会的追求中也得到了体现，好的社会伦理总是包含了自然界范畴。太平道首先要确立道作为最高信仰，《太平经》“守一明法”云：“夫道何等也？万物之元首，不可得名者。六极之中，无道不能变化。元气行道，以生万物，天地大小，无不由道而生者也。”③ 人的社会活动则会影响到天地万物，《太平经》卷九十六认为有上贤、中贤等通过守一建设的理想社会，若上贤或多贤共治则草木虫蚊皆受关爱。“大贤见吾文，守之不解……皆可得度世。尚有余策也，行之不止，尚或乃洞于六方八极也，万事已毕，何不有也。上乃可助有德帝君，共安天地，其恩乃下，可及草木也。万物扰扰之属，莫不尽理也。天地为之欢喜，帝王为之长游，但响琴瑟唱乐，而无复忧。”上贤致力于成就自然的社会，而中贤则着眼社会的有序，“中贤守行之力之，旦夕惟思其意，亦可少为孝子，长为良臣，助国致太平，天下悉伏，莫不言善哉。外谨内信，还各自责自正，不敢负于天地，不敢欺其上也”。从而“众贤共案力行之，令使君治，乃与天相似，象天为行，恩爱下及草木蚊

① 王明编：《太平经合校》，中华书局1960年版，第148～149页。
② 王明编：《太平经合校》，中华书局1960年版，第247页。
③ 王明编：《太平经合校》，中华书局1960年版，第16页。

蚋之属，皆得其所。”如果普通人合道守一，则“令人父慈、母爱、子孝、妻顺、兄良、弟恭，邻里悉思乐为善，无复阴贼好窃相灾害”。至此，一个具有自治性质良好社会的图景就得以建构。“民不知复为凶恶，家家人人，自敕自治，故可无刑罚而治也。上人、中人、下人共行之，天下立平不移时。”① 通过上贤与中贤的比较可以发现，《太平经》将所期待的社会治理方式进行了分层。大体上，上贤类似于《道德经》中所言的“太上，下知有之”，而中贤则接近“其次，亲而誉之”，实则这种社会理想颇具法治精神，即社会在一定的规则中运行并不需要强权压制，只要不侵犯他者即可。可见老子“甘其食，美其服，安其居，乐其俗。邻国相望，鸡犬之声相闻，民至老死不相往来”② 的社会图景并非只是幻想，而是在自由的前提下实现社会自治。“太平”也称泰平，应和了老子“往而不害，安平泰”的社会行动理念。用现代语言讲就是自由者以不损坏他人自由为前提行动。这种理想指向的是一种对于朴素自然的回归。《庄子·马蹄》讲：“彼民有常性，织而衣，耕而食，是谓同德；一而不党，命曰天放。”庄子由此提出了“至德之世”的愿景：“故至德之世，其行填填（笔者按：或通颠），其视颠颠。当是时也，山无蹊隧，泽无舟梁；万物群生，连属其乡；禽兽成群，草木遂长。是故禽兽可系羁而游，乌鹊之巢可攀援而窥。夫至德之世，同与禽兽居，族与万物并。恶乎知君子小人哉！同乎无知，其德不离；同乎无欲，是谓素朴。素朴而民性得矣。”然而若出离了这种朴素状态则“蹩躠为仁，踶跂为义，而天下始疑矣。澶漫为乐，摘僻为礼，而天下始分矣。故纯朴不残，孰为牺尊！白玉不毁，孰为珪璋！道德不废，安取仁义！性情不离，安用礼乐！五色不乱，孰为文采！五声不乱，孰应六律！夫残朴以为器，工匠之罪也；毁道德以为仁义，圣人之过也”③。此即老子所言：“大道废，

① 王明编:《太平经合校》,中华书局 1960 年版,第 409 页。

② 王弼注,楼宇烈校释:《老子道德经注》,中华书局 2011 年版,第 198 页。

③ 郭象注,成玄英疏:《庄子注疏》,中华书局 2011 年版,第 183 ~ 186 页。

有仁义；智慧出，有大伪。”[①] 仁义并不坏，《太平经》中也教人“常思孝忠信仁施”，但这始终只是人为造作的次级状态，最关键的则是“与道合同”。《太平经》合阴阳顺道法云：“故顺天地者，其治长久。顺四时者，其王日兴。道无奇辞，一阴一阳，为其用也。得其治者昌，失其治者乱；得其治者神且明，失其治者道不可行。详思此意，与道合同。”[②] 据此而言，张角持于吉所得《太平经》并不能由此断定此书为农民起义的教典，亦不能因为宫崇献书而认为该书仅仅宣扬封建道德。毕竟从书中甚至可以窥见一些现代法治思想的影子。这是对道家体系的继承，其原本就具有自然、自由之精神。从青领太平道的师徒相承，至黄天太平道的大规模教团，究其内涵，无非期待着太平之世，一种应然的好社会。

① 王弼注，楼宇烈校释：《老子道德经注》，中华书局2011年版，第46页。

② 王明编：《太平经合校》，中华书局1960年版，第11页。

太平道思想渊源探究

刘雅稚
（中央民族大学哲学与宗教学学院）

中国本土的宗教道教的成立，是以太平道的成立为标志的。在汉代，老子的道家思想已经颇有影响，下层人民吸收了老子思想中对他们有利的部分，作为推翻统治者的工具，也助推了道教的产生。于是，“奉事黄老道”的张角领导的太平道于灵帝中平元年（184）发动了黄巾起义，使得东汉帝国最终走向崩溃。

在黄巾之乱之前，尚有众多在史书记载中被称为“妖巫”或“妖贼”所发动的叛乱。这些“妖巫”或“妖贼”，实质上就是一些具有宗教性质的人物或民间宗教组织，他们有着基本上一致的政治倾向。太平道与其前的“妖巫”“妖贼”在所发生的地域及所表现出来的宗教思想方面，均有着相当密切的关系，特别是政治倾向上相当一致。

另一方面，早期道教形成过程的重要标志之一，是道教经书的出现，最早的道教经书是汉成帝时齐人甘忠可造作名为《天官历包元太平经》共12卷的经书。该书从思想面貌上已经表现出具备了宗教神学的特征。其祈求太平世道的愿望和托天帝使神仙下凡以道教人的手法，在随后出现的道教早期重要经书《太平清领书》中，得到了广泛的应用和发挥。《太平清领书》即《太平经》①，张角的太平道以主《太平经》而得名，并以之为主要经典。由此，结合时代背景与思想背景，笔者认为探究太

① 卿希泰、唐大潮：《道教史》，江苏人民出版社2008年版，第30页。

平道发端发展之思想渊源有三个方面，一是东汉出现的“妖巫”“妖贼”；二是黄老道；三是《太平经》。

一、“妖巫”“妖贼”

关于太平道与其前的“妖巫”“妖贼”在所发生的地域及所表现出的宗教思想方面均有着相当密切的关系，特别是政治倾向上相当一致。日本学者做过相关探讨，如大渊忍尔曾指出黄巾之乱以前的诸叛乱与黄巾之乱地域上大致相同，掘井重雅也对太平道及其前诸叛乱在宗教思想上的关系有所论及。① 可见，无论从地域还是宗教思想，“妖巫”“妖贼”都影响了太平道的产生。太平道政治性格是继承了其前“妖巫”“妖贼”等先驱者的思想而形成的，“妖巫”“妖贼”所代表的民间宗教组织，也在思想和人员方面为太平道的产生和发展做好了准备。

黄巾军的活动，从时间上可以分为两个阶段。第一阶段从中平元年（184）二月张角起事开始，至同年十一月张梁、张宝被杀为止。第二阶段是始于中平五年（188）的黄巾余部的再起，一直延续至建安年间。黄巾军的主要活动范围较之“妖巫”“妖贼”要更大一些②，二者主要的活动区域是基本一致的，如位于青、冀二州交界处的渤海、平原等地，以及颍川、汝南、南阳几个地区，既是“妖巫”“妖贼”叛乱较多的地区，也是黄巾军势力较强、发生过重要战役的地区，可见两者在地域方面的密切关系。

由于这种地理方面的重合，“妖巫”“妖贼”在宗教思想上也影响到太平道，成为太平道的思想渊源之一。“妖巫”“妖贼”诸叛乱中，虽然大多记载简略，很多具体的情况不得而知，但在这些有限的记载中，仍

① 胡常春:《东汉时期的“妖巫”“妖贼”与太平道政治性格的形成》,《齐鲁文化研究》2012 年总第 12 辑。

② 同上。

有几处值得注意的地方。

首先是“师”与“使者”的称号，建武十七年（41），“妖巫”李广在皖城起事，自称“南岳大师”。《三国志·张鲁传》裴注引《典略》：“太平道者，师持九节杖为符祝，教病人叩头思过，因以符水饮之。”这表明太平道的首领也称为“师”，张角亦曾自称“大贤良师”。其“师”的含义应当是上承天意教化世间、致世太平的意思。《后汉书·法雄传》：“永初三年，海贼张伯路等三千余人，冠赤帻，服绛衣，自称‘将军’，寇滨海九郡，杀二千石令长。明年，伯路与平原刘文河等百余人称使者，攻厌次城，杀长吏。”九江贼徐凤、渤海妖贼盖登也都“衣绛衣”。《后汉书·五行志》：“成帝绥和二年八月庚申，郑通里男子王褒衣绛衣小冠，带剑入北司马门殿东门，上前殿，人非常室中，解帷组结佩之，招前殿署长业等曰：‘天帝令我居此。’”从这一记述来看，王褒自称受天帝之命，即是天帝所派的使者。张伯路服绛衣、自称“使者”，“使者”即有道之人，亦即“神人”“神师”，二者其实是一回事。黄巾军中也有人称使者，见于《后汉书》卷七十一“时南阳黄巾张曼成起兵，称神上使”。可知太平道与其前的“妖巫”“妖贼”一样，其首领都使用了“师”“使者”一类的称号。而“天师”“使者”宗教思想的理论来源是甘忠可的《包元太平经》。由众多“妖巫”“妖贼”发动的叛乱，从而推测民间存在着不少类似的宗教性组织。他们在叛乱失败之后，不可能被完全消灭，仍有不少在民间秘密活动，整个东汉时期“妖巫”“妖贼”的叛乱接连不断，可为明证。太平道创立的时间与其前后衔接，在传播、发展的过程中，信徒中当有不少来自于这些民间宗教团体。张角曾经拥有《太平经》，太平道也使用了“师”“使者”等称号，或许是来自《太平经》，但如前所分析，太平道信徒可能有不少来自存在于民间的“妖巫”“妖贼”等宗教团体，“师”“使者”的思想直接继承自民间也是可能的。张伯路先是“冠赤帻，衣绛衣，自称将军”，后又称“使者”，张角传教时称“大贤良师”，等到起事时则自称“天公将军”，都具有两种称号。绛衣及“师”“使者”所具有的宗教含义前面已有讨论，“将军”或许还有一层含义，即是“师”或者“使者”在指挥军事行动时的身份。张角兄弟以“天”“地”“人”为将军号，其思想当是源于《太平经》，也带有相当的宗教色彩。总而言之，“皇帝”“将军”的称号带有某些宗教含义也是可能的。但无论“皇帝”“将军”的称号是否具有宗教意义，都表明了这些宗教组织政治上的倾向性。在这一点上，张角所领导的太平道也同样继承了其前民间宗教组织的政治倾向。

其次是“黄帝”“黑帝”等称号。如九江马勉“皮冠黄衣，带玉印，称黄帝”，历阳华孟称“黑帝”，这些称号都与当时流行的五德终始说有关。汉以火德自居，《后汉书》卷一《光武帝纪》：“壬子，起高庙，建社稷于洛阳，立郊兆于城南，始正火德，色尚赤。”黑色属水，表示对火德的克制，黄色属土，表示对火德的替代，二者都是对提倡火德的汉政权的否定。太平道也有类似的称号。《后汉书·灵帝纪》：“中平元年春二月，钜鹿人张角自称黄天，其部师有三十六万，皆著黄巾，同日反叛。”《续汉书·五行志》也记载：“到中平元年二月、张角兄弟起兵冀州，自号黄天。”“黄天”与“黄帝”的含义是相同的。所谓的自号“黄天”，应该就是来自太平道的口号“苍天已死，黄天当立，岁在甲子，天下大吉”。“苍天已死，黄天当立”中“苍天”的意思即如熊德基所说，用来指代汉统治者，而“黄天”则代表取代汉之火德的土德。“黄帝”“黄天”的称号，并非指黄老道所崇奉的对象，是代表土德的黄色之帝或天的意思，正如“黑帝”是代表水德一样。张角的太平道以黄天土德自居，要推翻汉之统治取而代之的思想，也是继承自之前民间宗教的先驱者而不是来自黄老道或《太平经》。

总之，“妖巫”“妖贼”李广、张伯路等已经具有初步的宗教思想和政治目标，并且能够组织起来付诸行动，表明在东汉的初期，这种民间的道教组织已初具雏形。“妖巫”“妖贼”发起的接连不断的叛乱，涉及相当广泛的地域与人员，这反映的正是东汉中后期道教在民间产生、发展至最终成立的过程。在这个过程中，各民间的教团组织包括太平道在内无不与政治密切相关。这是初期道教的一个非常重要的特征。各“妖巫”“妖贼”所代表的民间组织，无论是从思想上还是人员上都为太平道的产生及发展做好了准备。如上文所提到的，太平道的“师”“使者”及提倡土德、取代汉统治的“黄天”的思想都继承自其作为先行者的“妖巫”“妖贼”，是太平道政治立场的思想来源，这是太平道最为重要的宗教特征，决定了太平道的发展及最终结局。除此之外，东汉时期广泛流传的黄老道、早期道教经典《道德经》等都是太平道的重要思想来源。

二、黄老道

《皇甫嵩传》中讲张角奉事黄老道，此为文献中唯一提到太平道与黄老道关系的记载。但《后汉书·刘陶传》载：“时钜鹿张角伪托大道，妖惑小民。”此处所谓的“大道”，疑即黄老道。

老子是先秦时期伟大的哲学家，他的思想丰富、深刻，有完整的哲学思想体系。老子认为世界有一个超越一切的虚无的本体，叫作“道”，这是老子思想的一个核心。他说：“有物混成，先天地生，寂兮寥兮，独立而不改，周行而不殆，可以为天下母。吾不知其名。字之曰道，强为之名曰大。”（《道德经》二十一章）老子认为“道”有“天之道”，即先天而存在的那个“独立而不改，周行而不殆，可以为天下母”的真理；另外，还有“人之道”，即当时统治者所推行的贵族之道。老子说：“高者抑之，下者举之，有余者损之，不足者补之。天之道，损有余而补不足；人之道则不然，损不足以奉有余。”（七十七章）老子申明了“天之道”，即自然之道，应削弱多余的补充缺失的，贫富均衡，又痛斥了“人之道”却是削弱不足的去填赘多余的，故而富者愈富，贫者愈贫。老子又说：“孰能有余以奉天下，唯有道者。”（七十七章）老子的“道”，就是要把贵族多余的、消耗不完的财富去周济穷人、周济天下。老子强烈地反对社会上已出现的贫富分化，反映了他对平等社会的一种向往。

老子提倡人与人的平等，反对统治阶级对人民的残酷剥削。老子将老百姓造反的原因归之于统治者苛捐杂税太多，他说：“民之饥，以其上食税之多，是以饥；民之难治，以其上之有为，是以难治；民之轻死，以其求生之厚，是以轻死。夫唯无以生为者，是贤于贵生。”（七十五章）贵族统治者对人民横征暴敛，使老子感到极大的愤慨，老子认为这种剥削就是“盗”。老子说：“服文彩，带利剑，厌饮食，财货有余，是谓盗兮，非道也哉。”（五十三章）也就是贵族们的那种养尊处优、锦衣肉食的生活，是从下层人民那里“盗”来的，不符合“天之道”。老子的矛头直接指向统治者的剥削制度。

老子《道德经》中有着明显的“以百姓心为心”的民本思想和“替天行道”的造反精神。老子说：“民不畏死，奈何以死惧之？若使民常畏死而为奇者，吾得执的杀之。孰敢？常有司杀者，夫代司杀者，是谓代大匠斫。”（七十四章）七十七章中将老百姓的造反又比喻为“替天行道”：“天之道，其犹张弓与？高者抑之，下者举之，有余者损之，不足者补之。天之道，损有余而补不足。人之道，则不然，损不足以奉有余。孰能有余以奉天下，唯有道者。是以圣人为而不恃，功成而不处，其不欲见贤。”

一部《道德经》，对“道”反复阐述。老子的“道”，实质是一种平等思想，反映了老子对平等社会的向往。老子向往一个人人平等的社会，他认为贫富平等是一种“天之道”。这是当时残酷不平等的社会现实在一个小国的下等贵族头脑中的反映，他代表下层人民的呼声。老子所提出的“道”的实质就是均平。①

老子要求平等的社会理想在下层人民中间产生了巨大的影响，我国原始道教正是在这种“均平”理论指导下形成的。以上《道德经》中所表现的老子思想，也正是太平道的思想渊源。

西汉时期，统治者休养生息实行黄老道治国，而到了东汉末年，一

① 吴少珉、李玉洁：《老子思想与道教的形成》，《洛阳大学学报》1994年第3期。

些下层人民由于生活困苦不堪和对贵族统治者的憎恨，他们亦从老子思想中寻找适合自己的成分。如上文所说，老子思想的核心是“道”，而“道”的内容和实质就是平等，于是这些处于贫困状态的人民便吸收老子的平等思想，道教应运而生。东汉末年，张角创立太平道。《后汉书·皇甫嵩传》云：“钜鹿张角自称‘大贤良师’，奉事黄老道，畜养弟子，跪拜首过，符水咒说以疗病，病者颇愈，百姓信向之。角因遣弟子八人使于四方，以善道教化天下，转相诳惑。十余年间，众徒数十万，连结郡国，自青、徐、幽、冀、荆、杨、兖、豫八州之人，莫不毕应。遂置三十六方，方犹将军号也。大方万余人，小方六七千人，各立渠帅，讹言‘苍天已死，黄天当立，岁在甲子，天下大吉。’以白土书京城寺门及州郡官府，皆作‘甲子’字。”其口号简称“黄天太平”，张角亦用黄老道号召民众，以为百姓治病为名，其中亦有用平等的信念去教化百姓，向人民宣传平等思想，追求一种人人平等的太平盛世。老子思想无疑在民间给予太平道的产生以及黄巾起义以“输血打气”的作用。

与此同时，一些战国、秦汉时期的“方士”在黄老学说迅速传播扩大的声势下，开始把神仙学说注入道教。《后汉书·襄楷传》说：“顺帝时，琅邪宫崇诣阙，上其师干吉（即于吉）于曲阳泉水上所得神书百七十卷，皆缥白素朱介青首朱目，号《太平清领书》。其言以阴阳五行为家，而多巫觋杂语。有司奏崇所上妖妄不经，乃收臧之。”这里所说的宫崇向朝廷所献的由其师于吉所得的神书“以阴阳五行为家，而多巫觋杂语”。这就是太平道最重要的一个思想渊源——《太平经》。

三、《太平经》

《太平经》一书是以道家哲学、阴阳五行学说、传统的宗教思想、巫术以及儒家的伦理观念，并吸收当时的天文学、医药学、养生学等自然科学成就等，来建立其宗教神学庞杂理论体系，运用神道设教的方式，宣扬天人合一的善恶报应思想，以及帝王统治术和封建道德观念，以实现“太平世道”为理想目标。《太平经》的内容“杂而多端”，卿希泰在其《道教史》中总结有以下几个方面：

第一，提出了“一分为二”及天、地、人“三合相通”的宇宙观，论述了天、地、人和万物的起源及其相互协力的生存法则。

第二，提出了建立“太平世道”的政治设想，描绘了公平、大乐、无灾的理想社会蓝图。

第三，提出了“乐生”“好善”的传教依据和有关生死的理论及修炼方术。

第四，从“天人一体”的神学思想出发，构筑了以“天君”为最高神灵的鬼神系统。

总之，《太平经》里所表明的宗教神学观念，已奠定了中国土生土长的道教的基调，特别是其“乐生”的主旨，更是区别于其他任何宗教的最显著的特点。《太平经》的思想，均为早期道教两大派别“五斗米道”和“太平道”所接受。① 在道教发展史上，《太平经》占有极为重要的地位。

中国自古有“尚古尊经”的传统，而太平道所尊奉的最重要的经典，就是《太平经》。太平道活动于民间，在下层群众中间流行，受到了《太平经》中部分反映劳动群众愿望和要求的思想影响，并与农民反封建的经济剥削和政治压迫等要求结合，目的就在于追求一种“太平”盛世。张角在传教之初，先是事奉黄老道，后得《太平经》，根据经中所说“众星亿亿，不若一日之明也。柱天群蚑行之言，不若国一贤良也”之义，张角自称“大贤良师”，宣称太平之气将至，太平之世将来，反对剥削聚敛，主张周穷救济，以“跪拜首过，符水咒说”为人疗病的方式传教。

太平道扬弃简化了《太平经》里的内容，利用了其中某些词语和思想。比如，“太平道”一词就是从《太平经》里来的，“太平道，其文

① 卿希泰、唐大潮:《道教史》,江苏人民出版社 2008 年版,第 32 页。

约，其国富，天之命，身之宝”（卷一百二十）。由此可见“太平道”所传的《太平经》是很简单的，“其文约”，绝不是一百七十卷浩瀚的《太平经》，本身如此庞大的卷轴，也不能作为农民革命的经典，让大家诵读学习。现在看来张角奉为经典的《太平经》是很简约的，除了词语的借鉴，大抵就是“平均”“平等”、太平理想和社会和谐理想的部分。所以才会说“其文约”。《太平经》说：“甲子为初始。”① 黄巾起义的口号也说：“岁在甲子，天下大吉。”张角自称“大贤良师”，亦源于《太平经》“学而不得明师，知何从得发乎？治国欲乐安之，不得大贤事之，何以得一旦而理乎？”（卷九十八）张角自称“天公将军”，角弟宝称“地公将军”，宝弟梁称“人公将军”，这些称号也是依据《太平经》“有天治，有地治，有人治，三气极，然后跂行万物治也”（卷五十三）。“天乃好生不伤也，故称君称父也。地以好养万物，故称良臣称母也。人者当用心仁，而爱育似天地，故称仁也。此三者善也，故得共将万物，为其师长也”（卷三十五）。“天地人三相得乃成道德，故适百国有德也。故天主生，地主养，人主成……三合而成德，适百国”（卷九十三）。张角突出注重“甲子”，如“岁在甲子，天下大吉”，也还另有用意。《太平经》：“凡物生者，皆以甲为首，子为本，故以上甲子序出之也。”（卷三十九）“万物始萌于北，元气起于子，转而东北，布根于角，转在东方……故子者，滋也，三而得阴阳中和气，都具成而更反初起，故反本名为甲子”（卷四十）。实际上就是说，“甲子”是一切将重新开始，张角的“黄天”将取“苍天”而代之，开创一个新的朝代。太平道“师持九节杖”，也依据于《太平经》“治得天心意，使此九气合和，九人共心，故能致上皇太平也”（卷四十二）。张角教人“叩头思过”，亦源于《太平经》：“今欲解此过，常以除日于旷野四达道上四面谢，叩头各五行，先上视天，四下叩头于地。……解子过于天地也。后有过者，皆像子也。”（卷九十七）张角以符水咒说疗病，亦本于《太平经》，“清河重复

---

① 王明编:《太平经合校》,中华书局1960年版,第390页。

之字何所主，主导正，导正开神为思之也。……精者吞之，谓之神也”（卷九十二）。又说，“以丹为字，以上第一，次下行将告人，必使沐浴端精，北面西面南面东面告之，使其严以美酒，如清水已饮，随思其字，随病所居而思之，名为还精养形”。“重复之字”类似于最早道教的“神符”。所谓“符水疗病”，即用美酒合符吞下，以求除病。咒，亦作祝，即神的言辞。“天上有常，神圣要语，时下授人以言，用使神吏应气而往来也，人民得之，谓之神咒也”（卷五十）。所谓“咒说疗病”，就是对病者念咒，咒文的本子叫“祝谶书”。类似种种，可看出太平道在《太平经》中寻得不少建教必备的“专业词汇”。

另外，《太平经》描绘的太平理想和社会和谐也是太平道追求的根本目标。《太平经》的根本宗旨是实现太平的理想社会，它将太平理想理论化、道教化，从而建构起庞杂的、包罗万象的太平理想体系，“太平者，乃无一伤物，为太平气之为言也。凡事无一伤病者，悉得其处，故为平也。若有一物伤，辄为不平也”①。总的来说，太平是指天地之间万事万物都以其应有的状态生存着，相互间发生联系，但不产生矛盾，彼此和谐发展；人们之间公平相待，和睦相处，每个人都尽自己的社会责任和义务。太平理想的核心是强调和谐，君、臣、民三者要并力同心，和衷共济；社会和谐是太平盛世的主要标志，实现太平理想的重要途径是德治，太平理想强调和谐，其最终指向是社会的和谐，人们追求的太平盛世其实就是一个和谐社会。《太平经》中说道：“太者，大也，言其积大如天，无有大于天者。平者，言治太平均，凡事悉治，无复不平，比若地居下执平。比若人种刈，种善得善，种恶得恶。耕用力，分别报之厚。天气悦下，地气悦上，二气相通，而为中和之气，相受共养万物，无复有害，故曰太平。天地中和同心，共生万物。男女同心而生子，父母子三人同心，共成一家，君臣民三人共成一国。”② 这里，把自然和谐

① 王明编:《太平经合校》,中华书局 1960 年版,第 398 页。

② 王明编:《太平经合校》,中华书局 1960 年版,第 149 页。

与社会和谐联系起来，自然和谐是社会和谐的基础，社会和谐是自然和谐的延伸。社会上人们之间的关系，与自然界的万物一样，只有相互和谐才能实现天下太平。财富共享、人人劳动、相爱互助和免除刑罚是太平理想国的主要特征。在“阴阳中和”这一基本理念的指导下，《太平经》从多个层面提出了社会和谐的理想，包括君、臣、民“三合相通”的上下和谐；人各有宜、男女相和、人际互助的社会和谐；“得天地人和悦”的人天和谐等。① 这些都为正处于纷乱年代的下层人民展现了绝美的愿景。太平理想一定程度上反映了民众的愿望，但缺乏现实基础和实现的可能性，只能是一种“乌托邦”式的幻想。②

汉代是道教孕育和草创的时期，即有了早期道教经书，建立了有组织、有规诫的宗教团体，其神学理论、教理教义虽然简单，但已初具体系，太平道的出现标志着道教的正式产生。太平道的理论与实践都各有特色，不仅为后世统治者的宗教政策建立提供了借鉴，同时也为道教自身发展提供了模式。

---

① 吕锡琛、刘文杰：《论〈太平经〉的社会和谐思想》，《湖南师范大学社会科学学报》2014 年第 5 期。

② 杜洪义：《论〈太平经〉的太平理想》，《辽宁师范大学学报（社会科学版）》2014 年第 6 期。

浅论《太平经》和谐共生思想

邱世勇
（邢台市民族宗教事务局）

《太平经》又称《太平清领书》，是道教早期的重要经典。其继承并发展了道家思想的基本特征——“和”的文化，在东汉特定的历史条件和社会环境中形成了自己的“和”文化体系。《太平经》要求人类必须遵循自然规律，保持与天地万物的和谐，社会成员之间相互和谐共生的思想。这些思想对当今社会和谐建设具有重要的启迪和借鉴意义。

一、《太平经》中和谐共生的理论基础

《太平经》认为，“道”为天地万物的本根，而且，天地人万物都是道通过原始物质——元气所化生的。“元气守道，乃行其气，乃生天地”①，“元气行道，以生万物，天地大小，无不由道而生者也”“元气乃包裹天地八方，莫不受其气而生”②。“天地人本同一元气，分为三体，各自有祖始”③。又说：“元气恍惚自然，共凝成一，名为天也；分而生阴而成地，名为二也；因为上天下地，阴阳相合施生人，名为三也。”④天地人三才都是从元气自然而然化生而成。不但这样，就是“诸谷草木

① 王明编:《太平经合校》,中华书局 1960 年版,第 21 页。
② 王明编:《太平经合校》,中华书局 1960 年版,第 16 页。
③ 王明编:《太平经合校》,中华书局 1992 年版,第 236 页。
④ 王明编:《太平经合校》,中华书局 1992 年版,第 305 页。

蚑行喘息蠕动，皆含元气，飞鸟步兽水中生亦然”①。由此看来，无论是天地人还是飞禽走兽、爬行虫类、水中鱼虾之属，以及诸谷草木等，都是从元气变化生成。

《太平经》认为，“元气”有“太阳、太阴、太和”三气，“元气有三名，太阳、太阴、中和。形体有三名，天、地、人。天有三名，日、月、星，北极为中也。地有三名，为山、川、平土。人有三名，父、母、子。治有三名，君、臣、民。”② 三名均出于一祖，“天、地、人本同一元气，分为三体”③。阳气、阴气、中和之气三气相通，三名同心相合，就可以成就万物，并使世界完美和谐。“元气与自然太和之气相通，并力同心，时恍恍未有形也，三气凝，共生天地。天地与中和相通，并力同心，共照明天地。凡物五行刚柔与中和相通，并力同心，共生凡物。凡物与三光相通，并力同心，共照明天地。凡物五行刚柔与中和相通，并力同心，共成共万物。四时气阴阳与天地中和相通，并力同心，共兴生天地之物利。……男女相通，并力同心共生子。三人相通，并力同心，共治一家。君臣民相通，并力同心，共成一国。此皆本之元气自然天地授命。凡事悉皆三相通，乃道可成也。”④ 这种三名并力同心的状态，就是《太平经》追求的太平世界。“此三者常当腹心，不失铢分，使同一忧，合成一家，立致太平。”⑤ “太阳、太阴、中和”三气和谐是维护人与自然、社会成员之间乃至社会政治和谐太平的基础。

二、人与自然和谐共生

人与自然的关系始终是人类社会关注的问题。《太平经》继承并发

① 王明编:《太平经合校》,中华书局 1960 年版,第 581 页。
② 王明编:《太平经合校》,中华书局 1960 年版,第 19 页。
③ 王明编:《太平经合校》,中华书局 1960 年版,第 236 页。
④ 王明编:《太平经合校》,中华书局 1960 年版,第 148 ~ 149 页。
⑤ 王明编:《太平经合校》,中华书局 1960 年版,第 19 页。

展了老子“道法自然”的原则，明确提出“天人一体”的命题，强调了人与自然的和谐统一。《太平经》认为，太阳、太阴、中和三气和谐而化生万物“太阳、太阴、中和三气共为理，更相感动”①，因此在自然界中要想和谐三气缺一不可，并且只有阴阳二气的相互和谐产生中和之气，才能有自然界的太平。“故纯行阳，则地不肯尽成；纯行阴，则天不肯尽生，当合三统，阴阳相得，乃和在中也。古者圣人治致太平，皆求天地中和之心，一气不通，百事乖错。”②《太平经》还说：“三气合并为太和也，太和即出太平之气。断绝此三气，一气绝不达，太和不至，太平不出。阴阳者，要在中和。中和气得，万物滋生，人民和调。”③

在促进人与自然和谐方面，《太平经》还进一步指出，人是自然万物的一部分，也是自然中和之气所生，因此人类不能妄自尊大，以自己为中心，把大自然当成自己征服和统治的对象，而应把自己视为自然万物共同体中的一员。《太平经》说：“夫人命乃在天地，欲安者，乃当先安其天地，然后可得长安也。”④ 要“安天地”，就要认识和掌握自然规律，按自然规律办事，顺应自然万物的各自本性，不可强行违背天地万物本性：“天地之性，万物各自有宜，当任其所长，所能为，所不能为者，而不可强也。”⑤ 人如果不能顺应天地自然之度数时节，天将降下灾异以病害人类。《太平经》中说：“天者主生，称父；地者主养，称母；人者主治理之，称子。父当主教化以时节，母主随父所为养之，子者生受命于父，见养食于母。为子乃当敬事其父而爱其母。……父教有度数时节，故天因四时而教生养成，终始自有时也。夫恶人逆之，是为子不顺其父，天气失其政令，不得其心。天因大恶人生灾异，以病害其

---

① 王明编:《太平经合校》,中华书局1960年版,第18页。
② 王明编:《太平经合校》,中华书局1960年版,第18页。
③ 王明编:《太平经合校》,中华书局1960年版,第19~20页。
④ 王明编:《太平经合校》,中华书局1960年版,第124页。
⑤ 王明编:《太平经合校》,中华书局1960年版,第203页。

子。”① 因此，人只有顺应天地自然，才能实现人与天地自然的和谐：“得天地意者，天地为和，人法之其悦喜。得天地人和悦，万物无疾病，君臣为之常喜。”②

《太平经》指出人与天地万物的和谐，还要珍惜爱护自然万物，不应索取无度大肆破坏，应限于维持基本生存即可。“慎无烧山破石，延及草木，折华伤枝，实于市里，金刃加之，茎根俱尽。其母则怒，上白于父，不惜人年。人亦须草自给，但取枯落不滋者，是为顺常。”③《太平经》认为“地者万物之母也”，“人以地为母，得衣食焉”④，并且人类居住大地之上应该限于避风御寒，爱护大地，人与大地都相互有利。“人不妄深凿地，但居其上，足以自彰隐而已，而地不病之也。大爱人使人吉利。”⑤ 不应当“共穿凿地，大兴起土功，不用道理，其深者下着黄泉，浅者数丈”⑥，并认为“泉者，地之血；石者，地之骨；良土，地之肉”⑦。反对人们对万物之母的大地横加挖掘、损伤，否则就会受到上天和神灵的惩罚，“今有一家有兴功起土，数家被其疾，或得死亡，或致盗贼县官，或致兵革斗讼，或致蛇蜂虎狼恶禽害人。大起土有大凶恶，小起土有小凶恶，是即地忿忿，使神灵生此灾也”⑧。“伤地形，皆为凶。深贼地，多不寿。”虽然含有封建迷信色彩，但《太平经》提出爱护土地资源，呼吁合理开发利用，不可竭泽而渔两相害的做法，对于现代人类提高环保意识，保持与天地万物和谐发展具有巨大的启迪作用。

---

① 王明编:《太平经合校》,中华书局 1960 年版,第 113 页。
② 王明编:《太平经合校》,中华书局 1960 年版,第 587 页。
③ 王明编:《太平经合校》,中华书局 1960 年版,第 572 页。
④ 王明编:《太平经合校》,中华书局 1960 年版,第 114 页。
⑤ 王明编:《太平经合校》,中华书局 1960 年版,第 114 页。
⑥ 王明编:《太平经合校》,中华书局 1960 年版,第 114 页。
⑦ 王明编:《太平经合校》,中华书局 1960 年版,第 120 页。
⑧ 王明编:《太平经合校》,中华书局 1960 年版,第 116 页。

三、社会成员之间的和谐共生

《太平经》中除了重视自然和谐之外，同时蕴涵着丰富的社会政治和谐的思想，其核心就是君臣民“并力同心”之说，《太平经》认为君臣民三者是构成社会乃至国家的基本要素，“君为父，象天；臣为母，象地；民为子，象和”①。并且三者相互连通，一荣俱荣，一损俱损，“天之法，常使君臣民都同，命同，吉凶同”。因此，《太平经》指出：“君臣民相通，并力同心，共成一国。”“君者须臣，臣须民，民须臣，臣须君，乃后成一事，不足一，使三不成也。故君而无民臣，无以名为君；有臣民而无君，亦不成臣民；臣民无君，亦乱，不能自治理，亦不能成善臣民也；此三相须而立，相得乃成，故君臣民当应天法，三合相通，并力同心，共为一家也，比若夫妇共为一家也，不可以相无，是天要道也。”② 由此可以看出，《太平经》认为君臣民三者缺一不可，应相互合作，同心同德，甘苦与共，只有三者相辅相成才能建立和谐太平的一家。若有一者不能同心同德，就会妨碍社会和谐太平的政治局面：“人君之心不畅达，天心不得通于下……臣气不得达，地气不得成，忠臣何从得助明王为治哉？……民气不上达，和气何从得兴？”③

如何才能实现太平呢？《太平经》认为为君者应当常思太平，“合天心”“得天意”，这样才能“与天善气合”，“魂神”才能得到快乐。要不然人君死后“魂神”也要在地下受责难。《努力为善法第五十二》中说：“其为人君者，乐思太平，得天之心，其功倍也，魂神得常游乐，与天善气合。其不能平其治者，治不合天心，不得天意，为无功于天上，已到终，其魂神独见责于地下，与恶气合处。是故太古上圣之君，乃知

① 王明编：《太平经合校》，中华书局 1960 年版，第 150 页。

② 王明编：《太平经合校》，中华书局 1960 年版，第 150 页。

③ 王明编：《太平经合校》，中华书局 1960 年版，第 20 页。

此，故努力也。愚人不深计，故生亦有谪于天，死亦有谪于地。”① 同时，《太平经》指出君主还要善于听取臣下的意见，取长补短；而作为臣、民，最重要的是忠、孝、顺，“故人生之时，为子当孝，为臣当忠，为弟子当顺，孝忠顺不离其身，然后死魂魄神精不见对也”②。

《太平经》指出君主治理国家还要恩及各民族，保持民族之间和睦共处：“大人治道，以平天下，救四海，恩及夷狄，祸不得起，其善证日生，凶不得来。”③ 强调各民族之间要团结一心。卷八十八《作来善宅法》云：“毕得天地人及四夷之心，大乐日至，并合为一家，共成一治者也。”④

《太平经》吸纳了《易经》阴阳的思想指出：“天下凡事，皆一阴一阳，乃能相生，乃能相养。一阳不施生，一阴并虚空，无可养也；一阴不受化，一阳无可施生统也。”⑤ 阴阳的对立统一是万事万物的普遍规律，独阳不生，孤阴不养，二者相互结合，才能相生相养，发挥其各自的功能。《太平经》进而指出：“男女不相得，便绝无后世。天下无人，何有夫妇父子君臣师弟子乎？以何相生而相治哉？”⑥ 这就是说，男女双方的相和相得是人类社会得以存在发展的基础，妇女的地位得到了公正的确认。由这一思想出发，《太平经》强烈反对歧视妇女、残害女婴的行为，认为残害妇女的行为是导致社会不和谐，王治不得太平的原因之一：“今天下失道以来，多贱女之，而反贼杀之，令使女子少于男，故使阴气绝，不与天地法相应……灾害益多，使王治不得平。”《太平经》从阴阳和谐的观点出发，认为男女之间也应该和谐相处，“阴阳相与合乃能

① 王明编：《太平经合校》，中华书局1960年版，第74页。
② 王明编：《太平经合校》，中华书局1960年版，第408页。
③ 王明编：《太平经合校》，中华书局1960年版，第730页。
④ 王明编：《太平经合校》，中华书局1960年版，第333页。
⑤ 王明编：《太平经合校》，中华书局1960年版，第221页。
⑥ 王明编：《太平经合校》，中华书局1960年版，第44页。

生”①，“天地中和同心，共生万物。男女同心而生子，父母子三人同心，共成一家，君臣民三人共成一国”②。《太平经》认为女性为人类整体之“一”必不可少的一半，认为“男女各出半力，同志和合，乃成一家”③。男女共同构成了人类的整体，男女之间是平等相依的。

《太平经》中关于“和”的思想，由于受到当时社会政治文化的影响，具有一定的局限性，并且以宗教的形式提了出来，在当时无疑是非常具有超前性的，这也可能是不被当时上层社会所接受的原因之一。但是，它提出的“天地人共为一家”的生态理念，“男女同心而生子，父母子三人同心，共成一家，君臣民三人共成一国”以及“天地人及四夷之心，大乐日至，并合为一家”的太平社会的思想，对建设一个人与自然、人与人之间和谐发展的新社会都具有十分重要的现实意义。

---

① 王明编:《太平经合校》,中华书局 1960 年版,第 678 页。
② 王明编:《太平经合校》,中华书局 1960 年版,第 149 页。
③ 王明编:《太平经合校》,中华书局 1960 年版,第 715 页。

《太平经》成书的中间环节
——“洞极之经”年代考论

姜守诚

（中国社会科学院哲学研究所副研究员）

内容提要：《太平经》的成书问题历来为学者所关注。本文结合有关史料，考证和分析了《太平经》成书的一些演变情况。作者指出，“洞极之经”是《太平经》成书过程中的中间过渡环节，是书之编撰想法似源于王莽执政时期。“洞极之经”对后世《太平经》成书及性质之落实也具有重要意义。

关键词：《太平经》　“洞极之经”　新莽政权　敦煌道经

《太平经》研究的一项重要内容，就是如何判定其成书过程及造作情形。这一点若是没有搞清楚，将会妨碍对文本进行全面、准确的理解和把握。但是，恰恰在这个问题上由于缺乏有力证据而始终无法给以定论。从20世纪30年代始，中外学者围绕这一课题展开讨论，各自提出不同的见解，一时间异说纷纭、辩驳不休，有些争论至今仍在延续。其实，这个问题又可分为若干“子议题”：《太平经》有无初始的本子（底本）与最终的结集本（定本）?[①] 今存《道藏》中五十七卷《太平经》之来历，以及是否就是当初传世经书（定本）的残卷?《太平经》由最初时的底本到最终的定本经历过怎样的编纂过程? 期间，诸多传本之间是否沿袭一贯的编辑方法、原则和体例?[②] 另外，还有一些相关问题：譬如，《太平经》的性质定位及编撰者是谁（或谁们）等? 近70年来，学者多从不同角度提出自己的推测和看法，并取得了丰硕成果。其中，有些问题似已得到了合理解答。例如，对于现存《太平经》（残卷）定本的成立年代，学界就基本达成较一致的认识，即认为至迟当不会晚于东汉中后期（汉末灵、献帝之际）。[③] 但是，对于《太平经》定本出世前

① 何谓《太平经》之"定本"? 王平先生认为：当以一百七十之卷数的出现为标志，"盖一百七十之卷数，为今本《太平经》之重要形式特征与识别标志，当不成问题，换句话说，今《道藏》本《太平经》作为定本是与一百七十卷编次的固定化相联系的。只有具备此项特征，才可称之为《太平经》"。（王平：《〈太平经〉研究》，台湾文津出版社1995年版，第11页）笔者赞成这一说法，同时也指出《太平经》一百七十卷（共计366篇）定本出现之后，历经师徒间的授受、传承，不排除又遭整理和编辑之可能，另外，也不排除《太平经》在东汉成书之后的流传过程中还会存有其他几种不同传本（或写本）。汤用彤先生曾指出："正统本《太平经》原出于一残缺不完之卷子本。而此卷子本所根据之写本，或出于陈末唐初之间。"（氏作：《读〈太平经〉书所见》，载氏著：《汤用彤学术论文集》，中华书局1983年版，第58页）故本文所言"定本"，是指最早出现的《太平经》结集本（一百七十卷）。据今所知，著录"神书"（《太平经》）卷数为一百七十卷之最早者，当推东汉灵、献帝时牟融所撰《牟子理惑论》，其云："问曰：王乔、赤松，入仙之箓，神书百七十卷。长生之事与佛经岂同乎?"（僧祐撰：《弘明集》卷一，上海古籍出版社1991年版，第6页）

② 据敦煌遗书《太平经目录》记载，《太平经》第三十四卷中有一篇经文题曰《造作经书法第三十九》，想必其内容是说明《太平经》或"洞极之经"的编书动机及其体例、原则等情况，可惜业已失传。

③ 汤用彤、王明先生等先后从文献考证的角度撰文分析《太平经》的成书问题，认为现存《太平经》基本上应属于汉代作品。另外，饶宗颐先生则将《太平经》与《老子想尔注》《说文解字》等相对照，指出《太平经》和《老子想尔注》所发挥的"太平"与"三合相通"之义均属汉代思想；《太平经》所运用的解字方式与《说文解字》有相通之处，故其在声形训方面保存了不少汉时的文辞旧训。日本学者小柳司气太、大渊忍尔等认为《太平经》从思想内容上看大致属于汉代著作，但至六朝时濒临散逸，后经上清派道士（抑或桓法闿、周智响等）加以收集和编辑，重新恢复了东汉时的旧体例和格式。（详见小柳司气太：《後漢書襄楷傳の太平清領書と太平經の關係》，载桑原博士还历纪

的具体演变过程及底本与定本之间的关系等问题，学术界仍是评论诸多见仁见智，迄今尚未达成共识。笔者试从有关史料入手分析《太平经》从底本到定本的具体演变过程，指出："洞极之经"（或称"洞极经"）是《太平经》成书的中间过渡环节，是书之编撰想法似源于王莽执政时期。"洞极之经"或许并未全部完成，可能仅获部分结稿，终因新莽王朝的灭亡而被迫放弃撰就全书的计划。[①]然而，不管"洞极之经"在王莽时代是否得以完稿，但至少可以确定，这部经书无论从编纂体例、规模设想、框架结构还是对候选经文之筛选标准等方面均已告成熟，并对《太平经》成书具有不容忽视的指导意义。虽然，今本《太平经》已严重残缺（仅存57卷、126篇），但有关"洞极之经"的踪迹线索仍或明或隐地得以保留。据现存的某些信息来看，"洞极之经"若得成书将不愧是一部精思杰构之作。笔者试图找出这些直接的经文证据，并结合有关史料加以论证，强调"洞极之经"对于《太平经》成书的作用："洞极之经"是促使《太平经》由方术、谶记之学向早期道教百科全书式著作转变的一个重要阶段，至少可以说为这一次重大转变奠定了思想基础。

（接上页注文）念论文集刊行会：《桑原博士还历纪念——东洋史论丛》，京都弘文堂书局1930年版；大渊忍尔：《太平經の來歷について》，《东洋学报》1940年27卷2期）福井康顺则认为《后汉书·襄楷传》中载干吉《太平清领书》即后世道教所奉《太平经》。但从历史上看，似存在数种《太平经》。今本《太平经》乃梁、陈时茅山道士所造作而成。（详见氏著：《道教の基础的研究》，东京理想社1952年第1版，东京书籍文物流通会1953年第2版、1965年第3版，第214～255页。此书后收入《福井康顺著作集》，法藏馆1987年版）台湾学者李丰楙先生承袭福井氏的看法，认为今本乃经六朝上清派道士改编过（详见氏著：《许逊与萨守坚：邓志谟道教小说研究》，台湾学生书局1997年版，第27页）。近年，刘昭瑞先生在其撰《〈太平经〉与考古发现的东汉镇墓文》一文中利用考古材料进一步论证《太平经》的撰述年代当是东汉时期。

① 汉末王莽之乱，导致秘府所藏书籍散佚严重。如据《隋书》卷四九《列传十四·牛弘》载："及王莽之末，长安兵起，宫室图书，并从焚烬。"（魏征、令狐德棻撰：《隋书》，中华书局1973年版，第1298页）古人亦称此为书之"五厄"（或"十厄"）之第二。即使编成了此书，恐怕也难逃兵火之厄运。

一、“洞极之经”等称谓在今本《太平经》中出现频率之统计与分析

西汉成帝时（前33～前7）①，齐人甘忠可诈造《包元太平经》十二卷②进献朝廷，被认为是“假鬼道罔上惑众”，遂下狱而死；哀帝建平二年（前5），夏贺良等人再次献书，虽得以采纳但仅历时月余便因夏氏“欲妄变政事”“其言亡验”而遭取缔。此后近一个半世纪中，《太平经》之传承情况未见有史书记载。直至东汉顺帝（125～144）时，“琅邪宫崇诣阙，上其师干吉于曲阳泉水上所得神书百七十卷……号《太平清领书》……有司奏崇所上妖妄不经，乃收臧之”③（《后汉书·襄楷传》）。延熹九年（166），襄楷先后两次上疏游说桓帝接受“宫崇受干吉神书”，亦以失败告终。④ 可见，近150年间，《太平经》已从西汉哀帝时的十二

---

① 《太平经》卷一百二《神人自序出书图服色诀》记载了师徒间关于“神书”入世时间问题的一段问答：（真人问）“宜何时出此止奸伪兴天地道之书乎？”（天师答）“乙巳而出，以付邮客，而往通之者也。后世岁岁在玄甲乃出之……乃以书前后付国家，可以解天地初起以来更相承负之厄会也。”（《太平经合校》，第459～460页）据此推断，甘氏献书的确切时间当是汉成帝永始元年（前16），此即恰合“乙巳”年。

② 东晋葛洪《抱朴子内篇·遐览》记载郑隐所藏道书中即有《包元经》，似与《包元太平经》有关，或是同书异名，或为后者之别本。〔王明：《抱朴子内篇校释》（增订本），中华书局1985年版，第334页〕

③ 范晔撰，李贤等注：《后汉书》，中华书局1965年版，第1084页。

④ 《太平经》卷一百十二《不忘诫长得福诀》云：“太平之书三甲子乃复见理”（《太平经合校》，第583页），即是说几次献书时间的间隔是180年。结合前文中“（神书）乙巳而出”之句，可知“乙巳”年当是延熹八年（165）。《后汉书·襄楷传》记载襄氏于延熹九年先后两次诣阙上疏，其中第一道奏疏有云：“臣前上琅邪宫崇受干吉神书，不合明听。”（范晔撰，李贤等注：《后汉书》，第1080页）如此可见，襄氏在延熹九年上疏之前就已有过一次献书行动，可能是因为那次动静不大，故未见载于史书。也就是说，襄氏在汉桓帝时期先后进行了两次献书动作：第一次未能引起朝廷的重视。第二次则被致罪论刑。种种迹象表明，襄氏的第一次献书当是延熹八年，即165年。如此，就与《太平经》中关于“神书”出世时间的说法相吻合。

卷增扩至东汉顺帝的一百七十卷。① 在此期间，经历了怎样的过程，经由谁手加以润色和增扩，原先的初始本子与传世的定本从结构、内容到思想、性质上是否存有差异，等等。实际上，有关《太平经》成书的一些细节已无从深究。我们仅能从残存的只言片语中去找寻由《包元太平经》（十二卷）到《太平清领书》（一百七十卷）之成书过程的蛛丝马迹，并试图将一些想法结合有关史料加以陈述，对考证过程中遇到的诸多"盲点"，只能进行逻辑上的推断，以期弥补史料上的缺憾。

我们对现存《太平经》的几种本子〔指收藏于《正统道藏》的《太平经》(残卷)、《太平经钞》、《太平经圣君秘旨》〕进行全文检索，找出与"洞极之经"相关的几种称谓②，现将它们连同上下经文以表格形式罗列如下：

称谓	经文内容	出处	页码③
无极之经④	积习近成，思善近生。夫道者，乃无极之经也。	《太平经》缺佚，《太平经合校》采《太平经钞》乙部补充	第25页

① 陈国符先生在谈到《包元太平经》与《太平清领书》之渊源问题时，认为："据传，此经(指《包元太平经》—笔者注)述灾异广嗣益寿。盖与宫崇所上《太平经》说相似。疑与后汉于吉《太平经》，或有关系，亦未所知。"(氏著：《道藏源流考》，中华书局1963年版，第82页)此后，一些学者如陈撄宁、李养正等各自从不同角度(例如，二书之内容及其传承人的乡里关系等)加以具体论证，陈述《包元太平经》与《太平清领书》之间的内在联系以及二者对后世《太平经》之影响。对于"神书"——《太平清领书》(一百七十卷)与现存《太平经》之关系问题，学者们基本上已达成较一致看法，《太平清领书》和《太平经》乃属书名之变迁，名异实同，道藏本《太平经》大体是这部"神书"的残本。详见汤用彤、傅勤家、王明、陈撄宁、熊德基、喻松青、卿希泰以及日人小柳司气太、大渊忍尔等之论述。

② 《太平经》共出现4种相关称谓："洞极之经"8处、"洞极经"3处、"无极之经"2处、"洞极天地阴阳之经"1处。此外，还出现"洞极"字样者23处。

③ 为了方便检索，笔者以《太平经合校》为底本标注页码。另外，引述之经文乃依《太平经合校》中所出现的先后顺序依次录定。

④ 《抱朴子内篇·遐览》所著录的道书目录中有《无极经》之名，其是否与"洞极经"有关，亦未可知。〔王明：《抱朴子内篇校释》(增订本)，第334页〕

（续表）

称谓	经文内容	出处	页码①
洞极天地阴阳之经	如都拘校道文经书，及众贤书文、及众人口中善辞诀事，尽记善者，都合聚之，……以类更相微明，去其复重……名为洞极天地阴阳之经。	《太平经》卷四十一《件古文名书诀》	第85页
洞极之经	其为道乃拘校天地开辟以来，天文地文人文神文皆撰简得其善者，以为洞极之经……	《太平经》卷四十一《件古文名书诀》	第87页
洞极之经	今天师言，乃都合古今河洛神书善文之属，及贤明口中诀事，以为洞极之经，乃后天地开辟以来，灾悉可除也，帝王长游乐，垂拱无忧也。	《太平经》卷八十八《作来善宅法》	第331～332页
洞极之经	所上略同，使众贤明共集次之，编以为洞极之经，因以大觉贤者，乃以下付归民间，百姓万民，一旦俱化为善，不复知为恶之数也。	《太平经》卷八十八《作来善宅法》	第333页

① 为了方便检索，笔者以《太平经合校》为底本标注页码。另外，引述之经文乃依《太平经合校》中所出现的先后顺序依次录定。

（续表）

称谓	经文内容	出处	页码①
洞极之经	卷投一善方，始善养性之术，于书卷下，使众贤诵读，此当为洞极之经竟者。	《太平经》卷八十八《作来善宅法》	第337页
洞极之经	上第一善者，去其邪辞，以为洞极之经，名洞极之经名为天洞极政事，乃后天地之病，且悉除去也。	《太平经》卷九十一《拘校三古文法》	第348页
洞极经	愿问天地何故一时使天下人共集辞策及古今神圣之文以为洞极经乎？	《太平经》卷九十一《拘校三古文法》	第349～350页
洞极之经	从神文圣贤辞，下及庶人奴婢夷狄，以类相从，合其辞语，善者以为洞极之经。	《太平经》卷九十一《拘校三古文法》	第354页
洞极经	右天怨地咎国之害征立洞极经文	《太平经》卷九十一《拘校三古文法》之篇末案语	第364页
无极之经	今者为大化出万二千国历运周，故天使真人来问无极之经，洞竟之政，故以文付百有德之国。	《太平经》卷九十三《国不可胜数诀》	第396～397页

① 为了方便检索，笔者以《太平经合校》为底本标注页码。另外，引述之经文乃依《太平经合校》中所出现的先后顺序依次录定。

（续表）

称谓	经文内容	出处	页码①
洞极经	大集具正事，考本天地之根，以除天恐地咎国之害，立洞极经。	《太平经钞》己部	第467页
洞极之经	故施洞极之经，名曰太平。能行者得其福，不者自令极思，聚身无离，常报应不枉人，所不者施恶于人。	《太平经》卷一百十二《有过死谪作河梁诫》	第576页
洞极之经	故教人拘校古今文集善者，以为洞极之经，定善不可复变易也，虽圣贤之人不能复致其文辞。	《太平经》缺佚，《太平经合校》采《太平经钞》辛部补充	第686页

据上述内容分析后发现，“洞极之经”等称谓仅出现于若干章节：《太平经》卷四十一《件古文名书诀》、卷八十八《作来善宅法》、卷九十一《拘校三古文法》、卷九十三《国不可胜数诀》、卷一百十二《有过死谪作河梁诫》以及《太平经钞》乙部和辛部。② 此外，经文中出现“洞极”字样者③，除上述章节外，还有：《太平经》卷四十八《三合相通诀》、卷六十七《六罪十治诀》、卷六十八《戒六子诀》、卷六十九《天谶支干相配法》、卷七十一《真道九首得失文诀》、卷九十二《万二千国始火始气诀》和《洞极上平气无虫重复字诀》、卷九十六《守一入

① 为了方便检索，笔者以《太平经合校》为底本标注页码。另外，引述之经文乃依《太平经合校》中所出现的先后顺序依次录定。

② 《太平经》的这几卷原文缺佚，故采拟《太平经钞》之相应经文予以补充。

③ “无极”一词，在《太平经》中也反复出现，通常是作为形容词来使用，并非特定的专有名词。故对其不予考虑。

室知神戒》、卷一百十六《某诀》和《阙题》、卷一百十八《禁烧山林诀》和《太平经钞》戊部。另外，敦煌本《太平经目录》中也有两篇题名内含“洞极”字样：卷九十二《洞极上平炁无虫僮复家》（此篇即道藏本《太平经》中《洞极上平气无虫重复字诀》）；卷一百六十四《洞极纲纪目留天使好》（今本缺佚此篇）①。

有学者从语体文风之差异角度，将道藏本《太平经》五十七卷分成三类：“散文体”（或称“说教体”）、“问答体”、“对话体”（或称“会话体”）②。我们对前引经文加以分析，可以发现：这些篇章均属同一种体裁——问答体③，也具有近似一致的文风和语言特征：问答的双方是天师与真人，尊卑关系明确；语言较为通畅；内容比较完整，大多有开场白和结束语，等等。④ 概括地说，这部分篇章（指含“洞极”之语的

---

① 详见李德范辑:《敦煌道藏》(三),中华全国图书馆文献缩微复制中心1999年版,第1659、1666页。另外,敦煌本《太平经目录·后记》中有“或精读洞经,上七世”(第1667页),不知是否与“洞极之经”有关。

② 熊德基:《〈太平经〉的作者和思想及其与黄巾和天师道的关系》,《历史研究》1962年第4期;[日]高桥忠彦:《太平经の会话体の性格について》,《东洋文化研究所纪要》第105期,1988年。关于这三种文体的出世顺序,熊氏认为:“散文体”最早,“对话体”次之,“问答体”最晚;高桥氏认为:“会话体”(即熊氏命名的“对话体”)最早,“说教体”(即熊氏的“散文体”)次之,“问答体”则晚出。笔者则认为,“问答体”其实也不是一时一人之作,其中的一部分属于“洞极之经”,成于(或构思于)王莽时代,之后,东汉时又被陆续加以增饰,故对“问答体”部分也不能一概而论。详见下文析论。

③ 对于《太平经》卷一百十二《有过死谪作河梁诫》的体裁形式,熊德基先生将其列入“散文体”类。研读该篇经文,我们发现:虽然此篇经文没有同时出现问答的双方(通篇是对话主角——疑似“天师”,对真人的解答和宣教,真人所提的问题未在经文中出现),但就文风和用语而言,无疑当属问答体裁。譬如,经文始终围绕着对一个问题的解答而展开。尤其,文章中出现“真人急以此文付有德之国,各令自责有知,可复竟其天年”之句。其中,“真人急以此文付……”这一话语套路,在《太平经》的问答体经文中随手翻检不难碰到,称得上是问答体的标志性用语。因此,我们判断:此篇虽然缺乏严格的问答形式,但也应归入问答体类。对造成其问答形式不规范之原因,笔者推测:此篇经文有可能在流传过程中有所散失,或是遭后人删减。总之,可以肯定,现今留存的卷一百十二《有过死谪作河梁诫》篇当非昔日之全貌,原文可能是问答体。

④ 问对体作为一种灵活的写作形式,乃被众多古代典籍所采用,如《黄帝内经》《白虎通》等均属此类。

诸篇）明显属于同一时代的作品，基本可以判定是出自一人（或持有相同或相近观点的写作班子）之手。种种迹象表明：这些章节不同于《太平经》的其他部分，当源出同一个体系（姑且称之为“洞极之经”）。“洞极之经”反映的时代背景，不同于定本的成书时代——东汉中后期，而应早于此。但是，它显然又晚于《包元太平经》，且与《包元太平经》有较大区别。（详见下文）在考察“洞极之经”的时代归属之前，我们先来厘清《太平经》著作过程中的几个传本情况。

二、“洞极之经”与《包元太平经》《太平洞极经》《太平清领书》之关系

“洞极之经”不是孤立的存在，有前缘，也有后续。① 或者说，“洞极之经”作为《太平经》成书的一个重要环节，显然具有承上启下的作用（是“接着讲”，不是“照着讲”）。所以说，考察“洞极之经”的著作年代，必须对《太平经》的整个演变过程有一个总体把握。下面，我们对《太平经》诸本及其关系加以介绍。

（一）《太平洞极经》的若干线索及其与“洞极之经”的关系

第一，有关《太平洞极经》的文献记载。

有关《太平洞极经》的文献记录十分少见，鲜见的相关叙述也多语焉不详，或是充斥神秘色彩、难以尽信。《道教义枢》② 卷二《七部义》谈到《太平洞极经》之来历及其与《太平经》之关系时说：“然其（指

---

① 《太平经钞》辛部云：“今天之出书，神之出策符神圣之文，圣人造文造经，上贤之辞，此皆言也。”（《太平经合校》，第692页）引文透露出“洞极之经”有所秉承以及《太平经》（定本）是逐步得以完成等信息。

② 有关《道教义枢》的作者及成书年代，学者尚无定论。陈国符先生曾认为该书是由南朝道士孟景翼所作。日本学者如吉冈义丰则认为此书乃出自唐代道士孟安排之手，故当成于唐高宗初年。此说为学界所普遍接受。

《太平经》——笔者注）卷数，或有不同。今甲乙十部合一百七十卷，今世所行。按《正一经》云，有《太平洞极之经》一百四十四卷。此经并盛明治道，证果修因，禁恶众术也。其《洞极经》者，按《正一经》，汉安元年，太上亲授天师，流传兹日。若甲乙十部，按《百八十戒》云，是周赧王时，老君于蜀，授琅琊干吉。至汉顺帝时，宫崇诣阙，上其师干吉所得神书百七十卷，号《太平经》。帝不信，其经遂隐。”① 也就是说，在《道教义枢》所处的那个时代，世人对《太平洞极之经》与《太平经》之关系的认识已经开始模糊。因此只能依据推断，认为：《太平洞极之经》同“甲乙十部”一样，可能都是《太平经》的别本。② 现代学者也大都持这种看法。③

上述引文对《太平洞极经》成书的过程及编作者等情况，均未详细记载。所谓“汉安元年，太上亲授天师”，也显然是出于道门杜撰，不足为据，但透过这些被神化的授书过程，我们也可以发掘出隐藏在虚构情节背后的有用信息。例如，“汉安元年”是东汉顺帝年号，即公元142年。从这一点上可以判断，《洞极经》成书至迟是在东汉中叶。北宋张君房在《云笈七签》中引述了上段经文，只是在“有《太平洞极之经》一百四十四卷”之后嵌入一句：“今此经流亡殆将欲尽。”④ 由此可知，

① 《道藏》第24册，文物出版社、上海书店、天津古籍出版社1988年版，第814～815页。

② 有关《太平经》的异名或别本的现象，早在东晋时期就已经出现。如葛洪《抱朴子内篇·遐览》中就记载了《太平经》的两种不同版本：《太平经》五十卷、《甲乙经》一百七十卷。〔详见王明：《抱朴子内篇校释》（增订本），第333页〕陈国符先生对此认为：“《甲乙经》即《太平经》。而《太平经》五十卷，则疑为此书之别本。”（氏著：《道藏源流考》，第88页）

③ 陈国符先生谈到二书之关系时隐讳地点明：“今本《太平经钞》己部庚部，《太平经》卷四十一，卷八十八皆诠《洞极经》。”（氏著：《道藏源流考》，第89页）陈撄宁先生更将此观点推进一步，认为“于吉的《太平青领书》和张道陵的《太平洞极经》这两种书是分不开的，若非一书二名，就是于吉的书已把张道陵的书吞并在内而加以融化了”（氏著：《道教与养生》，华文出版社2000年版，第58页）。

④ 详见《云笈七签》卷六《三洞经教部》。《道藏》第22册，第36页。

《太平洞极经》在北宋真宗天禧年间即濒临亡佚。之后，此书便踪迹全无。

第二，“洞极之经”与《太平洞极经》之关系。

《太平洞极经》之造作年代，由于缺乏强有力的证据，已无法确切查考。不过，从零星线索上看，似不早于东汉中叶。《太平洞极经》所载之内容与思想，是否残存于今本《太平经》中？学界对此尚有争议。熊德基先生认为，《太平洞极经》即《太平经》问答体部分（并且认为，问答体全部出自襄楷之手），一百四十四卷之卷数可能就是《太平经》问答体之篇数。① 我的看法是：“洞极之经”似在《太平洞极经》之前，“洞极之经”与《太平洞极经》虽然有很深的渊源，但二者不能混同。准确地说，“洞极之经”可能还仅处于设想阶段，不过是一个提纲或草案。当然，也不排除其中的一部分或某些部分已得以付诸文字。《太平洞极经》则是沿着这一设想，将预先的提纲加以扩充并使之初步成型的结果。即是说，《太平洞极经》是在“洞极经”之框架下，将《太平经》的早期文本（包括“本文”、《包元太平经》等）结合他类经书，加以改造后的一种凑集或合流。至于《太平洞极经》是否彻底地贯彻了这一初始设想以及最终推进到何等程度，也就无从得知了。不过，就目前残存的若干篇章和段落来看，这一著述计划显然未能完全展开。

（二）“洞极之经”与《包元太平经》《太平清领书》之关系

第一，“太平本文”及其与《包元太平经》之关系。

有学者已指出，《包元太平经》似有一个前身，即“太平本文”。这

① 详见熊德基：《太平经的作者和思想及其与黄巾和天师道的关系》，《历史研究》1962年第4期。

个“本文”最初可能只有很少数卷、是个“秘传的简单的草本”①，王明先生称其为“太平本文”②。这部分经文的成形年代当属较早，陈撄宁先生曾对《包元太平经》一书的思想渊源分析说：“（该书）是根据秦汉之交燕齐一带海上方士所传授的资料而编写出来的，他们的老祖师就是战国时代以谈天说地名重诸侯的齐国稷下人驺衍。”③ 总之，“太平本文”是《包元太平经》一书之造作基础。

那么，今本《太平经》有哪些篇章是属于“太平本文”的范畴？此问题难度极大，非短时研究可以解决。笔者认为，不妨先据可能性暂将其中似属“太平本文”的那些章节划分为三个层次：第一层包括《复文》④ 和《师策文》⑤。这部分内容当属先秦、秦汉时期神仙方术的祝由或谶语。⑥ 相关证据表明，它们早在《包元太平经》之前业已存在。第二类包括《移行试验类相应占诀》《丹明耀御邪诀》《神祝文诀》《葬宅诀》《有德人禄命诀》等诸篇，以及若干图形（某些篇章虽存文字说明，图却已亡佚）。这些部分似亦属先秦时期流行的各种迷信、巫术、方技之反映。第三类，其他散文体裁部分的《太平经》某些章节段落可能也属于“太平本文”，目前尚缺乏确切史料之证实。总的说来，“太平本文”

---

① 王明：《论〈太平经〉的成书时代和作者》，载氏著：《道家和道教思想研究》，中国社会科学出版社 1984 年版，第 199 页。

② 王明先生曾说：“我相信《太平经》先有‘本文’若干卷，后来崇道的人继续扩增，逐渐成为一百七十卷。”（《太平经合校·前言》，第 2 页）

③ 陈撄宁：《道教与养生》，华文出版社 2000 年版，第 53 页。

④ 《太平经复文序》载：“凡四部，九十五章，二千一百二十八字，皆《太平本文》。”（《道藏》第 24 册，第 598 页）

⑤ 《师策文》又名《天策书》，此见卷一百十九《三者为一家阳火数五诀》所云：“……故《天策书》非云邪：‘丙午丁巳为祖始。’”（《太平经合校》，第 679 页，标点略作修正）

⑥ 据日本学者小柳司气太推测，这些篆书似别体之文字乃大抵属于咒文之类。（小柳司气太：《後漢書襄楷傳の太平清領书と太平經の關系》，载桑原博士还历纪念论文集刊行会：《桑原博士还历紀念——东洋史论丛》，京都弘文堂书局 1930 年版；此文又载《東洋思想の研究》，东京森北书店 1942 年版）

的基本特征可以称是“多巫觋杂语”。这部分内容，多被《包元太平经》一书所承袭。

第二，《包元太平经》与《太平清领书》之关系及“洞极之经”所处之环节。

《包元太平经》与《太平清领书》之间是否存在渊源关系？对此，陈寅恪先生持肯定态度。他在1933年发表的《天师道与滨海地域之关系》一文中认为二者存在一些明显的共同特征，如：共同的地域特征——齐地或临近海滨，相似的内容与旨趣——兴国广嗣之术。[①] 随后，汤用彤先生从元气论、主火德、兴国广嗣之术等角度入手，分析指出：“由此言之，则于吉之书（按：《太平清领书》），疑上接甘忠可（按：《包元太平经》）也。”[②] 蒙文通先生也认为：“《包元太平经》，是为早期道教经典《太平经》之权舆。”[③] 概括说来，《包元太平经》十二卷是《太平清领书》之前身之一（或其中之一部分），后者是以前者（以及日后的其他文本）为蓝本加以增补和扩充而成。这一观点已得到学界的广泛认同。然而，从《包元太平经》到《太平清领书》的近150年间，存在大量的认知空白。然而，可以肯定的是，这一增衍过程（从十二卷到一百七十卷），显然有一个类似文本的东西辗转于众人之手，想必也会存在一个传承谱系。经过师徒之授受，原始文本才得以不断地充实和发展。期间，文本性质可能出现过几次比较大的变动。种种迹象表明，“洞极之经”介于《包元太平经》和《太平清领书》之间，是二者的中间过渡环节。（详见下文）从《太平经》成书的整个发展脉络来看，“洞极之经”无疑填补了前文所说的那段盲区。

---

① 陈寅恪在该文中说道：“其言（指《包元太平经》——笔者注）亦与后来《太平清领书》所记兴国广嗣之术约略相似。”（详见氏作：《天师道与滨海地域之关系》，载《陈寅恪先生论集——“中央研究院”历史语言所特刊之三》，台湾商务印书馆1971年版，第283页。）

② 汤用彤：《读〈太平经〉书所见》，载氏著：《汤用彤学术论文集》，第66页。

③ 蒙文通：《道教史琐谈》，氏著：《古史甄微》，巴蜀书社1987年版，第315页。

第三，《太平清领书》与《太平经》（定本）之关系。

《太平清领书》与《太平经》（定本）是否就是一回事？换句话说，《太平清领书》能否称得上是《太平经》（定本）之完成者？历代文献中，最早述及此问题的，当推唐代李贤。他在注释《后汉书·襄楷传》中所言“神书”——《太平清领书》时说道：“神书，即今道家《太平经》也。”① 日本学者小柳司气太则于1930年撰文考订《道藏》本《太平经》即汉代的《太平清领书》，今本《太平经》应与李贤所见之唐本无异。② 此后，有不少中外学者讨论过这个问题，大部分人赞同小柳氏的观点，认为可将《太平清领书》等同于《太平经》。我的观点是，《太平清领书》可能是《太平经》最早的定本，但不排除这一定本在成书后的流传过程中或又经编辑和修订。至于《道藏》本《太平经》所据乃何种传本，汤用彤先生推断说：“正统本《太平经》……所根据之写本，或出于陈末唐初之间。”③ 李刚先生也认为，“《敦煌目》与今残存《太平经》及《钞》的排列顺序不同，反映的可能正是两种不同的本子”。④ 这两种本子分别是“敦煌本”和“上清本”，并且“敦煌本更多地保存了原初风貌”⑤。敦煌本《太平经目录·序文》曾谈到《太平清领书》，兹录如下：“世多耶巧，托称道云，千端万伎，朱紫盘礴。故记三合以别真，上下二篇法阴阳。复出青领太平文，杂说众要，解童蒙心。复出五斗米，道备三合，道成契毕，数备三道。虽万恶犹纷，猗公行和，窃号

① 范晔撰，李贤等注：《后汉书》，第1080页。

② ［日］小柳司气太：《後漢書襄楷傳の太平清領害と太平經の關係》，载桑原博士还历纪念论文集刊行会：《桑原博士還歷紀念——東洋史論叢》，京都弘文堂书局1930年版。（又载《東洋思想の研究》，东京森北书店1942年版）

③ 汤用彤：《读〈太平经〉书所见》，载氏著：《汤用彤学术论文集》，第58页。

④ 李刚：《也论〈太平经钞〉甲部及其与道教上清派之关系》，载陈鼓应主编《道家文化研究》（第4辑），上海古籍出版社1994年版，第286页。

⑤ 李刚：《也论〈太平经钞〉甲部及其与道教上清派之关系》，载陈鼓应主编《道家文化研究》（第4辑），上海古籍出版社1994年版，第286页。

之正目，事乖真实，师之所除。”① 这段引文可资证明《太平清领书》在后世之传授等情况。

（三）上述几种经书（传本）传承关系之图表显示

上述看法是对“洞极之经”与《包元太平经》、《太平洞极经》、《太平清领书》以及今本《太平经》之关系的猜测和考察。为了更清晰地标明诸经之传承关系，我们针对不同情况试列两幅图表。如下所示：

表格一：

“太平本文”→《包元太平经》十二卷→“洞极之经”→《太平洞极经》一百四十四卷→《太平清领书》一百七十卷（即《太平经》一百七十卷）

表格二：

↗《太平洞极经》一百四十四卷↘
“太平本文”→《包元太平经》十二卷→“洞极之经”→　《太平经》一百七十卷
↘《太平清领书》　一百七十卷↗

三、“洞极之经”反映的王莽时代背景

“洞极之经”的有关内容和特征，鲜明地反映出王莽执政时期的社会背景。② 故而说，是书之编撰或其想法的提出似属这一时期的产物。具体的论证过程，申论如后。

（一）王莽时代的文化运动

秦火之后，汉初大兴献书之风。汉惠帝四年（前 191）始“除挟书

① 李德范辑:《敦煌道藏》(三),第 1652 页。

② 我们也不否认似属“无极之经”的那些章节传本中会有这个时代之后所增益的文字。

律”①，随后几位皇帝也较重视搜聚民间遗书。对此，《汉书·艺文志》载：“汉兴，改秦之败，大收篇籍，广开献书之路。迄孝武世，书缺简脱，礼坏乐崩，圣上喟然而称曰：‘朕甚闵焉！’于是建藏书之策，置写书之官，下及诸子传说，皆充秘府。至成帝时，以书颇散亡，使谒者陈农求遗书于天下。”② 然，诸汉帝对所献之书大抵停留于汇总和保存——“充秘府”，尚未开展大规模编辑和清理等工作③；求书途径也多限于颁布诏令或派使者访寻而已，其规模和影响是十分有限的。④ 东汉时期，统治者大都疲于应对各种政治危机，无暇顾及书籍之收罗和整理，没有颁布征求天下遗书的诏令，更没有开展过大规模的文化运动。但是，我们注意到《太平经》卷八十八《作来善宅法》却记载了当时世人踊跃献书的情形，兹引如下：

① 详见《汉书·惠帝纪》。班固撰，颜师古注：《汉书》，中华书局 1962 年版，第 90 页。

② 班固撰，颜师古注：《汉书》，第 1701 页。

③ 汉代的典籍、秘书等多藏于石渠阁、天禄阁等处，同时二阁亦是儒学经师校订文字、辩论经义之所。如《文选》卷一《西都赋》云：“又有天禄、石渠，典籍之府。命夫惇诲故老，名儒师傅，讲论乎六艺，稽合乎同异。”（萧统编：《昭明文选》，中州古籍出版社 1990 年版，第 6 页）；卷二《西京赋》又云：“次有天禄、石渠，校文之处。”（萧统编：《昭明文选》，第 20 页）。此外，史书中有关石渠阁的记载，还有《汉书·刘向传》云：“会初立《谷梁春秋》，征更生受《谷梁》，讲论五经于石渠。”（班固撰，颜师古注：《汉书》，第 1929 页）颜师古注引《三辅旧事》云：“石渠阁在未央大殿北，以藏秘书。”（班固撰，颜师古注：《汉书》，第 1929 页）《汉书·韦玄成传》又载玄成于汉宣帝时受诏辅助宪王事，其中有云：“是时王未就国，玄成受诏，与太子太傅萧望之及《五经》诸儒杂论同异于石渠阁，条奏其对。”（班固撰，颜师古注：《汉书》，第 3113 页）《三辅黄图》亦云：“石渠阁……所藏入关所得秦之图籍；至于成帝，又于此藏秘书焉。”（何清谷：《三辅黄图校释》，中华书局 2005 年版，第 339 页）有关天禄阁，《汉书·扬雄传下》载：王莽时，扬雄因符命之事牵连而获罪，“时雄校书天禄阁上，治狱使者来，欲收雄，雄恐不能自免，乃从阁上自投下，几死。……雄以病免，复召为大夫”（班固撰，颜师古注：《汉书》，第 3584～3585 页）。《三辅黄图》亦云：“天禄阁，藏典籍之所。《汉宫殿疏》云：‘天禄、麒麟阁，萧何造，以藏秘书、处贤才也。’刘向于成帝之末，校书天禄阁，专精覃思。”（何清谷：《三辅黄图校释》，第 340 页）

④ 有关汉代校书之情况，详见姚名达撰《中国目录学史》，上海古籍出版社 2002 年版，第 143～145 页。

> 今四境之界外内，或去帝王万万里，或有善书，其文少不足，乃远持往到京师；或有奇文殊方妙术，大儒穴处之士，义不远万里，往诣帝王，衒卖道德；或有黎庶幼弱老小、田家婴儿妇女，胸心各有所怀善字诀事，各有一两十数，少少又不足，使人远赍持往诣京师。①

上述引文出自真人之口，乃向天师描述社会各阶层（包括边疆少数民族地区）积极响应政府号召、踊跃向帝王进献善策殊方的大好景象。不过，真人也指出献书过程中存在的一些现实困难：一些人身怀奇文异术虽想进京献给帝王，但因路途遥远而无法前来。这一难题若得不到解决，将直接影响“洞极之经”候选材料的完备性。“天师”所提出的解决方案将在随后予以讨论。这里想说的是，这一幅踊跃献书的情景与前后两汉的社会现实不相符合，即是说，两汉时期（除王莽执政时）并没有开展过如此大规模的征求遗书活动。如何解释这一矛盾？有学者认为：这是作者的假设或杜撰。② 我们认为，这恐怕是将问题予以简单化处理了。虽然，其中会有某些夸大的成分，但也绝非源出凭空的想象。退一步讲，即使那些完全杜撰的神话，其背后也有特定的现实原型来作为创造依据或模本。笔者以为，上述经文折射的就是王莽执政时期的征书运动。王莽自执政以来十分重视对图书的收集和整理等工作③，并提高福利待遇、优待学者，广征天下博学异能之士，故能“至者前后千数”。

---

① 王明编:《太平经合校》,中华书局1960年版,第331页。

② 苏抱阳先生认为：“文中所写的情况是一种假设，并非当时真的有这么一群乱哄哄的人向帝王献殊方异术。”（氏作：《〈太平经〉成书的几个问题》，《世界宗教研究》1992年第4期，第17页）

③ 《汉书·食货志下》亦记载:“莽性躁扰,不能无为,每有所兴造,必欲依古得经文。”(班固撰,颜师古注:《汉书》,第1179页)此段文字虽旨在贬抑,但也说明王莽对书籍之倚重。从中可见,王莽惯于征引经书来修饰自己的行为。从史料上看,这些经书大多属于儒学、谶纬和神仙等类。

据《汉书·王莽传上》载："是岁（按：元始四年），莽奏起明堂、辟雍、灵台，为学者筑舍万区，作市、常满仓，制度甚盛。立《乐经》，益博士员，经各五人。征天下通一艺教授十一人以上，及有逸《礼》、古《书》、《毛诗》、《周官》、《尔雅》、天文、图谶、钟律、月令、兵法、《史篇》文字，通知其意者，皆诣公车。网罗天下异能之士，至者前后千数，皆令记说廷中，将令正乖缪，壹异说云。"① 可能顾虑到王莽的篡位者形象，班固所撰《汉书·王莽传》对有些史实（尤其涉及王氏功绩的部分），或是一笔带过，或是语焉不详，甚至也会把一些重大事件予以淡化或丑化式处理。② 不过，这些记述仍可反映出王莽在文化建设方面所做的贡献及其不拘旧俗的创新精神。③ 下面，我们对这段引文所含信息予以解读，并结合"洞极之经"的有关内容加以分析和论述。

首先，引文第一句陈述了王莽为勉励学者、选拔贤士以及改善治学条件而设置（其中包括修缮、增扩、新创等）的专门机构和活动场所："明堂"、"辟雍"、"灵台"以及"为学者筑舍万区"。其中，仅就"筑舍万区"这一规模而言，这也完全称得上是一项重大举措。约成书于东汉末、曹魏初的《三辅黄图》对这一史实也给予证实："王莽作宰衡时，建弟子舍万区，起市郭上林苑中。"④ 这是独立设置太学校舍首次见载史书。营造如此多的馆舍在当时引起了不小的社会反响，对文化传播也起到了积极的推动作用。它们的主要职能是招募和供养一批学者（博士官及其从学弟子）从事文化经典的传承与研究，此外是否还承担着其他的辅助性任务——譬如代收世人之献书。由于缺乏史料证据，我们无法得

① 班固撰，颜师古注：《汉书》，第 4069 页。

② 与班固同时代的王充所撰《论衡》一书更将王莽视作与商纣同类："纣之恶不若王莽。纣杀比干，莽鸩平帝；纣以嗣立，莽盗汉位。杀主隆于诛臣，嗣立顺于盗位，士众所畔，宜甚于纣。"（黄晖：《论衡校释（附刘盼遂集解）》，中华书局 1990 年版，第 346 页）

③ 《汉书·王莽传中》："翟义党王孙庆捕得，莽使太医、尚方与巧屠共刳剥之，量度五藏，以竹筳导其脉，知所终始，云可以治病。"（班固撰，颜师古注：《汉书》，第4145～4146 页）据悉，这是中国古代关于人体解剖的最早记载。王莽的创新精神由此可见一斑。

④ 何清谷：《三辅黄图校释》，中华书局 2005 年版，第 300 页。

到确切的答案。但据常理推断，这种可能性是完全存在的。① 对比今本《太平经》中载“洞极之经”所主张的收集资料之途径等情况，我们发现，二者是何等相似。这里就涉及前文暂时搁置的那个问题——如何克服路程遥远不便于献书这一现实困难？“天师”对此提出的解决方案是：通过上书给帝王谋求朝廷的支持，在各级辖区的繁华便利处分别设立一座“善好宅”（又名“帝王太平来善之宅”、“来善文奇策密方之室”、“大乐之宅”和“太平之宅”等），以供献书者投递之用，并委派专人看管。卷八十八《作来善宅法》对这些大宅子的建筑布局、地理位置、日常管理等情况给予了详细描述：

> 敕州郡下及四境远方，县邑乡部，宜各作一善好宅于都市四达大道之上也。高三丈，其中广纵亦三丈，为四方作善疏，使与人面等；其疏间使可容手往来，善庇其户也，勿令人得妄开入也。悬书于其外而大明其文，使其□□书其宅四面亦可也。其文言帝王来索善人奇文殊异之方，及善策辞口中诀事，人胸心常所怀，所能言，各悉书记之，投于此宅中，自记姓字。……四境之外，其有所贡进善奇异策，用之有大效者，且重赏赐之也。如此四境外内，一旦而同计大兴，俱喜思为帝王尽力，从上到下，从内到外，远方无有余遗策善字奇殊方也……吾之书万不失一也。②

---

① 在“万区”学舍中居住的太学生及硕儒饱学之士大多是从全国各地诸多郡国中选拔、推荐上来的，他们往返于家乡与都城，到学舍时也多携带出自本地的一些秘书文本，彼此间借阅和买卖。这也是《汉书·王莽传上》和《三辅黄图》中记载“筑舍万区”的同时也“起市”以作配套设施的原因。对此，《三辅黄图》曰：“王莽为宰衡……起国学于郭内之西南，为博士之宫寺……北之外为博士舍三十区，周环之。北之东为常满仓，仓之北为会市。但列槐树数百行为队，无墙屋。诸生朔望会此市，各持其郡所出质物及经书、传记、笙磬乐器，相与买卖。雍容辑让，或论议槐下。”（《三辅黄图校注》，三秦出版社2006年版，第287页）其实，这也在无形中加速了民间秘书从地方到中央的传递过程。

② 王明编：《太平经合校》，第332～333页。

据此，我们得出这样的观点："洞极之经"所描述的"来善之宅"是以王莽时所设"筑舍万区"为现实模本而提出的。

其次，引文之末句透露出几点信息：一、"网罗天下异能之士"说明所召集的人士不仅有儒学之士，也包括民间的异人、方士等；二、"至者前后千数"说明这次文化运动的社会反响比较大，得到了社会各阶层（尤其是民间人士）的积极响应；三、"皆令记说廷中，将令正乖缪，壹异说云"说明这次征召举措是有计划、有目的的，即意图将流传于民间的佚书、异说等集中到朝廷，由中央政府出面组织对各种文化学说和思想流派等予以汇总和择取，进而依据一定标准予以编撰和整理。这就与此前几位皇帝仅将收集上来的书籍"充秘府"之做法有着明显的不同。①

"天师"谈到"洞极之经"的资料来源及收集时，清晰地解释：汇总各种"奇策异文殊方"之目的是为了经过严格筛选后重新编撰成一部绝世经典。如卷八十八《作来善宅法》所云：

> 于其宅中文太多者，主者更开其宅户，收其中书文，持入与长吏众贤共次。其中善者，以类相从，除其恶者，去其复重，因事前后，赍而上付帝王；帝王复使众贤共次，去其中复重及恶不正者，以类相从，而置一闲处；复令须四方书来，前后次之，复以类相从，复令须后书至也：其四方来善宅，已出中奇文殊方善策者，复善闭之，于其畜积多者复出次之，复赍上之，于四方辞旦日少毕竟也。所上略同，使众贤明共集次之，编以为洞极之经，因以大觉贤者，

① 王莽实施的这次图书校理工作，并不同于成、哀帝时刘向父子的"领校秘书"。其区别有二：其一，就对象范围而言，刘氏父子是对宫廷"秘府"藏书加以整理，并未涉及民间藏书。而王莽的图书整理显然包括民间藏书，甚至可以说，民间的私人藏书在其中占有较大比重（详下文）。其二，就整理的方法来说，也显然具有较大差异。刘氏父子"领校"图书是从训诂考据角度加以整理，并不改变书籍之原貌，"每一书已。向辄条其篇目，撮其指意，录而奏之。"（班固撰，颜师古注：《汉书》，第1701页）王莽则显然对所收集之图书加以择取和增删，予以再加工、对典籍进行重新编纂。

乃以下付归民间。①

举凡大规模的典籍编纂计划，都需经过较长的时间才能得以完成。其他事宜姑且不说，仅就编撰前的资料汇总工作而言，就要耗费大量的时间和精力。“洞极之经”尤其重视资料的详备性，认为“一事不足备，辄有余灾，故当都合之”②。如此一来，又会遇到一个问题：编撰工作是否要等到资料全部收集齐全之后才动笔呢？上述引文认为编撰工作是边收集，边清理，边编辑（“洞极之经”）。随后，“天师”对资料的整理工作也给出了明确期限，“所上且岁益善，于其后三岁一小录，五岁一大录，次之，此以下附归于民间也，使其各好为善，不能自禁止也”③。这样一来，资料的清理实际上就转化成为定期性任务，也就得以与“洞极之经”的编撰工作融为一体，使二者近似于同步进行而不是割裂开来。④

有学者依据上述引文中关于“洞极之经”资料及编辑等情况的说明（特别是对“洞极之经”著作过程中所充斥的官方背景之介绍），认为：可见“‘洞极之经’打算由帝王采取一系列行政手段来编辑，应由帝王官僚来完成”⑤，然而《太平经》显然不会是“如此这般由帝王官僚炮制出来的”，否则“宫崇、襄楷两次向朝廷献经就不可理解，而朝廷两次加以拒绝就更不可理解了”⑥。因此，该学者得出结论说：“《太平经》一书的内容，也不会就是‘洞极之经’的内容，其编辑方法也根本不会相

① 王明编:《太平经合校》,第 333 页。

② 王明编:《太平经合校》,第 332 页。

③ 王明编:《太平经合校》,第 334 页。

④ 这里所说“近似于同步进行”,并不意味着资料的收集和图书的编辑二者是完全同时。就起始阶段而言,收集工作显然在前,编辑工作则要滞后几年。但是,等到编辑工作启动之后,两项工作可以说又是同步进行的。这一情况,从引述经文中便可得到证实。

⑤ 苏抱阳:《〈太平经〉成书的几个问题》,《世界宗教研究》1992 年第 4 期。

⑥ 苏抱阳:《〈太平经〉成书的几个问题》,《世界宗教研究》1992 年第 4 期。

同。”① 我们认为，“洞极之经”的成书情形具有如下两个特征：首先，在资料的收集过程中带有明显的行政手段。譬如，“洞极之经”的资料来源就是游说帝王采取一系列行政措施，利用各种渠道发动和鼓励世人献书给朝廷；其次，编撰者具有官方背景。但需要说明，“洞极之经”的编撰不是由帝王官僚亲手完成（当然，也不否认有少数官吏参与其中），这一工作应是由帝王委派或组织的一个（或几个）写作班子——“众贤明”，来共同完成。即由中央政府组织征聘的各方异能之士对汇总上来的各种资料加以整理和筛选，最后将其编纂成书。② 以上几点特征恰恰说明“洞极之经”所反映的时代背景就是王莽执政时期。随之，仅仅因为“洞极之经”的编著过程中带有官方色彩而推论其与《太平经》毫无关系之论断也就不攻自破了。

最后，谈一下王莽本人的“好鬼神”倾向。

据史料记载，王莽本人提倡符命图谶③、“好鬼神”。如《汉书·郊祀志下》云“莽篡位二年，兴神仙事……莽遂崇鬼神淫祀，至其末年，自天地六宗以下至诸小鬼神，凡千七百所，用三牲鸟兽三千余种。后不能备，乃以鸡当鹜雁，犬当麋鹿。数下诏自以当仙”④，并任命方士为黄门郎⑤。此外，《汉书·王莽传上》著录了一件事也旁证王莽“好鬼神”的倾向：“宇与师吴章及妇兄吕宽议其故，章以为莽不可谏，而好鬼神，可为变怪以惊惧之，章因推类说令归政于卫氏。宇即使宽夜持血洒莽第，门吏发觉之，莽执宇送狱，饮药死。”⑥ “宇”即王莽长子——王宇，其

① 苏抱阳：《〈太平经〉成书的几个问题》，《世界宗教研究》1992年第4期。

② 譬如，许多先秦、两汉典籍——《管子》《吕氏春秋》《淮南子》等，其成书过程皆属此类。

③ 这从王莽篡位之时倚重图谶为代汉造势及其称帝后继续沉迷于谶纬之说等记载即可得到证明。

④ 班固撰，颜师古注：《汉书》，第1270页。

⑤ 《汉书·郊祀志下》：“莽篡位二年，兴神仙事，以方士苏乐言，起八风台于宫中。……以乐为黄门郎，令主之。”（班固撰，颜师古注：《汉书》，第1270页）

⑥ 班固撰，颜师古注：《汉书》，第4065页。

他几位也都是王莽的密切接触者。作为家族成员或身边亲信，他们对王氏的个人爱好、内心信仰等必然有十分深入的了解。引述此条史料乃试图说明，就其本人的思想倾向而言，王莽发起的这次文化运动（尤其是图书整理）前后应召的千余人中必然会包括精通和传习《太平经》（初始底本）的人士在内。这个《太平经》的早期文本，就是在成帝、哀帝时甘忠可、夏贺良等人先后两次进献朝廷的《包元太平经》十二卷。对于此书，王莽显然接触过并留有深刻印象。并且，书中的某些观念也被其所接受，甚至作为政治改革方案予以推行。据《汉书·王莽传上》载：居摄三年（8），王莽上奏太后敦请幼帝禅位，由他承继大统，其中涉及哀帝改元之事："及前孝哀皇帝建平二年六月甲子下诏书，更为太初元将元年，案其本事，甘忠可、夏贺良谶书臧兰台。臣莽以为元将元年者，大将居摄改元之文也，于今信矣。……臣莽敢不承用！"① 从引文来看，王莽评价这一事件时的态度很耐人寻味：一方面指出"案其本事，甘忠可、夏贺良谶书臧兰台"，点明甘、夏等人的伪造行为：另一方面却又肯定"元将元年"是一句谶语，乃预示"大将"——王莽本人，将于日后得行"居摄改元之文也"。从行文的全盘语气上看，王莽对甘忠可、夏贺良其实并无批评之意；相反，却有意将其作为顺天命代汉之凭借。将原属盖棺定论的事件重新翻案，并写入谋求改朝换代的上书奏表中，这一行为本身是极其不寻常的。至少可以肯定地说，王莽本人与《包元太平经》有某种联系。我们的推测是：很可能在他召集的千余人谋士中就有《太平经》的传习者，且对王莽本人的意识观念及决策方针产生较大影响，并在篡夺汉位的过程中发挥了一定作用。

（二）王莽时代的边境争端

西汉初年，边境地区的最大威胁来自于北方匈奴。汉兴初期的几位皇帝（高帝、惠帝、文帝等）在处理与匈奴关系时大都奉行"和亲"政策予

① 班固撰，颜师古注：《汉书》，第 4094 页。

以安抚。虽然边境地区也偶有冲突，但基本上相安无事。汉武帝时，国力强盛，先后派遣卫青、霍去病等将领打击北方强敌匈奴、取得了重大胜利，极大地削弱了对方势力①，迫使匈奴向西远徙，稳定了边境安全。竟宁元年（前33），汉元帝以宫人王嫱（昭君）嫁给呼韩邪单于，恢复了和亲，结束了百余年来汉同匈奴之间的战争局面。② 之后的几位汉帝也大多沿袭对匈奴的“和亲”政策，同时也与周边地区的其他少数民族保持友好往来。大抵来说，中央政府与边境各族之关系基本保持着和谐局面。然至新莽政权后期，边境状况遂始恶化。矛盾爆发乃起因于王莽下诏降低少数民族首领的封号：“汉氏诸侯或称王，至于四夷亦如之，违于古典，缪于一统。其定诸侯王之号皆称公，及四夷僭号称王者皆更为侯。”③ “莽乃遣使易单于印，贬钩町王为侯。二方始怨，侵犯边境。”④ 此后，西北、东北和西南等边塞的少数民族先后发生骚乱。面对这一个混乱局面，王莽为了挽救颓势、转移矛盾，主动挑起边境战争。连年的战争不仅使士兵伤亡惨重，也导致赋役大增，人民疲于奔命，社会矛盾激化。《汉书》中的《食货志》和《西南夷传》分别记录了当时的惨烈状况。

《汉书·食货志上》云：

> 莽遂兴师，发三十万众，欲同时十道并出，一举灭匈奴；募发天下囚徒丁男甲卒转委输兵器，自负海江淮而至北边，使者驰传督趣，海内扰矣。⑤

---

① 匈奴战败后，统治集团内部发生分裂，一度出现五单于并立的局面。之后，汉宣帝时，匈奴再次分裂。东汉光武帝时，匈奴又分裂为南北二部。期间，某些匈奴部落时有主动要求内附于汉朝。

② 翦伯赞主编：《中国史纲要（修订本）》上册，人民出版社 1995 年版，第 133 页。

③ 班固撰，颜师古注：《汉书》，第 4105 页。

④ 班固撰，颜师古注：《汉书》，第 1143 页。

⑤ 班固撰，颜师古注：《汉书》，第 1143 页。此外，《汉书·匈奴传下》亦载此事，如云：“莽新即位，怙府库之富欲立威，乃拜十二部将率，发郡国勇士，武库精兵，各有所屯守，转委输于边。议满三十万众，赍三百日粮，同时十道并出，穷追匈奴……转兵谷如故，天下骚动。”（班固撰，颜师古注：《汉书》，第 3824 ~ 3825 页）

《汉书·西南夷传》云：

三边蛮夷愁扰尽反，复杀益州大尹程隆。莽遣平蛮将军冯茂发巴、蜀、犍为吏士，赋敛取足于民，以击益州。出入三年，疾疫死者什七，巴、蜀骚动。……始至，颇斩首数千，其后军粮前后不相及，士卒饥疫，三岁余死者数万。①

边境上连绵不绝的战事，不仅动摇了新朝根基、也引发了社会动荡，“边兵二十余万人仰县官衣食，用度不足，数横赋敛，民俞贫困。常苦枯旱，亡有平岁，谷贾翔贵。”② 到新莽后期，边境战争的过度消耗已临近无法收拾的境地。王莽不得已开始动用一切手段（包征召奇能异士），以期挽救统治危机。《汉书·王莽传下》载：

而匈奴寇边甚。莽乃大募天下丁男及死罪囚、吏民奴，名曰猪突豨勇，以为锐卒。……又博募有奇技术可以攻匈奴者，将待以不次之位。言便宜者以万数：或言能度水不用舟楫，连马接骑，济百万师；或言不持斗粮，服食药物，三军不饥；或言能飞，一日千里，可窥匈奴。莽辄试之，取大鸟翮为两翼，头与身皆着毛，通引环纽，飞数百步堕。莽知其不可用，苟欲获其名，皆拜为理军，赐以车马，待发。③

这一事件发生在天凤六年（19）。分析这段引文，可以发现：王莽为招募“可以攻匈奴者”而推行的礼遇措施与“洞极之经”所主张对献

① 班固撰，颜师古注：《汉书》，第3846页。
② 详见班固撰，颜师古注《汉书》，第1144～1145页。
③ 班固撰，颜师古注：《汉书》，第4155页。

书者予以聘任或奖励的观念是何等相似。如王莽诏令对有“奇技术”“可以攻匈奴者”，“将待以不次之位”以及事后明知其中一部分人不堪用，但“苟欲获其名”皆封以官职，予以任用。这一做法（准确地说，其背后所体现的理念），与“洞极之经”可说是如出一炉。如卷八十八《作来善宅法》云：“已且征索之，各以其道德能大小署其职也。所言多少，其能不可征者，且悉敕所属县邑长吏以职仕之也。其老弱妇女有善言者，且敕主者赐之，其有大功而不可仕者，且复之也。”①

此外，这次招募得到了社会民众的踊跃响应，数万人参与其事——“言便宜者以万数”。这一数字本身就已充分说明：边境问题已在当时得到了足够重视，征求解决方案的运动已在全国范围内展开，且形成了较大声势。联系到“洞极之经”关于四境夷狄等言论，② 或许可以推论：这些言论可能真实地反映了其所处时代的边境状况。③ 譬如，《太平经》卷一百十二《有过死谪作河梁诫》就反映了“夷狄内侵，自虏反叛”等情况：“五星失度，兵革横行，夷狄内侵，自虏反叛。国遣军师，有命得还，失命不归，是大人之罪也。”④ 针对这一急迫问题，“洞极之经”提出自己的解决措施：“故施洞极之经，名曰太平。”⑤ 也就是说，“洞极之经”不赞成凭借武力、通过战争来解决边境争端，而主张以和平方式化解民族矛盾——“不须兵革”“夷狄自降”。具体说来，就是大家（中原汉族与四境夷狄等）共同参与编撰“洞极之经”，从文化角度进行彼此

① 《太平经合校》，第 332 页。

② 《太平经》卷四十六《道无价却夷狄法》篇中即专门讨论了“却夷狄”、消弭边境争端的方法。

③ 《太平经》在谈论边境之“夷狄”问题时，一般通称为“四境夷狄”，以此涵盖边境各族。不过，个别章节仍留有一些蛛丝马迹，反映出当时西北边境上与匈奴的战事。如卷六十五《断金兵法》云：“王者大兴兵，则使木行大惊骇无气，则土得王起。土得王则金大相，金大相则使兵革数动，干兑之气作，西北夷狄猾盗贼数起，是者自然法也。”（《太平经合校》，第 227 页）

④ 王明编：《太平经合校》，第 576 页。

⑤ 王明编：《太平经合校》，第 576 页。

沟通、达成谅解，“四夷八十一域中，善人贤圣，闻中国有大德之君治如此，莫不乐来降服，皆赍其珍奇物来，前后成行……夷狄闻之，日自却去，中国日以广，不战斗伐而日强也”①。如此一来，容易理解“洞极之经”为何屡次强调要采纳夷狄之言，鼓励四境之外也“贡进善奇异策”②。如卷九十一《拘校三古文法》：“天师之书，乃拘校天地开辟以来，前后贤圣之文，河雒图书神文之属，下及凡民之辞语，下及奴婢，远及夷狄，皆受其奇辞殊策，合以为一语，以明天道。”③ 又卷八十八《作来善宅法》所云：“或有四境夷狄隐人胡貊之属，其善人深知秘道者，虽知中国有大明道德之君，不能远故赍其奇文善策殊方往也。……四境之外，其有所贡进善奇异策，用之有大效者，且重赏赐之也。”④ 最后，“洞极之经”描述了各族人民和谐共处的光明前景：“此所谓毕得天地人及四夷之心，大乐日至，并合为一家，共成一治者也。”⑤

（三）“帝王有德，忧及十二州”——王莽时代的行政区划

汉武帝于元封五年（前106）始设部刺史，将疆域版图划分为十三部，因十三刺史部中的十一部皆采用《禹贡》《职方》中的州名为部名，故习惯上将一部称为一州十三部又称为十三州。⑥ 随后，武帝又于征（延）和四年（前89）增设司隶校尉一职，实有十四个监察吏治的州部。

---

① 王明编:《太平经合校》,第333页。

② 王莽时代,中原汉族与边境各族之间往来较为频繁。元始五年,王莽在羌人地区始设西海郡(下辖五县),并陆续迁徙汉人入居其中。王莽末年,羌人大量涌入西海、金城、陇西等边郡,与汉人杂处。(详见《后汉书·西羌传》)另外,有关出土材料亦证实,西汉末至东汉初年,西南地区少数民族与汉族往来不断,并深受汉文化之熏陶。

③ 王明编:《太平经合校》,第348页。

④ 王明编:《太平经合校》,第331~332页。

⑤ 王明编:《太平经合校》,第333页。

⑥ 《汉书·地理志上》记载:“至武帝攘却胡、越,开地斥境,南置交阯,北置朔方之州,兼徐、梁、幽、并夏、周之制,改雍曰凉,改梁曰益,凡十三部,置刺史。”(班固撰,颜师古注:《汉书》,第1543页)

元始五年（5），王莽上奏劝谏太后改十四部为十二州。[①]《汉书·王莽传上》记载了此次奏疏的内容："臣又闻圣王序天文，定地理，因山川民俗以制州界。汉家地广二帝三王，凡十三州，州名及界多不应经。《尧典》十有二州，后定为九州。汉家廓地辽远，州牧行部，远者三万余里，不可为九。谨以经义正十二州名分界，以应正始。"[②] 十二州的行政区划一直延续到汉室光复才被废止。也就是说，两汉之世唯有王莽执政时期[③]推行过这种疆界分划制度。[④]《太平经》卷九十三《国不可胜数诀》中谈到"诸国部界"问题时对天下存在的国家数目以及一国之地方政区划分的看法值得深究。经文以问答形式展开。首先，真人提出问题："愿闻天下凡有几国?"[⑤] "天师"回答说，天下可分为三层地域部界，共"合三部为万二千国"[⑥]。这个世界性的"一大部界"观念，其实就是对现实世界的一种投射和放大。就是说，乃将十二个州组成的王朝疆域进行观念想象上的推演和设计。"天师"认为，这种世界图式具有形而上的依据，"天数始起于一，终于十，十而相乘，天道到于五而反，故适万

① 王莽推行的各项改革措施多依托于古经，十二州制亦如是。传说舜时置十二州牧，将全国疆域划分为十二部分，如《尚书·舜典》云："肇十有二州。"此外，秦汉时人也认为，十二州制与天象相映合。据《史记·天官书》载太史公曰："自初生民以来，世主曷尝不历日月星辰？及至五家、三代，绍而明之，内冠带，外夷狄，分中国为十有二州，仰则观象于天，俯则法类于地。天则有日月，地则有阴阳。天有五星，地有五行。天则有列宿，地则有州域。"（司马迁：《史记》，中华书局 1959 年版，第 1342 页）又云："二十八舍主十二州，斗秉兼之，所从来久矣。"（同上，第 1346 页）

② 班固撰，颜师古注：《汉书》，第 4077 页。

③ 这是一个具有象征意义的泛化概念，具体地说包括：王莽专权秉政及摄政的 9 年间，其后篡位称帝建立新朝的 15 年间，甚至也可将新朝灭亡后、东汉建立前那短暂的混乱阶段包括在内。也就是说，更始帝在位的 2 年——王莽秉政始于平帝即位时，据《汉书·平帝纪》载："帝年九岁，太皇太后临朝，大司马莽秉政，百官总己以听于莽。"（班固撰，颜师古注：《汉书》，第 348 页）

④ 光武帝于建武初期一度恢复西汉疆域旧制，不久又对个别州部的疆域予以合并，实际是将全国行政区域调整为十三州部。

⑤ 王明编：《太平经合校》，第 389 页。

⑥ 王明编：《太平经合校》，第 390 页。

国也。其二千国者，应阴阳更数，比若数十而终也。岁月数，独十二也，尚五岁再闰在其中也。此应天地之更起在天，天洞虚之表里，应为天地并数，故十二月反并为一岁，尚从闰其中。此十二月者，乃元气幽冥，阴阳更建始之数也”①。就是说，这种延扩的行政区划得以与天文历法相印证。准确地说，是在这一知识背景下脱胎而成。如果说，上述看法尚属猜测，那么，下文则更具说服力：“一县万户亦合成一家，共一大忧。十县合成为一郡，亦合成一家，共一大忧。十郡合成一大州，亦合成一家，共一大忧。十州合共成一大国，亦合成一大家，亦共一大忧，而为一大界。其帝王有德，忧及十二州，大忧及十三州，亦共为一大家，亦共一大忧也。”② 这里同时出现一国有“十二州”和“十三州”两种不同的说法，看似矛盾。其实，这恰好体现出《太平经》的一贯风格，亦即保持与“天文恒象”的一致性。“十二州”和“十三州”这两种行政区域制度，在经文中可说是一“实”一“虚”：一种是实在的划分——“十二州”；另一种则属逻辑观念上的划分（不是固定常在的，而是周期变化的）——“十三州”。也就是说，十二个州是实的，多出的那个州则是虚的、是为了与天文、历法之数相呼应和配对而设置的。这就像《周易》占筮时虽备五十根蓍草，却始终悬置一根以应天象——“大衍之数五十，其用四十有九”（《周易·系辞》）。准确地说，那第五十根（或第一根）蓍草是为了追求观念上的一种和谐、完美状态而加以悬置的，并不具有现实有效性。正如《汉书·律历志上》引刘歆《三统历》所说：“以五乘十，大衍之数也，而道据其一，其余四十九，所当用也，故蓍以为数。以象两两之，又以象三三之，又以象四四之，又归奇象闰十九及所据一加之，因以再扐两之，是为月法之实。”③ 同样，《太平经》中的“十二州”与“十三州”之分歧恐怕正是源于《周易》的“大衍

① 王明编:《太平经合校》,第 390 页。
② 王明编:《太平经合校》,第 396 页。
③ 班固撰,颜师古注:《汉书》,第 983 页。

之数”观念。[1] 对此，经文有明确论述，“子欲知其审，比若数，十而终，一岁反十二月乃终，尚闰并其中，时有十三月”[2]，“若一岁十二月为一部，时十三月闰，亦并其中，此之谓也。”[3] 这里将政区划分与历法相结合，一年分为十二个月，一个月代表一州部。一年计十二个实月，故有十二个州。所谓“时十三月闰，亦并其中”，就是说根据历日情况而增设一个闰月，用于调和阴阳历之差距。新莽“三统历”承袭太初历施行“无中置闰法”，即置闰于无中气之月[4]，十九年而七闰[5]。由此可知，闰月所处的月份要视二十四节气而定、不是固定不变的，故与之相配对的“十三州”亦是变化不实的。

王明先生说过：“汉哀、平之际，《包元太平经》之说，风靡一时。……王莽蛊惑其说，并采取十二州。《太平经》也接着承袭他的地理区分。”[6] 东汉时期，刘氏王朝得以光复，王莽作为逆臣贼子已被定性。新

---

① 《周易》的占筮原则对《太平经》之影响尚见一例证，卷四十《分解本末法》云：“是故古者圣人问事，初一卜占者，其吉凶是也，守其本也，乃天神下告之也。再卜占者，地神出告之也。三卜占者，人神出告之也。过此而下者，皆欺人不可占。故卦数则不中也，人辞文多则不珍。”（《太平经合校》，第76页）此说与《易》“再三渎，渎则不告”之说实属一脉相承。可见，《周易》对《太平经》影响之深。有关该课题的研究情况，详见詹石窗、连镇标、伍伟民、张涛、高新民、尹志华等人之论述。

② 《太平经合校》，第393～394页。类似说法亦见《论衡·卜筮篇》，其文曰：“天道称自然无为，今人问天地，天地报应，是自然之有为以应人也。案《易》之文，观揲蓍之法，二分以象天地，四揲以象四时，归奇于扐，以象闰月。以象类相法，以立卦数耳。”（黄晖：《论衡校释》，第1001页）

③ 《太平经合校》，第397页。

④ 《汉书·律历志上》引刘歆《三统历》曰：“时所以记启闭也，月所以纪分至也。启闭者，节也。分至者，中也。节不必在其月，故时中必在正数之月。……朔不得中，是谓闰月，言阴阳虽交，不得中不生。”（班固撰，颜师古注：《汉书》，第983～984页）也就是说，将全年二十四节气均分到十二个月中，每月计得两个节气——前者称“节”、后者称“中气”。若某月仅出现一个节气——即有“节”而无“中”，则将该月设为前一个月的闰月，其后月份按次第顺延。如此一来，全年共计有十三个月。

⑤ 十九年是一个闰月周期，又被称作一章。每章中有 $19 \times 12 + 7 = 235$ 个月，此即章月。详见《汉书·律历志》所引刘歆《三统历》。

⑥ 王明：《论〈太平经〉的成书时代和作者》，载氏著：《道家和道教思想研究》，第192页。

朝历史作为汉宗室的一块伤疤，为时人所刻意回避。如果这部分《太平经》经文是撰写于东汉时期，那么毫无疑问将承担相当大的政治风险；更何况，《太平经》编纂者始终没有放弃献书帝王的企图，甚至视之为奋斗目标。这种观念支配下的《太平经》造作者，是否会将王莽时代的行政制度作为一种理想的政治模式写入经书中，这是很值得怀疑的。我们对此的解释是：这部分（或此章节）的《太平经》当属“洞极之经”内容，即写作于王莽执政后期。或许，《太平经》早期传本中还有其他反映新莽时代的政论言辞，不过都被后汉编辑者悉数删除，此处经文可能是因文意隐讳而得以保留。

（四）“漏刻以百二十为度”——王莽时代的计时制度

哀帝改元事件与《太平经》的早期写本（或“底本”）有着紧密关联。所以，我们先来对哀帝改元事件作一下回顾。《汉书·李寻传》记载了这一事件的整个过程：

> 初，成帝时，齐人甘忠可诈造《天官历》《包元太平经》十二卷，以言“汉家逢天地之大终，当更受命于天，天帝使真人赤精子，下教我此道。”……中垒校尉刘向奏忠可假鬼神罔上惑众，下狱治服，未断病死。贺良等坐挟学忠可书以不敬论，后贺良等复私以相教。哀帝初立，司隶校尉解光亦以明经通灾异得幸，白贺良等所挟忠可书。事下奉车都尉刘歆，歆以为不合《五经》，不可施行。而李寻亦好之。……寻遂白贺良等皆待诏黄门，数召见……哀帝久寝疾，几其有益，遂从贺良等议。于是诏制丞相御史：“……惟汉兴至今二百载，历纪开元，皇天降非材之右，汉国再获受命之符，朕之不德，曷敢不通夫受天之元命，必与天下自新。其大赦天下，以建平二年为太初（元将）元年，号曰陈圣刘太平皇帝。漏刻以百二十为度。布告天下，使明知之。”后月余，上疾自若。贺良等复欲妄变政事……上以其言亡验，遂下贺良等吏……贺良等皆伏诛。寻及解

光减死一等，徙敦煌郡。①

值得注意，王莽改制与哀帝改元均推行了一项相同的措施：将漏刻由原先的一日百刻变更为一百二十刻。如前述王莽奏疏之末尾，即是奏请太后在改朝换代后将“以居摄三年为初始元年，漏刻以百二十为度，用应天命”（《汉书·王莽传上》）。一百二十度的时刻制度一直被新莽政权所沿用，迨东汉之季始遭废除。

中国古代的刻漏之制起于汉以前②，通常是将一日均分一百度。《说文解字》训“漏”字曰：“以铜受水。刻节，昼夜百节。”《周礼·挈壶氏》郑玄注云：“漏之箭，昼夜共百刻。”《尧典》疏引“马融云：古制刻漏，昼夜百刻。”《灵枢·五十营》亦云：“漏水下百刻，以分昼夜。”③ 总之，昼夜百刻是古代刻漏之通制。终两汉之世，将一日之漏刻均分为一百二十度，唯哀帝和新莽短暂推行过。④《史记·历书》载：“王者易姓受命，必慎始初，改正朔，易服色，推本天元，顺承厥意。”⑤新旧王朝的迭替，通常会以改制的形式来表示乃是应天命、顺民心。然而，变更时刻计量单位的做法却极为罕见。这次漏制改革却在《太平经》某些章节中得到体现，且据经文内容判断：“洞极之经”所处时代恰以一百二十度为漏刻之制。如云：“祠天神地祇，使百官承漏刻期，宜不失，脱之为不应，坐罪非一。故使昼夜有分，随日长短，百刻为期，不得有差。有德之国，日为长，水为迟，一寸十分，应法数。今国多不用，日月小短，一刻八九，故使老人岁月，当弱反壮，其年自薄，何复

① 班固撰，颜师古注：《汉书》，第3192～3194页。

② 《周礼》即载有司掌时日的官职——挈壶氏和司寤氏。

③ 郭霭春编著：《黄帝内经灵枢校注语译》，天津科学技术出版社1999年版，第165页。

④ 前者实施仅两月余，后者则从始建国元年（9）迄于东汉之初。《论衡·谢短篇》“日分六十，漏之尽自〔百〕”。（黄晖：《论衡校释》，第573～574页）可见，东汉之初即恢复一日百刻之制。

⑤ 司马迁：《史记》，第1256页。

持长时。”① 引文讲述了汉代历法知识，由此也反映出当时社会上由于先后实施过两种刻漏制度而引发的混乱状况。引文最后一句“今国多不用，日月小短，一刻八九”可以判定其时代背景似应为王莽篡汉之后。且根据上下文义，作者对此次刻漏改革持有明显的批评态度，可以确定具体的时间段似属新莽后期或更始帝时期。在此期间，王莽推行的多项措施屡屡失当，引发百姓不满、社会动荡，且一百二十度的计时制度施行过一段时间后，由于旧有的一日百刻观念的惯性思维在民众间已是根深蒂固、一时难以消除，故导致思想上的混乱。加之，从科学角度言，一百二十度的时刻划分也不便于时间的精确计算，造成诸多不便，社会上要求恢复百刻制的呼声有所高涨。另外，根据上述经文也可以得出这样的推论：当时社会上似乎出现了新旧两种漏制同时并存的现象。② 就官方而言，一百二十刻的新漏制代表新莽之官制得以推行；然民间社会则仍沿袭旧有的一日百刻制，犹行不废。③ 值得一提的是，王符《潜夫论》④一书曾言及漏刻之增损，如卷四《爱日》云：“治国之日舒以长，故其

---

① 此段经文现存《太平经》已佚。《合校》采《钞》“丁部卷之四”中经文补充之。根据《敦煌目录》判断，这部分经文似属《历术分别吉凶诀》之内容。经文详见《太平经合校》，第213页；或《道藏》第24册，第331页。

② 两汉之世，新旧两种历制同时并行的现象并非存仅漏刻差异（百度或百二十度）之一例，昼夜分度也属此类。前后两汉先后施行官漏、夏历漏，均以十二干支分配昼夜比率；而据有关资料显示，民间社会则长期通行十六分比法，王充《论衡·说日篇》对此有所反映。汉代民间的十六比分法当属秦制之遗，云梦山睡虎地秦简《日书》（甲乙种）均以十六分来说明四季十二月的昼夜长短。

③ 王莽代汉建立新朝之后，实施过一系列改革措施，其中一些新措施是与旧制度同时并行的。这就不可避免地造成一定程度的混乱，如钱币制度即属此类。《汉书·王莽传中》云：“乃更作小钱，径六分，重一铢，文曰‘小钱直一’，与前‘大钱五十’者为二品，并行。……是时，百姓便安汉五铢钱，以莽钱大小两行难知，又数变改不信，皆私以五铢钱市买。讹言大钱当罢，莫肯挟。……莽以钱币讫不行……于是造宝货五品……百姓不从，但行小大钱二品而已。”（班固撰，颜师古注：《汉书》，第4109、4112、4122页）这例旁证说明不排除一种可能：变更后的漏刻制度也同样未能在全国范围（尤其在民间）得到整肃和统一，一日百刻制可能还在民间社会或某些偏远地区使用。

④ 《四库提要》认为，该书撰作于桓帝时。但也有学者认为，其部分内容当完成于安帝后期。

民闲暇而有力有余；乱国之日促以短，故其民困务而力不足。所谓治国之日舒以长者，非谒羲和而令安行也，又非能增分度而益漏刻也。……所谓乱国之日促以短者，非谒羲和而令疾驱也，又非能减分度而损漏刻也。”① 此番言论显系有感而发，不排除含有讥讽新莽增益刻漏之用意。因不属本文所关注之范围，故此略过。

附论：

（一）三统历——王莽时代的历法

《史记·历书》载：“而亦因秦灭六国……而正以十月，色上黑。然历度闰余，未能睹其真也。汉兴……是时天下初定，方纲纪大基，高后女主，皆未遑，故袭秦正朔服色。”② 汉初承袭秦制之遗，沿用古四分历（殷历或颛顼历）。③ 汉武帝于太初元年（前104年）夏五月下诏改历，施行邓平太初历（又称八十一分法）④，其后东汉元和乙酉即章帝元和二年（85）重新改行四分历。期间，新莽王朝推行“三统历”（三统历是以太初历为基础、经由刘歆之手增补而成），从始建国元年己巳至地皇四年癸未（9~23），前后共计15年。⑤

《汉书·王莽传上》载：居摄三年（8），王莽颁布代汉诏书时云：

> 以戊辰直定，御王冠，即真天子位，定有天下之号曰新。其改正朔，易服色，变牺牲，殊徽帜，异器制。以十二月朔癸酉为建国元年正月之朔，以鸡鸣为时。服色配德上黄，牺牲应正用白，

---

① 王符著，王继培笺，彭铎校正：《潜夫论笺校正》，中华书局1985年版，第210~211页。

② 司马迁：《史记》，第1259~1260页。

③ 高祖元年至武帝元封七年即太初元年（前206~前104），共计103年。

④ 武帝太初元年至子婴初始元年，淮阳王更始元年至章帝元和二年（前104~8，23~85），共计175年。

⑤ 章帝元和二年至献帝建安二十五年即延康元年（85~220），共计136年。

使节之旄旛皆纯黄，其署曰“新使五威节”，以承皇天上帝威命也。①

王莽自始建国元年篡夺帝位后，便诏令以建丑之月（即十二月）为正月。这一观念乃源自于三正论，亦即采殷正之说。其后，王莽于公元20年改元“地皇”，乃昭示受命地统之义。今本《太平经》中也隐约可见受其影响之痕迹，如经文亦主张天正、地正、人正，即所谓“三正”。如《太平经钞》己部云：“三正起于东方，天之首端也。”② 壬部亦云：“故天出圣人，象天文理，故天文自睹也。故天文正，天亦正；地文正，地亦正；人文正，人亦正；天地人俱正，万物悉正。”③

值得注意的是，“三统历”这一说法屡见于《太平经》（含《太平经钞》）。譬如，《太平经钞》癸部《还神邪自消法》载：“天地阴阳之精，共生万物，此三统之历也。”④“三统”一词在今本《太平经》残卷中计出现六次，依次如后：卷四十八《三合相通诀》、卷四十九《急学真法》、卷九十二《万二千国始火始气诀》（3次）、卷一百十九《道佑三人诀》；在《太平经钞》（甲部除外）中出现7次，分别是乙部《名为神诀书》、戊部《阙题》、壬部（4次）、癸部《还神邪自消法》。前文已对含“洞极”字样的诸篇章做过统计，此处卷四十八《三合相通诀》、卷九十二《万二千国始火始气诀》、《太平经钞》乙部、戊部均属那个范围。卷四十九《急学真法》、卷一百十九《道佑三人诀》虽未列此类，从行文风格上看却符合其特征：亦属问答体裁，也是以天师与真人对话的形式展开。《太平经钞》壬部、癸部虽不属此类，但鉴于《太平经钞》

① 班固撰，颜师古注：《汉书》，第4095～4096页。
② 王明编：《太平经合校》，第465～466页。
③ 王明编：《太平经合校》，第709～710页。
④ 王明编：《太平经合校》，第727页。

乃抄录时有明显的改动痕迹，若还原其本来面目也可作为旁证。① 下文将结合有关史料分析其中隐含之线索。

《汉书·律历志上》引刘歆《三统历》曰：

> 三代各据一统，明三统常合，而迭为首，登降三统之首，周还五行之道也。故三五相包而生。天统之正，始施于子半，日萌色赤。地统受之于丑初，日肇化而黄，至丑半，日牙化而白。人统受之于寅初，日孽成而黑，至寅半，日生成而青。天施复于子，地化自丑毕于辰，人生自寅成于申。故历数三统，天以甲子，地以甲辰，人以甲申。……故三辰之合于三统也，日合于天统，月合于地统，斗合于人统。②

这段引文所阐述的观念，可从《太平经》的某些经文中得到解释或印证。姑举几例，以证之。一、“三统历”的一个基本思想就是三统（天、地、人）轮回的观念。这一观念，随意翻检隶属“洞极之经”的那些章节均可见到。此外，卷四十七《服人以道不以威诀》载：“天正为其初，地正为其中，人正最居下，下极故反上也。”③ 卷四十八《三合相通诀》亦云：“天正以八月为十月，故物毕成；地正以九月为十月，故物毕老；人正以亥为十月，故物毕死。三正竟也，物当复生。故乾在西北，凡物始核于亥，天法以八月而分别之，九月而究竟之，十月实核

① 《太平经钞》经文虽出自节钞，不免有失原意，却也保留了原有的某些信息，故部分经文仍可作旁证使用。熊德基先生已经指出：“《太平经钞》（除甲部外），不仅节钞可能失却原意，而且往往改窜名词……经钞又往往将‘天师’删去，甚至将‘天师’改为‘神人’……这样便模糊了几种经文的原貌。故在考察本经时，只能作为旁证（其中有些部分，从内容及点滴特征上，可以大体判定出于那一种经文，因此这些部分也可以供参考）。”（氏作：《〈太平经〉的作者和思想及其与黄巾和天师道的关系》，《历史研究》1962 年第 4 期）

② 班固撰，颜师古注：《汉书》，第 984 ~ 985 页。

③ 王明编：《太平经合校》，第 144 页。

之，故天地人三统俱终，实核于亥。……所以然者，此八月九月十月三月也，天地人正俱毕竟，当复反始。”① 其他例子尚存很多，恕不详述。附带说一下，这一观念其实就是东晋之后道教中十分流行的终末论的雏形。二、《三统历》所云“三五相包而生”，其含义可见于《太平经》卷六十六《三五优劣诀》。这篇经文详细讨论了“三五相包而生”及相关问题，其文有云：“天有三皇，地有三皇，人有三皇；天有五帝，地有五帝，人有五帝；天有三王，地有三王，人有三王：天有五霸，地有五霸，人有五霸。……此乃天道不远，三五各自反也。……夫天地人本同一元气，分为三体，各有自祖始。”② 三、《三统历》针对历元所做的规定，也在《太平经》中得到体现。《太平经钞》壬部云：“问曰：‘……今天有六甲十二子，皇道当于何起?’‘然，天有三统，各有大无。初一者天皇，二者帝，三者王，四者霸。天皇起于上甲子，地皇起于乙丑，人皇起于丙寅，霸道起于丁卯，是天历气数也。地历者，皇道起于子，帝道起于丑，王道起于寅，霸道起于卯。”③

当然，《太平经》对历法的有关论述并不完全照搬《三统历》，更多的是借助这种形式来诠释自己的观点。那些被《太平经》所征引的三统说，无不服务于这一宗旨。譬如，书中将历法知识与宗教理论相结合，使其学说披上天象的神圣依据。卷四十九《急学真法》：“故夫道者，乃与皇天同骨法血脉，故天道疾恶好杀，故与天为重怨；地者与德同骨法血脉，故恶人伤害，与地为大咎：夫仁与圣贤同骨法血脉，故圣贤好施仁而恶夺，故与圣人仁为大仇。是故昔者圣贤，深知此为三统所案行，故其制法，不敢违离真道与德仁也。”④《太平经》还赋予天、地、人三统以伦理学意义，卷一百十九《道佑三人诀》云：“是好道德仁，此三

---

① 王明编:《太平经合校》,第 153 ~ 154 页。
② 王明编:《太平经合校》,第 234、236 页。
③ 王明编:《太平经合校》,第 707 页。
④ 王明编:《太平经合校》,第 166 页。

人皆有三统之命。乐好道者，命属天；乐好德畜养者，命属地；乐好仁者命属人。”[①]《太平经》着重强调“三统”的生命意义，主张“三统”彼此依存、缺一不可，一荣俱荣、一损俱损——“一统凶灭，三统反俱毁败”。卷九《万二千国始火始气诀》：“夫天地人三统，相须而立，相形而成。比若人有头足腹身，一统凶灭，三统反俱毁败。若人无头足腹，有一亡者，便三凶矣。故人大道大毁败天地，三统灭亡，更冥冥愦愦，万物因而亡矣。”[②] 故《太平经钞》戊部《阙题》这样说道：“三统共生，长养凡物……”[③]

（二）阴阳失序——王莽时代的气候异常

王莽时代的气候极为恶劣，其严重程度在古代历史上是非常少见的。据文献资料显示，新莽统治的十余年间，几乎每年都有气象异常之记录，其中爆发最频繁的是低温和旱涝等灾害现象。[④] 试举两例以资证：

> （天凤）三年二月乙酉，地震，大雨雪，关东尤甚，深者一丈，竹柏或枯。[⑤]（《汉书·王莽传中》）
>
> 是岁（天凤四年）八月，莽亲之南郊，铸作威斗。……铸斗日，大寒，百官人马有冻死者。[⑥]（《汉书·王莽传下》）

第一条引文是说冬季（二月）里气候十分恶劣乃至冻死了竹柏等耐寒植物；第二条是说气温持续寒冷甚至在夏季（八月）也能冻死人畜。

---

① 王明编:《太平经合校》,第 681 页。

② 王明编:《太平经合校》,第 373 页。

③ 王明编:《太平经合校》,第 305 页。

④ 张德二主编:《中国三千年气象记录总集》第 1 册,凤凰出版社、江苏教育出版社 2004 年版,第 258 ~ 259 页。

⑤ 班固撰,颜师古注:《汉书》,第 4141 页。

⑥ 班固撰,颜师古注:《汉书》,第 4151 页。

可见，当时的气候状况算得上是严峻之极。据此可知，王莽于地皇元年（20）诏书中所言当无夸张成分：“惟即位以来，阴阳未和，风雨不时，数遇枯旱蝗螟为灾，谷稼鲜耗，百姓苦饥。”①（《汉书·王莽传下》）汉时人相信，气候反常乃是因阴阳失序所导致的。故据史书记载，在王莽时代有关阴阳失序的记录竟多达五次。这也从侧面证实了当时气候异常的严重程度。

《太平经》中部分经文也反映了这种反常的气候状况。如卷三十七《试文书大信法》载：“今故天积怨，……故生灾异变怪，非一也。”② 卷五十三《分别四治法》云：“吾见天气，间者比连不调。……时气不调，……灾害并行，……今天地三光，尚为其病，故无正明。”③ 卷九十二《火气正神道诀》又云：“今天气不调，帝王为之愁苦，而人又不得知其要意。……今使正人不得其处，天地为其邪气失正。”④ 上述引文中多含有“今”字，即意味着当下的时间概念，说明时人正饱受反常气候的折磨。这与汉末王莽时的气候状况十分相符。

值得注意的是，《太平经》描述异常现象时更侧重于分析和解释其原因。譬如，《太平经钞》乙部《解承负诀》云：“今天地阴阳，内独尽失其所，故病害万物。帝王其治不和，水旱无常，盗贼数起，反更急其刑罚，或增之重益纷纷，连结不解，民皆上呼天，县官治乖乱，失节无常，万物失伤，上感动苍天，三光勃乱多变，列星乱行；……天威一发，不可禁也。获罪于天，令人夭死。”⑤ 这段引文颇类似于汉代帝王在灾异之时颁布的“罪己诏”，惯例地将气候异常之原因归咎于阴阳失序和政治失和两个因素。当然，两者也有轻重之别，恰若罪己诏中自我批评部分基本属于套路文章，着力于彰显帝王之谦虚与宽宏，而最终将责任归

① 班固撰，颜师古注：《汉书》，第4160页。
② 《太平经合校》，第56页。
③ 《太平经合校》，第195页。
④ 《太平经合校》，第377～378页。
⑤ 《太平经合校》，第23页。

推于天象异常。备受天人感应观念的影响，《太平经》也将自然界的异常现象视为上天所昭示的灾异谴告，卷四十三《大小谏正法》云：“四时小谏，寒暑小不调；大谏，寒暑易位、时气无复节度；谏而不从，因而消亡矣。”① 故此，经文一再强调说天道失常对气候之负面意义。如卷九十一《拘校三古文法》：“三光风雨四时五行，战斗无常，岁为其凶年。”② 卷一百十六《阙题》：“天地不乐，阴阳分争，不能合气四时五行，调风雨……多伤死，其岁大凶。”③ 卷四十九《急学真法》：“为是积久，故天道今独以大乱矣。天地灾怪，万类不空也。”④ 当然，经文另一个用意也是要烘托经书的应世而出，凭此可消除人们所遭受的灾害和折磨。

无一例外，这部分经文都着重强调阴阳之重要性，极力渲染二者之和合。《太平经钞》乙部《安乐王者法》：“今日失道，即致大乱。故阳安即万物自生，阴安即万物自成。”⑤ 卷九十三《国不可胜数诀》更明晰说道：“真人今既为天地除病，为德君除承负，虽苦持吾文，往授百有德国，而阴阳病悉消亡，帝王之灾皆已除矣。”⑥ 最后，经文给世人以美好憧憬，描绘了一幅灾害尽除、风调雨顺的景象。譬如，卷一百十三《乐怒吉凶诀》：“太平气俱至……因以和调相化……使天气和调，常喜国家寿。”⑦ 卷一百十六《某诀》云：“今天地人悦，致时泽，灾害之属除去。”⑧ 卷一百十七《天咎四人辱道诫》云：“今天上皇洞正气大至，日月星罗列皆重光，道与天当调风雨，和阴阳，使万物各得其所。”⑨

---

① 《太平经合校》，第 99 页。（标点略作修正）
② 《太平经合校》，第 356 页。
③ 《太平经合校》，第 648 页。
④ 《太平经合校》，第 162 页。
⑤ 《太平经合校》，第 21 页。
⑥ 《太平经合校》，第 393 页。
⑦ 《太平经合校》，第 586 页。
⑧ 《太平经合校》，第 642 页。
⑨ 《太平经合校》，第 662 页。

四、"洞极之经"对《太平经》性质之定位

"洞极之经"对后世《太平经》成书及性质之落实具有重要意义。可以说，如果没有"洞极之经"这一设想的提出，《太平经》恐怕不会是现在这个样子，更不会成为最早的道教经典，道教理论的发展和成熟或许也会因此而滞后一个时段。从这个角度说，"洞极之经"无疑具有划时代意义，甚至谓之道书开创，未为过也。下面，我们予以详细论述。

（一）《包元太平经》一书的性质问题

讨论"洞极之经"对《太平经》（定本）性质之定位所做的贡献，首先需搞清楚"洞极经"之前的那个底本——《包元太平经》的性质问题。也就是说，《包元太平经》到底是一部什么样的书？该书主要宣讲什么内容？解答这些问题，只能从有限的史料记载中入手去寻找一些蛛丝马迹。

《汉书·哀帝纪》载："侍诏夏贺良等言赤精子之谶，汉家历运中衰，当再受命，宜改元易号。"① 哀帝改元事件在《汉书·李寻传》中有详细介绍，前文已作征引，兹不赘言。《汉书·王莽传上》亦载王莽居摄三年（8）奏言："案其本事，甘忠可、夏贺良谶书臧兰台。"② 此处所谓"甘忠可、夏贺良谶书"乃指二人所献之《包元太平经》。总之，据有关史料可以判定：《包元太平经》当是一部谶记预言之书（简称"谶书"）。何谓"谶书"？《后汉书·张衡传》给予定义："立言于前，有征于后，故智者贵焉，谓之谶书。"③ 随后，张衡说道：关于谶书的确切成

① 班固撰，颜师古注：《汉书》，第340页。
② 班固撰，颜师古注：《汉书》，第4094页。
③ 范晔撰，李贤等注：《后汉书》，第1912页。

立年代，业已无从查考——“谶书始出，盖知之者寡”①。张氏依据成帝前的秦汉典籍未见有谶书之记载，故而推论说：谶书是在“成、哀之后，乃始闻之”“图谶成于哀平之际也”。张衡所处的东汉时期，距西汉不久，其言当属灼见。然而，谶书虽在“成、哀之后”始大行于世，其实也并不排除谶书在此前（即汉成帝时期）已具成型。只不过，此时可能尚未形成较大规模和气候而已。张衡在奏疏中谈到“刘向父子领校秘书，阅定九流，亦无谶录”，以此说明刘氏父子时尚无谶书之存在。我们认为，这颇有证据不足之嫌。试举二例，以证之。其一，谶书在汉代之前已有记载。《史记·秦始皇本纪》云：“燕人卢生使入海还，以鬼神事，因奏录图书，曰‘亡秦者胡也’。”② 卢氏所奏“图书”，当是两汉时期广为流行的图谶之书。这恐怕也是有关谶书的最早记载，故可称之为汉代谶书之鼻祖。《四库全书总目提要·附录·易纬末识语》对此评论说：“谶者，诡为隐语，预决吉凶，《史记·秦本纪》称卢生奏录图书之语，是其始也。”以此观之，谶书的踪迹早在成、哀之前就已彰著。其二，刘歆所处时代，《紫阁图》已颇为流行，却未见有著录。该书现已失传，难于稽考。王莽曾先后两次在诏书中引述其内容，足见该书在当时社会上的影响。这些引述的部分虽是只言片语，但可从中窥见一些真貌。《汉书·王莽传下》云：

> （天凤）六年春，莽见盗贼多，乃令太史推三万六千岁历纪，六岁一改元，布天下。下书曰：“《紫阁图》曰：‘太一、黄帝皆仙上天，张乐昆仑虔山之上。后世圣主得瑞者，当张乐秦终南山之上。’予之不敏，奉行未明，乃今谕矣。复以宁始将军为更始将军，以顺符命。”③

① 范晔撰，李贤等注：《后汉书》，第 1912 页。
② 司马迁：《史记》，第 252 页。
③ 班固撰，颜师古注：《汉书》，第 4154 页。

随后，地皇元年七月，王莽复下诏曰："伏念《紫阁图》文，太一、黄帝皆得瑞以仙，后世褒主当登终南山。"① 从上述引文可以推断：该书主要宣讲符命等内容，显然应归入谶书之类。但以《别录》《七略》为底本的《汉书·艺文志》却未见记载。② 究其原因，当是刘氏父子受命校书之范围局限所致。《汉书·刘歆传》云："河平中，（刘歆）受诏与父向领校秘书。"③ 所谓"领校秘书"，即指典校宫廷"秘府"所收藏的图书典籍之义。④ 换言之，就是对官方藏书的有关情况给予统计和摸底，而对民间收藏却未能大量涉及。然而，谶书通常都先在民间社会广泛流传，直到产生一定影响后才逐步被统治阶级所接受。除此之外尚有他例，兹不一一列举。可以说，《七略》（包括后来的《汉志》）仅是汉朝官方书库的目录汇总，并没有将当时流传的图书全部加以记录。⑤ 且《汉志》所录也并非将西汉著述囊括无遗，清代姚振宗辑《汉书艺文志拾补》便收集遗漏之名目，得书竟达三百一十七部。总之，《汉志》中不见载，

---

① 班固撰，颜师古注：《汉书》，第4160页。

② 《汉书·刘歆传》云："歆乃集六艺群书，种别为《七略》。"（班固撰，颜师古注：《汉书》，第1967页）《七略》早佚，其内容保存于《汉书·艺文志》中。如姚名达先生考证认为：《汉志》所载乃"班固取《七略》，'删其要'而成者也"（姚名达：《中国目录学史》，第41页）。又云："由此推论，则《汉志》所载，除新加向、雄二家，删省重出之书十余种外，全部皆《七略》之旧目，殆无疑矣。"（同上书，第169页）

③ 《汉书·刘歆传》云："河平中，（刘歆）受诏与父向领校秘书，讲六艺传记，诸子、诗赋、数术、方技，无所不究。"（班固撰，颜师古注：《汉书》，第1967页）

④ 《汉书·艺文志》云："迄孝武世，书缺简脱……于是建藏书之策，置写书之官，下及诸子传说，皆充秘府。"（班固撰，颜师古注：《汉书》，第1701页）此可证之。另外，还有一例亦可佐证。《汉书·刘歆传》云："及歆校秘书，见古文《春秋左氏传》，歆大好之。"（班固撰，颜师古注：《汉书》，第1967页）其后，刘歆欲将《左氏春秋》列于学官，遭到博士反对。刘歆移书责让太常博士，其中有一句说道："及《春秋》左氏丘明所修，皆古文旧书，多者二十余通，臧于秘府，伏而未发。"（《汉书·刘歆传》，班固撰，颜师古注：《汉书》，第1969页）可见，刘歆所校秘书，当是西汉宫廷所藏之书。

⑤ 王莽时代的编辑众书，目的也是要弥补这一缺陷，其工作的重要内容之一就是对民间藏书展开专项治理。

并不足证民间社会就没有谶书的存在和流传。

《说文》云：“谶，验也，有征验之书。”谶书多配以图形，故王充《论衡·实知篇》载：“案神怪之言，皆在谶记，所表皆效图书。”前文说过，秦代之季就已有谶书行世。不过，这时候的谶记书尚处于原始朴素阶段，与成、哀之后趋于成熟化的谶纬书①虽有共通的本质，但也存在一定的差异，“秦、汉两代图谶书，皆假托神祇以预言吉凶；秦与汉两者的差别，只是汉代谶纬把谶记预言，加以学术化，并附会上儒家经义而已。又，汉代谶纬，是混合儒书与方术，诡托鬼神，用以解经及预言吉凶之书。”② 汉成帝时，方术化的谶书已具雏形，并试图获取主流文化的认可。《包元太平经》可称得上是一部谶书。或者说，它是汉代谶书之先驱，尽管其中的谶记预言学说还未完全成熟，但已具备了成熟谶书之特征和本质。下面，我们就几个细节予以分析和展开，以说明上述观点之合理性。

第一，从献书者之口述情况，推论《包元太平经》的谶书性质。

日本学者薮内清先生指出：“谶纬说的重要内容之一乃是通过历数、历运来说明‘受命’和‘革命’，因此在纬书中经常看到关于历法的记述。”③ 这一点，在《包元太平经》一书中得到印证。甘氏献书给成帝时对《包元太平经》一书的内容作过介绍，说其大意乃论述“汉家逢天地之大终，当更受命于天”④，并依托神灵的名义进行渲染——“天帝使真人赤精子，下教我此道”⑤。其后，夏氏对哀帝的奏疏更充斥着浓烈的图谶、灾异等色彩：“汉历中衰，当更受命。成帝不应天命，故绝嗣。今陛

① 两汉之际，谶记预言渐趋与经书相配合，大多借助儒学经典及神化孔子和古代圣贤来叙述，是谓谶纬。

② 萧登福：《谶纬与道教》，台湾文津出版社2000年版，第512页。

③ ［日］薮内清：《汉代改历及其思想背景》，载刘俊文主编，杜石然、魏小明等译：《日本学者研究中国史论著选译》第10卷，中华书局1992年版，第42页。

④ 班固撰，颜师古注：《汉书》，第3192页。

⑤ 班固撰，颜师古注：《汉书》，第3192页。

下久疾，变异屡数，天所以谴告人也。宜急改元易号，乃得延年益寿，皇子生，灾异息矣。得道不得行，咎殃且亡，不有洪水将出，灾火且起，涤荡民人。”① 也就是说，无论甘忠可抑或夏贺良，其献书活动均以“言赤精子之谶”“当更受命”作为理论依据——即通过托名神祇造作符谶的方式，试图游说帝王接受自家学说，进而达到参与政治的目的。② 值得关注的是，二人的献书为什么都要以“谶”的形式？换句话说，这是否从侧面反映了《包元太平经》一书的性质？答案应该是肯定的，这的确说明《包元太平经》与“谶”有着密切联系。从某种角度来说，《包元太平经》可被视作“谶书”。③ 所以，汤用彤先生认为：“《太平经》者，上接黄老图谶之道术”④，这一论断无疑是准确的。

那么，甘氏、夏氏前后两次进献为何均以失败而告终？⑤ 其实，这与当时社会的思想背景有很大关系。西汉中后期，谶记之学尚未形成气候。谶记预言活动及谶书尽管在民间社会已有流传，但还没有成为占据主流地位的文化意识，当然也未被正统思想所接受。虽然，成帝本人“颇好鬼神”⑥，哀帝则博征方术士、大兴淫祀⑦，但谶记预言毕竟不同于古老的神仙方术思想，作为一股后起的新兴思潮，必须假以时日，做好舆论上的宣传、深化理论上的建设，才能被帝王接受。

---

① 班固撰，颜师古注：《汉书》，第3192页。

② 这一点，在夏贺良身上表现得尤为明显。

③ 汤用彤先生分析《春秋元命苞》一书中有关元气的说法，指出“疑《包元太平经》之名引用纬书”（汤用彤：《读〈太平经〉书所见》，载氏著：《汤用彤学术论文集》，第66页）。

④ 汤用彤：《〈太平经〉与佛教》，载氏著：《汉魏两晋南北朝佛教史》，北京大学出版社1997年版，第71页。

⑤ 夏氏的献书及其改元、“更受命”等建议，初为哀帝所采纳，终因朝臣的反对和“其言亡验”而遭废除。前后仅持续月余，实为昙花一现而已。

⑥ 《汉书·郊祀志下》：“成帝末年颇好鬼神，亦以无继嗣故，多上书言祭祀方术者，皆得待诏”。（班固撰，颜师古注：《汉书》，第1260页）

⑦ 《汉书·郊祀志下》：“哀帝即位，寝疾，博征方术士……尽复前世所常兴诸神祠官，凡七百余所，一岁三万七千祠云。”（班固撰，颜师古注：《汉书》，第1264页）

第二，从刘氏父子（刘向、刘歆）的评价，推论《包元太平经》的谶书性质。

刘氏父子，皆为汉代大儒。《包元太平经》的前后两次献书均遭到父子二人的抵制。这些诋毁性议论，从侧面反映出《包元太平经》的性质。下面，我们分别陈述刘氏父子对《包元太平经》的评价态度。

刘向虽是儒学大师，但也具备神仙方术、五行灾异等方面的知识背景，现摘录《汉书》记载的两件事略作资证：第一件事发生在刘向的青年时代。宣帝时，“上复兴神仙方术之事，而淮南有《枕中鸿宝苑秘书》。书言神仙使鬼物为金之术，及邹衍重道延命方，世人莫见，而更生父德武帝时治淮南狱得其书。更生（即刘向之原名——笔者注）幼而读诵，以为奇，献之，言黄金可成。上令典尚方铸作事，费甚多，方不验。上乃下更生吏，吏劾更生铸伪黄金，系当死。……上亦奇其材，得逾冬减死论”。[①] 第二件事距甘氏献书不久，时刘向已年迈。成帝即位之初，“时数有大异，向以为外戚贵盛，凤兄弟用事之咎。……向乃集合上古以来历春秋六国至秦汉符瑞灾异之记，推迹行事，连传祸福，著其占验，比类相从，各有条目，凡十一篇，号曰《洪范五行传论》，奏之”[②]。可见，刘向对神仙方术以及传统的五行占验等学说是有一定了解的。然而，对甘氏献书之举动，刘向却给予了严厉的批判——“中垒校尉刘向奏忠可假鬼神罔上惑众，下狱治服”[③]。刘氏所下“假鬼神罔上惑众”之评语，却颇值得琢磨。这一评断显然不是空穴来风，想必有所依凭。是否可以这样推论：甘氏所献之书（即《包元太平经》）及其主张，是不同于传统神仙方术思想及以往借助儒家经典“推迹行事，连传祸福，著其占验”等做法的另一种体裁。这种新的表达形式可能就是尚处于成长阶段的谶书。哀帝时，刘歆对甘氏之徒夏贺良等“所挟忠可书”虽然也表

① 班固撰，颜师古注：《汉书》，第1928～1929页。
② 班固撰，颜师古注：《汉书》，第1950页。
③ 班固撰，颜师古注：《汉书》，第3192页。

示反对，但言辞较之乃父已颇显委婉——“歆以为不合《五经》，不可施行”。这里，刘歆所提出的否定理由是认为该书“不合《五经》”。这一方面反映出谶记预言这种形式已渐为士人所接受（这从夏氏之建议能被哀帝接受及其拥护者大多具有较高官阶等情况即可体察），刘歆不再以“假鬼神罔上惑众”作为攻击借口，更没有视之为洪水猛兽，欲除之而后快，仅从维护官方正统思想的立场（亦不排除含有维护其父之私人感情成分）而提出否定意见。① 从另一个角度讲，刘歆的这番评论也间接说明《包元太平经》尚不属于成熟的谶纬书，不是采用依托儒家经典、假借圣贤之言的形式来从事预言活动，故与“五经”不合。

第三，从传承人及拥护者的文化背景，推论《包元太平经》的谶书性质。

诚然，《包元太平经》一书的谱系脉络已无法全部厘清。但据《汉书·李寻传》记载，该书的传承人至少有甘氏及徒弟三人——“（甘）忠可以教重平夏贺良、容丘丁广世、东郡郭昌等”②。这四人的身世等情况，由于缺乏相关资料而无法稽考。不过，关于夏贺良的身份背景，《后汉书》倒有两处地方提及，分别是：《光武帝纪下》：“论曰：……明年（指刘秀出生后的第二年——笔者注），方士有夏贺良者，上言哀帝，云汉家历运中衰，当再受命。”③《窦融传》：“（窦）融等于是召豪杰及诸太守计议，其中智者皆曰：‘汉承尧运，历数延长。今皇帝姓号见于图

① 另外，刘氏父子反对《包元太平经》可能还掺杂学术观点之分歧等因素。《汉书·五行志上》：“汉兴，承秦灭学之后，景、武之世，董仲舒治《公羊春秋》，始推阴阳，为儒者宗。宣、元之后，刘向治《谷梁春秋》，数其祸福，传以《洪范》，与仲舒错。至向子歆治《左氏传》，其《春秋》意亦已乖矣；言《五行传》，又颇不同。是以揽仲舒，别向、歆，传载眭孟、夏侯胜、京房、谷永、李寻之徒所陈行事。”（班固撰，颜师古注：《汉书》，第1317页）从上述引文可见，刘氏父子与李寻之徒虽然都推阴阳、说灾异，但在治学的方法、观点以及师承等方面还存在分歧。蒙文通先生则称甘氏师徒为“西汉今文学家”，可备一说。（详见蒙文通：《道教史琐谈》，载氏著：《古学甄微》第1卷，巴蜀书社1987年版，第315页。）

② 班固撰，颜师古注：《汉书》，第3192页。

③ 范晔撰，李贤等注：《后汉书》，第86页。

书，自前世博物道术之士谷子云、夏贺良等，建明汉有再受命之符，言之久矣，……'"① 这里，或称"方士"，或称"博物道术之士"，概而言之，就是指那些活跃于民间的一些懂得方术、道法，同时又具备一定文化知识的异人。这部分人当是谶书造作和传播的主导力量。下面，我们介绍哀帝时支持《包元太平经》那些官员的个人背景。

首先，司隶校尉解光是夏氏献书的发起者。解光是第一个向哀帝举荐夏氏及《包元太平经》的人。他力倡推行此书，在遭到刘歆反对时便毫不留情地给予回击："前歆父向奏忠可下狱，歆安肯通此道？"② 解光本人在哀帝初立时，"亦以明经通灾异得幸"③。另外，《汉书·沟洫志》亦载李寻、解光等人运用灾异学说阐述治理河道的见解："先是，谷永以为'河，中国之经渎，圣王兴则出图书，王道废则竭绝。今溃溢横流，漂没陵阜，异之大者也。修政以应之，灾变自除。'是时李寻、解光亦言'阴气盛则水为之长，故一日之间，昼减夜增，江河满溢，所谓水不润下，虽常于卑下之地，犹日月变见于朔望，明天道有因而作也。……今因其自决，可且勿塞，以观水势。河欲居之，当稍自成川，跳出沙土，然后顺天心而图之，必有成功，而用财力寡。'于是遂止不塞。"④ 这些文字都证实解光乃十分精通灾异之说。

其次，黄门侍郎李寻也是一位积极推动者。《汉书·李寻传》记载："李寻字子长，平陵人也。治《尚书》，与张孺、郑宽中同师。……寻独好《洪范》灾异，又学天文月令阴阳。……寻见汉家有中衰厄会之象，其意以为且有洪水为灾。"⑤《汉书·五行志中之下》亦云："哀帝建平二年四月乙亥朔……有大声如钟鸣……上以问黄门侍郎扬雄、李寻，寻对曰：'《洪范》所谓鼓妖者也。师法以为人君不聪，为众所惑，空名得

① 范晔撰，李贤等注：《后汉书》，第798页。
② 《汉书·李寻传》。班固撰，颜师古注：《汉书》，第3192页。
③ 《汉书·李寻传》。班固撰，颜师古注：《汉书》，第3192页。
④ 班固撰，颜师古注：《汉书》，第1691页。
⑤ 班固撰，颜师古注：《汉书》，第3179页。

进，则有声无形，不知所从生。其传曰岁月日之中，则正卿受之。今以四月日加辰巳有异，是为中焉。正卿谓执政大臣也。宜退丞相、御史，以应天变。然虽不退，不出期年，其人自蒙其咎。'"①

以上是对《包元太平经》两位支持者的背景介绍。从中，可以发现他们的共同特征——通灾异、明阴阳。正是基于这一知识背景，李寻、解光自然会比他人更易于接受《包元太平经》，而成为谶书的第一批推动者。②

（二）"洞极之经"的主旨与性质

探讨"洞极之经"的主旨和性质，必须先搞清楚现存《太平经》哪些章节属于"洞极之经"的范畴。由于缺乏充分的史料依据，我们很难将其从《太平经》中全部而又准确地区分开来。尽管如此，我们却可以根据不同的关系程度，将现存《太平经》残卷中似属"洞极之经"的那些部分划分成几种类型：第一类，可以基本断定属于"洞极之经"的部分——即前文表格所列的那些篇章；第二类，可能属于"洞极之经"的部分——即出现"洞极"字样的部分篇章③；第三类，除上述的两种情况外，现存《太平经》残卷可能会有其他篇章也属于"洞极之经"的内容，这就需进行更深入的研究和落实。另需说明的是，《太平经钞》在撮钞或转述过程中难免发生窜乱、有失原义，故仅将道藏五十七卷本《太平经》作为考察之主要依据，而将《太平经钞》及出现"洞极"字样的篇章作为旁证略加征引。此外，对于个别章节，从体裁、特征、思想等方面可大致判定确属"洞极之经"，论述时也会将其作为辅助和参考。下文将从几个角度对"洞极之经"的有关问题展开考察。

第一，从称谓上看。

---

① 班固撰，颜师古注：《汉书》，第 1429 页。

② 当然，这其中也不排除掺杂着利用学术分歧，干预政治、打击异己之企图。

③ 这些篇章未必都属"洞极之经"，仅根据"洞极"二字还不足以证明。尚需综合其他因素予以考虑。

这里所说的“称谓”，包括两方面的内容：其一，对文本自身的称谓，即“洞极之经”这一名称的由来及含义；其二，经文中问答双方的称谓，即天师与真人。尤其具有鲜明特色的是称“天师”而非“神人”；这与其他部分不同，也被后世道教所沿用。

首先，为什么把这部旷世经书称作“洞极之经”。

“洞”字之本义，《说文》训曰：“疾流也。”清人段玉裁注云：“引申为洞达、为洞壑。”“极”之义，《尔雅·释诂》云：“至也。”合而论之，“洞极”一词，实为洞达至极之义。“洞极”之形上用法，最初源于老庄道家思想。《道德经》云：“致虚极，守静笃，万物并作，吾以观复。”《庄子·天道篇》亦云：“极物之真，能守其本。”意思是说：得道之人善于体察万物之极笃，也能准确把握事物之本质规律。《太平经》卷四十一《件古文名书诀》解释“大洞”之含义时说道：“大者，大也；行此者，其治最优大无上。洞者，其道德善恶，洞洽天地阴阳，表里六方，莫不响应也。”① 这里突出强调的是对天地阴阳的“洞洽”，随后又点明对“六方八远”以及天地万物包括“草木小微”的洞察。又如卷六十八《戒六子诀》所云：“吾书乃知神心，洞六极八方，自降而来伏，皆怀善心，无恶意。”② 卷九十六《守一人室知神戒》亦云：“其善乃洞洽于六方八远，其恩爱与天地同计也。……其善乃洞究洽于天地，其神乃助天地，复还助帝王化恶，恩下及草木小微，莫不被蒙其德化者。”③ 这一说法，似脱胎于《庄子》。如《齐物论》云：“夫道未始有封，言未始有常，为是而有畛也。请言其畛：有左有右，有伦有义，有分有辩，有竞有争，此之谓八德。六合之外，圣人存而不论；六合之内，圣人论而不议。”《大宗师》又说：“夫道有情有信，无为无形；可传而不可受，可得而不可见；自本自根，未有天地，自古以固存；神鬼神帝，生天生

---

① 《太平经合校》,第 87 页。

② 《太平经合校》,第 258 页。

③ 《太平经合校》,第 410 ~ 411 页。

地；在太极之先而不为高，在六极之下而不为深，先天地生而不为久，长于上古而不为老。”对照以上说法，可以发现：无论是在文风还是思想上，二者都十分近似。据笔者推测，“洞极之经”反复强调必须予以“洞洽”的那个“极”，完全可比类于《庄子》所讲论的“道”。不同的是，《庄子》一书中的“道”是无形无状、不可言说的，而“洞极之经”则试图将体“道”的经验以文字形式汇编成书，以便于教化世人。如卷九十六《守一入室知神戒》所说：“六究洽洞极七竟，以类次书文使相得，灾悉灭亡，致洞极之吉文。”① 卷六十七《六罪十治诀》：“上洽天心，下洞无极，人民莫不乐生为善。……此乃天上太古洞极之道，可以化人，人一知之俱为善，亦不复还反其恶也。”②

笔者翻阅和检索过先秦两汉诸子典籍，尚未发现“洞极”之其他语例，似可说二字之连用当从“洞极之经”始。然这一语辞及其相关用法在后世道教经典中却十分常见，甚至以“洞×”或“大洞×”为经书之标题的现象也很普遍。据笔者统计，现存《道藏》中以此形式命名的道经共计259种，约占总数17.5%③，其中最常见有“洞玄”“洞元”以及“上清大洞××箓”等④，后世道人更一度将教内诸经统称为“三洞”

① 《太平经合校》,第423页。

② 《太平经合校》,第244、253页。

③ 现存《道藏》子目之总数,前后出现过四个统计数字,分别是:1476种(翁独健《道藏子目引得》)、1477种(施舟人《道藏通检》)、1473种(任继愈主编《道藏提要》)、1500种(《道藏》“三家本”目录)。这一分歧,乃因各家对个别经书归属之划分的看法不同所造成。

④ 这些道经大多属于道教上清派的典籍,说明二者可能存在某种内在联系。对此,李刚先生曾撰文指出:《太平经》在东汉成书之后的流传过程中似存在几种不同的抄本,书名也略有不同,“这些卷数不同的本子,到隋唐、北宋时以一百七十卷为流行本”。然而,这个一百七十卷定本也至少存在两种不同的抄本:“敦煌本”和“上清本”。随着上清派的势力扩大,《太平经》“上清本”渐成为“世之通行本”。唐末道士闾丘方远依据“上清本”诠次《太平经钞》,“《钞》甲自然是节抄《太平经》甲部而来”,“甲部的作伪者是东晋末到南北朝梁陶弘景之前这段时期内的上清派道士”(详见氏作:《也论〈太平经钞〉甲部及其与道教上清派之关系》,载陈鼓应主编:《道家文化研究》第4辑)。另外,日本学者吉冈义丰、楠山春树等对这一问题也有过论述。

经书。总之，“洞极”二字的使用（特别是以之命名经书），说明开始具有道经的味道，已不同于以往的谶书。

其次，“洞极之经”的最高人物称谓——“天师”及其含义。

现存《太平经》诸章节中居于最高地位的人物称谓并不统一，除“天师”外还有“神人”（或称“大神”）、“天君”、“太上之君”（或称“太上君”）①。这一个主神（或主角）称谓上的混乱状况，恰好反映《太平经》不会是一时一人之作。“神人”（或称“大神”）之称谓，可能反映《太平经》早期文本（包括“本文”、《包元太平经》等）的残留内容。“太上之君”等称谓在现存《太平经》中的使用频率不高——仅出现过六次，且集中在两卷（卷一百十一、卷一百十四）四篇（第一百八十二、第一百九十二、第一百九十三、第一百九十八）中。② 这里的“太上之君”即道教至尊神——“太上老君”“太上道君”之发轫，其原型就是道家始祖——老子。而对老子的神化（或仙化）开始于东汉

① 《太平经》第一百十一卷和第一百十四卷中，常将“太上之君”和“太上君”简称为“太上”。

② 《太平经》卷一百十一《善仁人自贵年在寿曹诀》：云“日夜思念过负，恐有不称太上君之意。……太上之君善之，言生自命好生，不顾财色，见活之人，常思与同久，何时当妄行不道，无心之意不报重恩乎？”（《太平经合校》，第555页）卷一百十四《某诀》（据敦煌目录似属《孝行神所敬诀》）：“太上之君见其孝行无辈，著其亲近内外，神益敬重之。”（《太平经合校》，第594页）卷一百十四《九君太上亲诀》：“惟太上之君有法度，开明洞照，可知无所不通，豫知未然之事。……饮食天厨，衣服精华，欲复何求，是太上之君所行也。”（《太平经合校》，第594～595页）卷一百十四《有功天君敕进诀》：“而小不善闻于太上之君耳。故因诸神求知旷问，唯蒙不逆，使不见疑。”（《太平经合校》，第610页）这四篇中有三篇（除卷一百十四《某诀》外）经文中还同时出现过“天君”之称谓。结合上下文意。可知“天君”即等同于“太上之君”。但在其他部分则不是这样，“天君”则是作为独立的神祇形象而出现的。另外，这两卷四篇中也可见“太上”一词，其意有二：其一，作为形容词使用，如“太上善人”等，其意与其他部分中的同类用法无异；其二，是“天上之君”的一种简称，如“复道太上之言”“进见太上”等，其意明显与作为形容词使用的“太上”不同。

中后期①，西汉及东汉前期均没有类似举措。② 至桓帝时首次公开祭祀老子，随后掀起对老子的神化运动。《后汉书·孝桓帝纪》云：“（延熹）八年春正月，遣中常侍左悺之苦县，祠老子。……（九年秋七月）庚午，祠黄、老于濯龙宫。”③ 此时，老子显然扮演着神人的角色。关于祭祀老子的礼仪及规格，《后汉书·祭祀志中》如此记载：桓帝“（延熹）九年，亲祠老子于濯龙。文罽为坛，饰淳金钔器，设华盖之坐，用郊天乐也。”④ 可见，对老子的祭祀已十分隆重。据此，笔者颇怀疑，集中出现有“太上之君”称谓的这四篇经文（不排除还有其他章节），当是在东汉桓帝时（或之后）造作而成。而此前民间社会中则似广泛流行过“天师”观念。

“天师”就是“以天为师”之义。⑤“天师”之名，始见于《庄子·徐无鬼》，乃黄帝对牧马小童的尊称。⑥ 不过，这一称谓的由来似可追溯至原始神祇信仰中的皇天观念。⑦ 古代社会，人们对“天”始终秉持着

---

① 东汉边韶所题《老子铭》即云：“（老子）随日九变，与时消息。”（《隶释》卷三）可见，当时已存在对老子形象的神化。详见洪适《隶释·隶续》，中华书局1985年版，第36页。

② 《史记》中《老子列传》及《太史公自序》等篇均将老子定位以哲人形象，并没有神化之迹象。另外，《汉志·方技略》所列举的“神仙十家，二百五卷”书目中，不乏托名于黄帝、泰壹、神农者，却未见以老子命名者。

③ 范晔撰，李贤等注：《后汉书》，第313、317页。

④ 范晔撰，李贤等注：《后汉书》，第3188页。

⑤ 《太平经》卷三十九《解师策书诀》：“故吾者乃以天为师”。（《太平经合校》，第70页）

⑥ 《庄子·徐无鬼》载：“黄帝将见大隗乎具茨之山，……适遇牧马童子，问涂焉，……小童曰：‘夫为天下者，亦奚以异乎牧马者哉！亦去其害马者而已矣！’黄帝再拜稽首，称‘天师’而退。”

⑦ 由此可推断，“洞极之经”与《包元太平经》在神祇观念上具有一定的相似性。另外，在现存《太平经》中，“皇天”一词共出现99次（除去重复，实计96次）。可见，皇天观念对《太平经》影响之深远。

一种敬畏和崇拜的心态，经过不断地神化渐次形成天帝信仰。① 天帝作为鬼神之宗，拥有绝对的权威。由于神圣与世俗之间必须架设一个沟通的桥梁，便不断涌现出天帝之代言者②，“代表天帝和鬼神打交道传达符命的人则称为‘天帝神师’或‘天帝使者’，‘天师’即是‘天帝神师’的简化称呼”③。近几十年来，陆续发现的一些汉墓出土文物也证实了这一点。④“洞极之经”将主角人物称作“天师”，这与其他两种体裁部分（散文体、对话体）明显不同。“天师”这一称谓的出现及使用，反映了“洞极之经”试图结束混乱的神祇局面⑤，将众多并存的“使者”称谓予以统一，建立一个明晰的尊卑秩序。与之相对应，王莽在其执政时期也曾奏请进行大规模的神祇清整，其中包括序列群神、复位祀典等。《汉书·郊祀志下》记载这次上疏内容：“今称天神曰皇天上帝，泰一兆曰泰畤，而称地祇曰后土，与中央黄灵同，又兆北郊未有尊称。宜令地祇

① 延熹四年(161)“钟仲游妻镇墓券”(118字)，其中即刻有：“有天帝教如律令”等字样。(详见罗振玉编撰：《贞松堂集古遗文》下册，北京图书馆出版社2003年版，第357页)另外，“刘伯平镇墓券”亦可见：“天帝下令……天地教如律令”等语。(同上书，第358、360页)罗振玉先生指出：“东汉末叶，死者每用镇墓文。乃方术家言，皆有天帝及如律令字。……汉季崇尚道术，于此可见一斑。米巫之祸盖已兆于此矣。”(同上书，第360页)

② 王育成先生结合东汉文物资料，指出：这一时期频繁出现的天帝使者在角色功能上颇类似于道人。他们广泛活动于民间社会，并以师徒授受形式建立起一个早期教团，使之成为后世道教之雏形和基础。——详见氏作：《东汉天帝使者类道人与道教起源》，载陈鼓应主编：《道家文化研究》第16辑，生活·读书·新知三联书店1999年版。

③ 张勋燎：《东汉墓葬出土的解注器材料和天师道的起源》，载陈鼓应主编：《道家文化研究》第9辑，上海古籍出版社1996年版，第262页。

④ 详情参见唐金裕：《汉初平四年王氏朱书陶瓶》，《文物》1980年1期；洛阳博物馆：《洛阳东汉光和二年王当墓发掘简报》，《文物》1980年6期；蔡运章：《东汉永寿二年镇墓瓶陶文考略》，《考古》1989年第7期；钱宝康：《宝鸡县出土“天帝使者”印章》，《考古与文物》1990年第4期。另外，罗振玉编撰：《贞松堂集古遗文》(北京图书馆出版社2003年版)卷十五中便收录了一些相关资料。

⑤ 神统谱系的混乱现象在现存《太平经》中仍有所反映，如卷五十《生物方诀》：“比若人有道而称使者，神人神师也。”(《太平经合校》，第173页)这里就同时出现“使者”“神人”“神师”等称谓。类似例子还有很多，恕不详述。

称皇地后祇，兆曰广畤。……分群神以类相从为五部，兆天地之别神：中央帝黄灵后土畤及日庙、北辰、北斗、填星、中宿中宫于长安城之未地兆；东方帝太昊青灵勾芒畤及雷公、风伯庙、岁星、东宿东宫于东郊兆；南方炎帝赤灵祝融畤及荧惑星、南宿南宫于南郊兆；西方帝少皞白灵蓐收畤及太白星、西宿西宫于西郊兆；北方帝颛顼黑灵玄冥畤及月庙、雨师庙、辰星、北宿北宫于北郊兆。”① 经过这次厘定和清整，原本混乱复杂的神祇谱系颇显有序。

“天师”这一称谓，被后世道教所承袭并渐成为专用名称。如五斗米道（后为天师道）便尊称历代掌教人为“天师”。这一称呼似始于其创始人——张陵，是否受“洞极之经”的影响，亦未可知。另，据宋人洪适②所撰《隶续》（卷三）记载：南宋时，蜀中地区尚保存有一块由五斗米道祭酒张普题刻于熹平二年（173）的石碑。碑文“凡七行、六十七字”③，其中有云：“熹平二年三月一日，天表鬼兵胡九□□，仙历道成，玄施延命，道正一元，布于伯气。定召祭酒张普，……谕受微经十二卷。祭酒约：施天师道法无极才。”④ 由此可见，东汉灵帝时五斗米道已作为组织化宗教在蜀中民间广泛流传。

第二，从对经书的分类上看。

“洞极之经”主张对收集上来的资料首先予以分类，然后“各从其家”加以利用，这已是较为成熟的经书分类观念。“洞极之经”将历代

① 班固撰，颜师古注：《汉书》，第 1268 页。

② 洪适（1117～1184），字景伯，号盘州，字温伯（一字景温），谥号文惠，饶州鄱阳人。曾编辑多部研究汉隶的著作，今仅存《隶释》《隶续》。此二书是现存最早的集录汉魏石刻的作品。

③ 洪适：《隶释·隶续》，中华书局 1985 年版，第 309 页。

④ 洪适：《隶释·隶续》，中华书局 1985 年版，第 309 页。

经书分成几种类型："天经""圣经""德经""贤经"等①，并对这一分类的标准加以解释。如《太平经》卷四十一《件古文名书诀》所云："今小之道书，以为天经也。拘校上古中古下古圣人之辞以为圣经也，拘校上古中古下古大德之辞以为德经也，拘校上古中古下古贤明之辞以为贤经也。"② 随后，又对四类经书的整理方法分别做了说明："所言拘校上古中古下古道书者，假令众贤共读视古今诸道文也。如卷得一善字，如得一善诀事，便记书出之。一卷得一善，十卷得十善，百卷得百善，千卷得千善，万卷得万善，亿卷得亿善，善字善诀事，卷得十善也，此十亿善字；如卷得百善也，此百亿善字矣。书而记之，聚于一间处，众贤共视古今文章，竟都录出之，以类聚之，各从其家，去中复重，因次其要文字而编之，即已究竟，深知古今天地人万物之精意矣。因以为文，成天经矣。……拘校上古中古下古圣经中善字诀事，卷得一善也，……贤明共记书，聚一间善处，已都合校之，以类相从，使贤明共安而次之，去其复重，即成圣经矣。……拘校上古中古下古之贤明辞，其中大善者卷记一……已毕竟，复以类次之，使相从，贤明共安之，去其复重，编

---

① 现存《太平经》五十七卷中关于经书的分类之说法仅存此一处（详下文）。另外，《太平经钞》和《太平经》佚文中涉及这一内容的又各见一处。这三处说法有内在联系但又不尽相同，由此，也可体察《太平经》关于经书分类观念的逐次演变之过程。其余两处分别是：其一，《钞》戊部："天者好生道，故为天经；积德者地经，地者好养，故为地经；积和而好施者为人经，和气者相通往来，人有财相通，施及往来，故和为人经也。"（《太平经合校》，第 307 页）这里将经书简单地划分为"天经""地经""人经"三类，其思维模式还是传统的天地人三才观念之具有应用，似应属经书分类观念之质朴阶段；其二，《要修科仪戒律钞》卷一引《太平经》佚文则对经书予以更细致的分类与说明："真人问曰：'何为天经，何为地经，何为人经，何为道经，何为圣经，何为贤经，何为吉经，何为凶经，何为生经，何为死经？'神人曰：'然修积真道，道者，天经也。天者好生，道亦好生，故为天经。修积德者，地经也。地者好养，德亦好养，故为地经。修积和而好施与者为人经，和气者相通往来，人有财亦当相通往来，故和为人经也。修积上古中古下古道辞为道经，修积上古中古下古圣文为圣经，修积上古中古下古贤辞为贤经。其师吉者为吉经，其师凶者为凶经，其师生者为生经，其师死者为死经也。'"（《道藏》第 6 册，第 922 页）

② 《太平经合校》，第 83 页。

而置之，即成贤经矣。……如都拘校道文经书，及众贤书文、及众人口中善辞诀事，尽记善者，都合聚之，致一间处，都毕竟，乃与众贤明大德共诀之，以类更相微明，去其复重，次其辞文而记置之，是名为得天地书文及人情辞，究竟毕定，其善诀事，无有遗失，若丝发之间。此道道者，名为洞极天地阴阳之经，万万世不可复易也。”① 《太平经》卷一百十六《某诀》亦云：“宜拘校凡圣贤文，各以家类引之，出入上下大小，莫不相应。以一况十，十况百，百况千，千况万，万况无极，众贤共计，莫不尽得。”②

“洞极之经”对经书的这种划分观念，反映出其试图造作一个不同于以往所有经书分类的全新思想体系。这一体系将是在融合儒家、墨家、阴阳术数、神仙等诸派学说精华的基础上进行一次重新建构。结合当时的时代潮流及《太平经》的宗教背景，可以判断：“洞极之经”提出的经书分类，尤其是关于“天经”的那些构想，其实就是道经（准确地说，是《道藏》）之滥觞。③ 由此可以推测，《太平经》正在经历由早期的方术之书、谶书向道书转变的过程，至少可以说，此时的《太平经》业已初具些许道经色彩。另外，不可否认的是，“洞极之经”提出的这种划分及整理方法对后世道教的道书分类产生一定的影响。

第三，从内容上看。

如何定义“洞极之经”的主旨和性质？这个问题必须依据现有材料（按：可断定确属“洞极之经”的那些篇章或段落），尤其从经文内证入手，寻找解决的途径以及答案。根据有关经文线索，可以大致判断“洞

① 《太平经合校》，第 84 ~ 85 页。

② 《太平经合校》，第 632 页。

③ 编撰“天书”的设想，在后世《道藏》中得到体现和落实。譬如，素有“小《道藏》”之称的宋《云笈七签》及明《正统道藏》所收藏之典籍不光是道经之汇集，也可见儒家、墨家、法家、杂家、阴阳、易学、医学等诸家之作品，可以说内容极为丰富、涉猎极为庞杂，这一点恰合“洞极之经”之主旨。因此，从某种意义上说，“洞极之经”恐怕正在致力于酝酿早期经书之汇集。

极之经”一书的主要内容，就是论述治身与治国之道，并以之为行动指南付诸实践。换言之，生命与政治是“洞极之经”所关注的两大核心议题。这也与现存《太平经》的主旨十分吻合。① 毫无疑问，此时《太平经》文本较之于以往已有本质区别，不再是原先的那种充斥着神仙幻想、巫觋杂语的民间方术之书，也不同于满纸全是大预言的谶书之流，称得上是修身之学、治世之书。“洞极之经”及其构思之提出，标志着《太平经》正在经历一次大的思想转变。这一转变的背后，其实是以深刻的时代思潮作为铺垫。具体说来，就是与西汉时期广泛流行的黄老思想有着密切关联。“洞极之经”在这一背景下得以造作或构思，必然会反映黄老之学的某些特征，最明显的一点就是贯穿始终的“身国共治”之基本格调。“将宗教与政治紧密结合，将治国之道和养生之法合而为一，不仅是《太平经》的特色，也是中国道教的传统。”② 准确地说，这一特色是从“洞极之经”开始的，之后不断得以加强和充实。下面，我们对此展开析论。

首先，“洞极之经”对生命问题极为重视。生命存在及其相关内容在这些篇章中显然占据较大比重，甚至称得上是该书的主要内容。另外，就重要性而言，“养性（生）之术”也堪称是“‘洞极之经’竟者”。对此，卷八十八《作来善宅法》有清晰的说明：“为已校书文殊方也。卷投一善方，始善养性之术，于书卷下，使众贤诵读，此当为洞极之经竟者。因各集此方以自养，诵此术以自全，令各乐得久存。”③ 引文是说：那些经过校定、已被择取的书文、奇方，被按照一定的原则、有条理地

① 敦煌本《老子开题》云：“郝王时，授干室《太平经》并《百八十戒》，治国治身修养要诀。”可见，治身、治国是贯穿《太平经》的两大主题。近时，台湾学者林富士所撰《试论〈太平经〉的主旨与性质》一文对《太平经》“身国并治”思想有过精辟论述。该文载于《“中央研究院”历史语言所集刊》第六十九本第二分，1998 年。

② 林富士：《试论〈太平经〉的主旨与性质》，《“中央研究院”历史语言所集刊》第六十九本第二分，1998 年。

③ 《太平经合校》，第 337 页。

编入“洞极之经”。简言之，具体的操作方法就是：每一卷的首要位置将放置一则有助于炼养心性的道术之方，并要求修习此经者认真研读这一部分，使其明白该内容是“洞极之经”的精华之处和核心部分，让他们知道研读这些道术将有助于自身的生命保养。然而，“洞极之经”中的“养性（生）之术”不是孤立存在的，而是与“致太平”（“治国”）联系在一起的。就本质的原理而言，二者可说是相通的。就是说，“治身”与“治国”二者是并重的；“治身”之术是以“治国”为外在目的，“治身”是“治国”之基础。

其次，“洞极之经”处理政治问题时的积极态度。“洞极之经”很注意借助朝廷的力量，通过行政手段来加速理想之实现（包括是书之编撰、政治抱负之付诸实践等）。这从资料的收罗、筛选以及最后的汇集、编撰的一整套操作程序中处处可见行政的因素、帝王的影子，即可得到很好说明。此外，修习此经所希望达到的终极目标也是在于追求具备相应的能力并得到机会参与政治、服佐帝王。也就是说，最终还是趋向政治层面的落实。《太平经》卷八十八《作来善宅法》在经文之末尾就将“洞极之经”的研读者分为三种品级，明确表达了以入仕为目的：“上贤可以为国辅，中贤可为国小吏，下小人不能仕者，可长养其亲，而久守其子孙。”①

概言之，“洞极之经”体现了两种性格特征：生命特色和政治性格。当然，不可否认的是，除了上述两种特征外还保留了（或者说无法彻底清除）巫术、谶书之若干痕迹，同样不可避免地给人留下庞杂多端的总体印象。

五、结语

据上述的综合考察可以知道，“洞极之经”反映王莽执政时代的背

① 《太平经合校》，第337页。

景。该书的编撰及其想法之提出，可能是属于王莽执政时推行的“正乖缪，壹异说”文化运动之一项内容，故充斥着浓郁的官方色彩。伴随着新莽政权的崩溃，参与编撰的大部分人员可能流落（或重返）民间，和社会底层的民众长期生活在一起。但是，有关成员（或是“天师”），念念不忘这一写作提纲，以传经授徒的方式四处寻找时机，以图恢复编撰工作、完成这一构思设想。今本《太平经》残卷中尚保留点滴线索，如卷四十三《大小谏正法》云：“今吾之言，但举其纲见始，凡事不可尽书说也”,① 卷一百十六《阙题》亦云：“今吾之文，才举其大纲，见其始。”② 这一设想被后人（“天师”之徒——“六真人”“真人纯”，或是襄楷?）接受并付诸实践，继续加以编纂（但因未获朝廷扶持而使其规模比预计设想小得多，这也成为“洞极之经”反复强调献书给帝王的动机之一③），后来续写的那些部分（按：问答体中的其他部分）是在原有基础上填入新内容、并遵循“天师”所传授的编写体例和规范而展开，故与“洞极之经”在文体形式、语言风格上保持契合，以致使人误为一体。这就是说，“洞极之经”的若干想法（或内容）借由“天师”之口保存下来，但残存《太平经》中的问答体部分并不全都属于“洞极之经”。从目前可确证的残存部分来看，“洞极之经”的内容大抵围绕“治身”与“治国”两大主题而展开。较之于先前诸本（“太平本文”、《包元太平经》等），乃迥然有别，由此奠定了《太平经》（定本）的基本格调，更确立了该书的道经性质。它开启了道书之先河，使《太平经》得以成为道教最早的一部经书。从后世道教的整个发展脉络上看，“洞极之经”的这次转变，无疑具有深远的历史性意义。

---

① 《太平经合校》,第103页。

② 《太平经合校》,第648页。

③ 《太平经》反复强调将“神书”献给帝王,其动机当不止一二。不过,借助朝廷的力量完成规模庞大的编书计划,无疑也是其原因之一。

丹道与养生：宁王朱权修道活动初探

吕　烨

（台湾政治大学宗教研究所）

一、前言

朱权（1378—1448），《明史》言为太祖第十七子，自号大明奇士，后号涵虚子、臞仙、丹丘先生，别号玄洲道人。十四岁时初封大宁，号宁王，明成祖登基后改封南昌，有多部著作刊行于世，享年七十，谥号“献”，故称宁献王。

朱权少读儒书，就藩之后更是致力于编纂和刊刻各类书籍，史载“凡群书有系风化及博物修词，人所未见者，莫不刊布国中”①。朱权的人生在“靖难之役”时发生了转折。建文帝登基后的“削藩”政策引起了藩王们的不满，燕王朱棣以“清君侧”为由，起兵叛乱。朱权的封地大宁位于今天的内蒙古宁城，是明朝位于北方的屏障，朱棣起兵后，建文帝立即召回朱权，但是他抗命未行，因此被削三护卫。② 朱棣从起兵时就意识到大宁在地理及军事上的重要性，于是于建文元年十月初六日兵临城下，用计夺取了朱权的兵权。③ 朱权被挟持，不得已而参加了

① 焦竑:《国朝献征录》卷一宗室一，明万历四十四年徐象樗曼山馆刻本。

② 《明史·列传五·诸王二》，台湾鼎文书局，1982 年版，第 3591 ~ 3592 页。

③ 《明史·列传五·诸王二》:“燕王遂自刘家口间道趋大宁，诡言穷蹙来求救，权邀燕王单骑入城……阴结三卫部长及诸戍卒。燕王辞去，权祖之郊，伏兵起，拥权行，三卫彍骑及诸戍卒，一呼毕集，守将朱鑑不能御，战殁。王府妃妾世子皆随入松亭关，归北平，大宁城为空。”《明史》，台湾鼎文书局 1982 年版，第 3592 页。

“靖难之役”。这时的朱权远离封国，军队被收编，只剩下朱棣一句“事成，当中分天下”① 的空头许诺，朱权只能屈居于燕军中隐忍等待。

待到明成祖登基，“中分天下”已不可能，朱权冒险做出了一次试探，请封苏州与杭州，结果被朱棣拒绝。这时的朱权非常明白，朱棣对自己已是充满了猜忌和防范之心，自己已无任何用处，正是离开的好时机，于是请封远离京城的南昌。就藩之后，他处处小心谨慎，“日韬晦，构精庐一区，鼓琴读书其间，终成祖世得无患”②。也是此时，朱权的学术旨趣发生了改变，对于现实政治斗争和骨肉相残的极度失望，让他转向了对于俗世之外的超脱境界的追求，“既居山林，历代史书或兴亡成败之事闭眼绝不可观，以污其目。但床头堆数部丹书、治农之策，几上堆数部黄庭、道德、阴符、周易之书，阴阳、天文、药方之册，墙上贴一板历日，便是林泉下生意也”③。

近几十年，学界对于朱权的研究多集中于戏剧研究、中医学思想和史实、著述考据等，在宗教学尤其是道教方面的论述较少，多言其为净明派祖师，并未对其修道活动进行进一步梳理。王岗的著作《明代藩王与道教》为研究朱权的学术旨趣提供了一个新方向，该书旨在关注明代藩王在地方宗教上扮演的重要角色，以及他们与当地宗教团体、世俗精英的互动。王氏在书中对明代有修道活动的藩王进行了详细的梳理与分析，笔者认为有必要对其中几位极具代表性的藩王，进行深入的修道活动研究，以揭示他们个人的日常修道情形及如何与地方团体进行互动，于是本文选择宁献王朱权个案进行讨论，以期还原藩王与地方道教互动的具体情形。

---

① 查继佐:《罪惟录》,收入《四部丛刊三编》,吴兴刘氏嘉业堂藏手稿本。

② 《明史·列传五·诸王二》,台湾鼎文书局 1982 年版,第 3593 页。

③ 胡道静等主编:《藏外道书》第 18 册,巴蜀书社 1992 年版,第 287 页。

二、朱权的修道活动

朱权改封南昌后，“以恬澹为乐，故无衮冕之志”①，醉心道学，将其室称为“神隐”。在《神隐志》序中他阐述了自己如何看待“隐”：“以有患之躯而遁乎不死之域，使吾道与天地长存而不朽。故生于黄屋之中，而心在于白云之外；身列彤庭之上，而志不忘乎紫霞之想。……身虽不能避地，而心能自洁，谓之“神隐”，不亦高乎！”② 朱权想以修道来躲避政治上的失意和压迫，为了让明成祖放下对自己的戒心而不问世事，专心修道。明成祖多次下诏让朱权就国，都被他回绝，成祖只好“乃以其世子即于豫章袭藩封，加封真人为涵虚真人号臞仙”，当时朱权的行状是“日与张三丰周颠仙味歌酬唱。”③ 朱权的修道活动是丰富多样的，其与明初道教的各个派别也是互动频繁。

（一）内丹修炼

朱权对于内丹功夫的研究，记述在《救命索》一书中。《救命索》现存三个版本：一为明永乐庚子本，现存中山大学图书馆，另外中国国家图书馆藏有缩微胶卷；二是明正统本，收入《藏外道书》第二十五册，残缺较严重；三是戏曲史家蒋星煜先生所见明成化年间龙虎山本，所藏不明。④ 庚子本（1420）是初刻本，有“神”字花押及“天全老懒”印记⑤；龙虎山刊本前有序一篇，末署“明正统六年岁在辛酉秋七月吉日龙虎山丘斌重刊行”字样，没有印记，可知朱权的这本《救命索》在明初已广为流传。

---

① 胡道静等主编：《藏外道书》第18册，巴蜀书社1992年，第274页。
② 同上，第309～310页。
③ 金桂馨：《逍遥山万寿宫志》卷五《净明朱真人传》，清光绪四年江右铁柱宫刻本。
④ 叶明花、蒋力生：《朱权〈救命索〉内丹思想初探》，《中国道教》2010年第4期。
⑤ 同上。

笔者认为，从行文中分析，朱权的内丹丹法应属南宗，主性命双修，先命后性之法。他在序中说："是以道家工夫最难，务要性命兼备，以修性为息心之法也。丹经曰：修命不修性，心地少安静，修性不修命，万劫英灵难入圣……便烧出千斛舍利，不免是死。全真多有之，不为罕也。无死是天人，此皆实证也。"① 朱权罗列出的修炼顺序为：首节"人身造化"，了解人身构造与丹道术语如何一一对应，如"丹田有三，脑者上丹田也，心者中丹田也，气海精门下丹田也"②，又云，"汞为婴，铅为姹"③；次节"丹道宗源"，列出两图以交代取坎填离、水火既济之意。

自三节起进入实修功夫，朱权将内丹功夫与佛教的大小乘进行对比，在前文中就已点明，"道有二，炼阳神者本之于天，道在冲举，谓之曰仙，故曰天尊；修阴神者，本之于地，乐于寂灭，谓之佛教，故曰世尊。中国曰大道，西胡曰佛法，皆有大乘小乘之基"④。第三节名为"初阶小乘"，是将小周天功法比作小乘佛法，此阶"虽小乘，夺天地之妙用而保遐龄也"⑤，修炼初阶虽不能得道成仙，但却能祛病延年。此节朱权将炼功时节的安排与天象的黄道十二宫相结合，可谓是一大创举。黄道十二宫源自古巴比伦，其后传入希腊，再传入印度，随佛教进入中国。10世纪初五代道士杜光庭的《玉函经》所载十二宫译名与今译已非常接近，宋代《武经总备》《理气心印》等均沿袭《玉函经》的译名，说明十二宫译名在五代宋初已基本定型。⑥ 五代至明初的丹书《悟真篇》《钟吕传道集》《灵宝毕法》《内丹秘诀》等均未提及将天文中的黄道十二宫与内丹术结合，朱权的引用显示西方天文知识传入中国后，已被逐渐吸

① 胡道静等主编:《藏外道书》第25册,巴蜀书社1992年版,第678页。
② 同上,第680页。
③ 同上,第680页。
④ 同上,第679页。
⑤ 同上,第681页。
⑥ 韦兵:《日本新发现北宋开宝五年刻〈炽盛光佛顶大威德销灾吉祥陀罗尼经〉星图考——兼论黄道十二宫在宋、辽、西夏地区的传播》,《自然科学史研究》2005年第3期。

纳入自身的天文系统，结合分野、五脏和十二律为内丹修炼所用。以下列举其中几则，以供参考：

> 寅月上至人马宫，下临燕地，五脏气传于胆，律应太簇
>
> 卯月上至天蝎宫，下临宋地，五脏气传于肝，律应夹钟
>
> ……
>
> 申月上至阴阳宫，下临晋地，五脏气传于三焦，律应夷则①

小乘功法对于朱权来说，只是筑基，要纯熟之后，方可进入大乘。但在这之前，还要修习性宗。

第四节为“性宗”。朱权认为，“玄门炼性之道，天真皇人清都派有《鸟轮宝鼎心印性宗》一法，极高，只要一灵真性不乱，寂然不着，湛然不染，一意不动，万感不迟，然后内观集神，则阴魔不能入于念中．阳神不散游于外境”②，并极力推荐《周易参同契》一书，认为其可帮助修炼者明了火候功夫。朱权强调，性宗的修炼，就是要心性自安，像风中的落叶，任其自然，后天的智巧都消失后，恬淡无为的真一之性就会与道合一。与此同时，心性的修炼并不意味着枯坐，还在于积累德行，既内修与外修的结合以致功行两全，他说：“内修则保精惜气，定性养心，炼形成气，炼气成神，炼神合道，形神俱妙，超入圣阶；外行则救贫济苦，念物念人，奉道事师，顺上悯下，凡以方便为心，勿以人我介意。内外相济，所修易成。若非德行相扶，动有障碍。”③ 朱权这种“功行两全”的修行思想，显然是受到了全真派的影响。全真派的修炼除注重自我的提升外，还关注对于众生的拯救，以出世之心行入世之事，以济世救人为基础开启自身的修炼历程。朱权特举佛教禅修的例子，以说

① 胡道静等主编:《藏外道书》第 25 册,巴蜀书社 1992 年版,第 681 ~682 页。
② 同上,第 684 页。
③ 同上,第 684 页。

明仅仅只用枯坐，是成不了仙的，“念头中顿然讨一个悟头，谓之成佛，虽经年穷岁，如捕风捉影，茫无所得，皆待枯坐而死，不亦悲乎！”①，所以朱权劝修道之人“念经拜佛皆是外事，智者不为”，也不可学习佛教“禁语、禁足、禁食、断足、燃指烧身、舍身跳崖塔、投江河，身求速死者”②，以毁伤道教修炼所最重的身体。

第五节为“命宗大乘”，即大周天功法。朱权认为内丹著述自古颇多，千宗万乘，使后学者茫然不知从何处下手，唯南宋初胡混成的《金丹正宗》一书，点明鼎炉、药物、火候三个至要，切中要害。他详细阐释了这三个要素的内涵，以示后学，“鼎炉者何？即守玄关一窍也。……药物者何？即一点纯阳先天祖气也。……火候者何？即顺元神妙用之气，自然往来之道也”。此节虽短，但简要介绍了一些修炼的上手功夫，简单易懂，可视为简单操作的指导手册。

第六节与第七节，正统本残缺较严重，篇幅较短。第六节名为“实跻圣地”，主要阐释明心积行的重要意义；第七节为“炼己”，注明为旁门，简要介绍了道家房中养生的“五字诀”法。③

朱权的《神隐志》一书分上下两卷，多言仙隐逸摄生之道，于修道隐居者的日常生活、居室布置、农食、云游、起居消息、生产劳作，乃至医六畜诸病，皆简括说明，间及生活情趣与岁时风俗。④ 序中写：“壶天隐人涵虚子臞仙书时在戊子也。”可知此书作于明永乐六年（1408），此时朱权30岁，改封南昌已有6年，所以书中所记载的修道者生活不尽然是朱权的亲身经历，有可能是其收集了当时修道者的行迹而撰写的。所以，从《神隐志》的行文中，我们可以概览明初修道隐士的日常生活细节。

---

① 胡道静等主编：《藏外道书》第25册，巴蜀书社1992年版，第685页。

② 同上，第685页。

③ 叶明花、蒋力生：《朱权〈救命索〉内丹思想初探》，《中国道教》2010年第4期。

④ 胡孚琛主编：《中华道教大辞典》，中国社会科学出版社1995年版，第422页。

卷上“摄生之道”所提的保养法，实为当时一般文人士绅所用之内丹功夫，不重门派，而重实效。朱权在介绍这种内丹养生法时说“凡人修养摄生之道，各有其法。如平昔燕居之日，大概勿要损精、耗气、伤神”，在此基础上，“每于鸡鸣时，便可起坐床上。拥衾调息、叩齿、聚神，良久，神气既定，方行火候。搬运数十遍，一遍谓之一周天，便觉浑身和畅，血脉自然流通。当此之时，华池水生，神气满谷，便当大漱咽下，纳入丹田，以补元神”①。同时朱权强调此类的修行法门必须有师傅口授，常人所传不可轻信。

（二）服食长生

《神隐志》又列出“仙家服食”条目，服食的内容包含茯苓、苍术、黄精、萎蕤、天门冬、胡麻等一类的药物，还包括白石、钟乳、丹砂、雄黄一类的矿物质。如“山中煮白石法”又名“仙人石羹”；“服食钟乳法”的功效为“服百日可通神明”；“服食苍术法”可使“六丁六甲神至可役使”②，总之，服食这些外药的目的是通神役使，以辅助道教法术。

朱权的《庚辛玉册》大约完成于1421年，可惜已经遗失。③ 庚辛在五行中属金④，所以《庚辛玉册》是一本介绍道教外丹术的书籍。李时珍在《本草纲目》中多次引用《庚辛玉册》的内容，他介绍这部书时说：“宣德中，宁献王取崔昉《外丹本草》、土宿真君《造化指南》、独孤滔《丹房鉴源》、轩辕述《宝藏论》、青霞子《丹台录》诸书所载金石草木可备丹炉者，以成此书。分为金石部、灵苗部、灵植部、羽毛部、鳞甲部、饮馔部、鼎器部，通计二卷凡五百四十一品。所说出产形状分

---

① 胡道静等主编:《藏外道书》第18册,巴蜀书社1992年版,第277页。

② 同上,第294页。

③ D. R. Jonker,“*Chu Ch'uan*”,*Dictionary of Ming Biography 1368～1644*, Vol. I, pp. 305～307, Columbia university Press, 1976.

④ 《淮南子·天文训》:“庚辛申酉,金也。”

别，阴阳亦可考据焉。”① 从李时珍的注疏可以看出，朱权对于道教的炼丹术一直很感兴趣，1421 年为明永乐十九年，朱权改封南昌已有 19 年，在这期间，他可能广泛收集关于外丹术的前人著述，并最后集合成了这部《庚辛玉册》。

李时珍在《本草纲目》中还引用了《庚辛玉册》中的二十七条条文，除此之外引用《庚辛玉册》的还有方以智的《物理小识》，但所引的“透山根”条目与《本草纲目》不同，推测可能所引为书中不同条目，可见在明末时尚可见到《庚辛玉册》的原本，其后少有书引述《庚辛玉册》。② 从《本草纲目》的所引条目，可以一窥朱权的外丹实践：

> 灵砂者，至神之物也。硫汞制而成形，谓之丹基，夺天地造化之功，窃阴阳不测之妙，可以变化五行，炼成九还。其未升鼎者，谓之青金丹头，已升鼎者，乃曰灵砂。灵砂有三：以一伏时周天火而成者，谓之金鼎灵砂；以九度抽添用周天火而成者，谓之九转灵砂；以地数三十日炒炼而成者，谓之医家老火灵砂。
>
> 《本草纲目》卷九

这里提到了很多的丹家术语，如“丹基”“九转”“升鼎”“周天火”等，从行文来看，内容类似于“九转灵砂大丹”的制法。《九转灵砂大丹》③，撰人不详，成文时间可能在唐宋。此时《正统道藏》还未出版，朱权收集的版本极有可能是从与其交往的道士手中得来。《九转灵砂大丹》记载的炒灵砂法，用“水银一斤，硫黄四两”正合《庚辛玉册》所说，灵砂为“硫汞制而成形”；原料炒熟而入碾细罗过起的名为“青金头末”，既朱权所谓“未升鼎者”“青金丹头”，也就是并未正式进入炉

① 李时珍：《本草纲目》卷一上，清文渊阁四库全书本。
② 何丙郁、赵令杨：《宁王朱权及其庚辛玉册》，香港大学中文系 1983 年版，第 12 页。
③ 收入《正统道藏》第 31 册，台湾新文丰出版公司 1995 年版。

鼎炼制的预备原料。造炉铸鼎，升砂煮砂，做银珠子后，就开始进入炼九转丹的过程，既《庚辛玉册》中所谓“变化五行，炼成九还”。在此基础上，朱权运用内丹概念的“周天火候”来进一步阐释灵砂的分类，第一种为一昼夜（一伏时）周天火候而成的“金鼎灵砂”；第二种为九转（九度抽添）周天火候的“九转灵砂”，前两种为外丹家所炼成的金丹，而最后一种则为用地数三十日所炼成的作为医学药材的“老火灵砂”。从“灵砂”条目可以看出，朱权不但是一位外丹家，而且还是一位持久内炼的内丹术奉行者，并能见内外丹法有机结合。

《本草纲目》还援引了《庚辛玉册》的其他一些条目，基本上为一些外丹炼制原材料。如：

> 礜，阳石也，生山谷水中……伏火制砂汞……
>
> 《本草纲目》卷十
>
> 摩挲石，阳石也，出三佛齐。……烧之作硫黄气，以形如黄龙齿而坚重者为佳，匮五金①、伏三黄②、制铅汞。
>
> 《本草纲目》卷十
>
> 火焰草即菟丝子，阳草也。……汁伏三黄硫汞，结草砂。
>
> 《本草纲目》卷十八上
>
> 鹤顶阴草也……伏矾石，结草砂，制硫伏汞，及雌黄砒石。
>
> 《本草纲目》卷二十七

《庚辛玉册》的记载融合了道教外丹术与传统医药学，展示了这两者自古以来的密切关系。从朱权的修道活动来看，他不但修炼内丹，外丹也有触及。

---

① 五金：黑铅。《橐籥子》：“五金者，黑铅也。”

② 三黄：雄黄、雌黄、硫黄。《参同契五相类祕要》：“三黄，一雄一雌一硫是也。”

结　语

自明朝初年起，朱明王朝对道教基本采取扶持政策。朱元璋在这一方面实施了许多措施，著名道士张正常、周颠、冷谦、张三丰、黄楚望、张中，都是他礼遇的对象。洪武七年（1374）十二月，朱元璋亲自为《道德经》作注写序，同年命道士宋宗真等编成《大明玄教立成斋醮仪》，并在御制序中说："禅与全真，务以修身养性，独为自己而已。教与正一，专以超脱，特为孝子慈亲之设，益人伦，厚风俗，其功大矣哉。"① 除此之外，朱元璋还举行大型斋醮活动，并率大臣与儿孙们参加，《明通鉴》载："上以久旱，祈祷斋戒，后妃躬执爨，皇太子诸王馈于斋所……上素服草屦，徒步至坛，席藁曝日中，夜卧于地，凡三日。"② 朱权和其他的皇子就是在这种崇道的气氛之下，耳濡目染，被分封到藩国之后，他们在地方上也继续着道教活动。

本文经过对相关文献的整理，大致梳理出了宁王朱权的丹道修炼活动。朱权的修道活动是丰富多样的，并不拘泥于某一派别。他的内丹修炼隶属南宗，先命后性，又结合了佛教的相关思想；他的服食长生，既有和传统中医结合的草药养生，又有外丹术的操作。朱权与明初道教各派别的互动也是频繁的，南极长生宫也因其职能的丰富而成为藩国的道教中心。

在撰写本文的过程中，笔者发现朱权究竟应属道教何派是一个值得进一步探讨的问题。此前学界通过对《逍遥山万寿宫志》的《净明朱真人传》分析，认定朱权的净明派祖师身份。但笔者对其修道活动和著作整理后发现，相比较于净明派，朱权与全真派的关系更为密切。朱权的戏剧作品《冲漠子独步大罗天》中，度化冲漠子（朱权）的不是净明派

① 收入《正统道藏》第15册，台湾新文丰出版公司1995年版。

② 夏燮：《明通鉴》卷三，清同治刻本。

的祖师许逊，而是吕洞宾与张伯端这两位全真派的祖师，冲漠子（朱权）称二者为“师傅”①；南极长生宫也被标榜为全真派的“天下第一关”。他在《天皇至道太清玉册》中对全真的谱系、仪式、修炼方法等都进行了详细阐述，这是否表明朱权也有全真派的师承？但是史料记载中朱权只有道号而没有法名②，不能确定他是否受戒或受箓，也不能确定其究竟属于哪一个道派。

朱权的藩国位于江西，该区域是净明派的势力范围，朱权经常拜谒铁树宫，并将其定为宁藩排演礼仪的固定场所。③ 如果他真的接受过净明派祖师的传授，即使没有受过箓，那么以藩王的身份而被尊为净明派祖师也合情合理。笔者认为，朱权的修道特点为“兼修”，即正一、全真、净明等诸派皆有修习，不能因净明派将其尊为祖师就单一地将其划归为净明派。

---

① 王实甫等撰:《孤本元杂剧》第3册,台湾商务印书馆1977年版。

② Richard G. Wang, *The Ming Prince and Daoism*, New York: Oxford University Press, 2012, pp. 44.

③ 查继佐撰:《罪惟录》收入《四部丛刊三编》,吴兴刘氏嘉业堂藏手稿本。

仙道贵生　无量度人

——兼论《太平经》的重人贵生思想

盛克琦
（河北省道教协会）

一、道教是“重人贵生”的宗教

1. 原始宗教的产生

道教是中国本土的宗教，从唯物历史观来看，道教是伴随着中华远古先民文明进程的发展而建立起来的。

人类是自然的产物，是文化的动物。人类脱离蒙昧野蛮的动物阶段，走向文明的标志是有了文化。文化是人类产生的，是人类创造的一种与自然相对的非自然体系，是自然的人化，是人类超越动物性的重要标志。个体的人是由有形的血肉躯体和无形的精神所共同构成。文化产生和发展的动因来源于人类的精神，是人类心灵世界的智慧之光的外在形式，是人类发展的道路上必须建立起来的心灵体系。文化即是人类精神世界的需求，也是人类保证生命的完整和存在的重要选择。现在来说，文化的涵盖面非常广泛，诸如科学、哲学、文学艺术、社会伦理，等等。然而，人类创造文化的最原始形式是宗教，现在学术上认为“宗教是人类文化的母体”①，也就是说人类一切文化形式都是以“宗教”这个“元文

① 胡孚琛:《道学通论》,社会科学文献出版社 2009 年版,第 92 页。

化”作为初始点发展和建立起来的。生活在远古时候的古人类，他们的生活环境非常恶劣，使用的工具极其简单，既会受到因食物匮乏所导致的饥饿的威胁，也会受到周围凶猛野兽的威胁。这两种威胁都会构成对个体生命的威胁——也就是死亡。为了解觉死亡的威胁和种族的延续，远古人类必须群居，共同抵御猛兽的侵袭和有限食物的平均分配，这个时期被历史学家称为“原始共产主义社会”。在自然界中，也有很多动物群居，比如猴子，作为猴群的“猴王”是猴群中最强壮的猴子，猴王的地位是依靠它强壮的身体与其他争夺者通过残酷的决斗所取得的，当猴王年老体弱后会被年轻的健壮猴子夺走“王位”，“老猴王”被驱逐离群或杀死。在远古人类野蛮蒙昧时期，必然也经历过类似这样一个阶段，被学界称为“体力社会”，具有强壮的体力者就占据着社会主导的位置。原始人与其他低等动物不同的是人类具有更丰富的情感和意识，对自然界中的种种事物、现象进行情感和意识上的认识与判断。由于原始人的认知能力有限，看到暴风、骤雨、电闪、雷鸣，以及地震、火灾、洪水等强大的自然灾害，原始人的头脑意识中下意识地萌发了自然界中存在一种超越自然力量的存在——那就是“神”，因此有了山神、地神、雨神、雷神、太阳神等神灵，以至将这种超自然力扩大到自然界的所有事物和现象上面，被现在学界称为“万物有灵论”。这种自然界“万物有灵论”，在世界各地原始宗教中普遍存在。道教神灵谱系众多，属于多神教，是道教发轫于中华原始宗教的特性表现。原始人对这些自然神心存崇拜和敬畏，从而进行祭祀和祈祷，由之产生了组织和主持祭祀的祭司，通常由部落的首领担任。通过祭祀活动增强了古人的群体观念、组织力量和统一的执行力，并且通过祭祀以神灵的名义传达部落首领的命令，逐渐产生掌握神权的人占据了主导社会的位置，由蒙昧的“体力社会”过渡到了文明的“神力社会”。在《易经·观卦》中记载：“观天之神道，而四时不忒，圣人以神道设教，而天下服矣。”所讲的可以说就是这个时期。宗教的产生，标志着人类从野蛮走向了文明。部落首领的产生由早期野蛮的体力争夺，逐渐转变为文明的“禅让”，由部落议事会推举德才兼备的人来担当部落首领，以及承担主持祭祀和社会教化的任务。《礼记·礼运》中记载："大道之行也，天下为公，选贤与能，讲信修睦，故人不独亲其亲，不独子其子，使老有所终，壮有所用，幼有所长，鳏寡孤独废疾者皆有所养；男有分，女有归，货恶其弃于地也不必藏于己，力恶其不出于身也不必为己，是故谋闭而不兴，盗窃乱贼而不作，故外户而不闭，是谓大同。"这里所说的"大同社会"就是对这一时期的描述，也可以称为"原始共产主义社会"。

2. 道教的创立

道教就是在古代原始社会和文化背景下产生的，或者说道教是以原始社会宗教传承下来的宗教。上古无"道教"的名称，"道教"一词最早出现在先秦古籍之中，是"以道为教化"的意思，并非特指一种宗教。"道教"称谓的形成，据古籍记载大约出现在南北朝时期（420～589），如顾欢《夷夏论》有"佛教文而博，道教质而精"，刘勰《灭惑论》有"佛法炼神，道教炼形"等，可以说"道教"名称的使用是与佛教传入和流行相关联的。据史书载，东汉明帝七年（64），汉明帝派使者出访西域访求佛法，公元67年邀两位印度僧人回到洛阳，带回经书和佛像，同时建造了白马寺，开始翻译佛经。古代中国本有自己的宗教，先秦、西汉时期虽然有方仙道、黄老道、巫鬼道等，但是朝廷设有负责祭祀的部门，皇帝承担祭祀的职责，政权掌握着神权，皇帝负责教化子民，所以先秦、西汉时期没有专业教团组织。随着佛教的传入和流传，东汉时期中国产生了自己本土的宗教组织——天师道和太平道。

天师道创立于张陵，是张良的九世孙，在汉安帝延光四年（125）开始学道，得《黄帝九鼎丹经》及长生之术，聚徒传道。在汉顺帝朝（126～144）入蜀住鹤鸣山（四川成都大邑县）修道。顺帝汉安元年（142）在鹤鸣山感遇太上老君降临，得授"正一盟威之道"，命为"天师"，遂率弟子四方布道，设二十四治，建立教团制度，创立了天师道。

太平道是以信奉《太平经》为经典的教团组织，其创立与《太平经》是分不开的。《太平经》是早期道教的重要经典，又名《太平清领书》。《太平经》最早的记载是西汉成帝（前33～前7）时齐人甘忠可所传十二卷的《天官历包元太平经》，载在《汉书·李寻传》之中。之后甘忠可的弟子夏贺良向哀帝（前7～前1）劝献该书。此后近一个半世纪里，《太平经》的传承情况未见记载。直至东汉顺帝（126～144）时，“琅邪宫崇诣阙，上其师干吉于曲阳泉水上所得神书百七十卷……号《太平清领书》”（《后汉书·襄楷传》）。《后汉书·襄楷传》载，桓帝延熹九年（166），襄楷先后两次上疏，劝荐桓帝接受“宫崇受干吉神书（《太平经》）”，以失败而告终。由于《太平经》未能得到当时官方的认可，一直在民间秘密流传。冀州巨鹿（今河北平乡）人张角，原是黄老道徒，他接受了《太平经》的传承，在汉灵帝建宁年间（168～171）开始公开布道，称“大贤良师”，采用符水、咒说疗病的方式布道，崇奉“中黄太一”为最高神，劝人行善信道，布道十余年，徒众多达数十万人，设三十六方统属教团制度，称为“太平道”。

虽然道教在中国最古，至少有五千多年的历史，但是学术界大多认为，“天师道”和“太平道”符合宗教学上的范式，因此，二者的出现被视作道教的正式产生。

3. 道教的贵生宗旨

中国是世界文明古国之一，历史源远流长，文化丰富璀璨。五千多年前的黄帝，战蚩尤，平叛乱，立为天子。教导民众播五谷、创文字、制衣冠、作历律、定算数、立音律、造舟车，解决人民的生活问题；访岐伯，问疗病，作《内经》，解除人民的疾病痛苦；登空同，拜广成，问道学仙，强健黎民的体魄，延长民众的寿命，缔造了中华民族古代文明的开端。聪明的古人发明了指南针、造纸术、火药、印刷术，被称为中国古代的“四大发明”。同时，中国古人在冶炼、制造、农耕、织布、陶瓷、医药等方面也远超世界其他国家的发展水平。古代中国为什么有这么多丰富璀璨的科技成果呢？研究中国科学技术史的著名学者、英国皇家科学院院士李约瑟博士（1900～1995）曾指出：“中国如果没有道家思想，就会像是一棵某些深根已经烂掉了的大树。”① 这些论断，可以说“一语中的”，显然道教和道家是解开全部中国历史之迷的钥匙。鲁迅先生（1881～1936）在《致许寿裳》的信函中也说：“中国根柢全在道教……以此读史，有多种问题可以迎刃而解。”在《而已集·小杂感》中又说：“懂得此理者，懂得中国的大半。”

中世纪的欧洲在罗马天主教廷的管控之下，任何人都不可以动摇教廷的权威地位，只要触动了教廷的权威，即使是科学家也要遭受打压。比如提出“日心说”的哥白尼（1473～1543）就遭到了教廷的迫害，布鲁诺（1548～1600）和伽利略（1564～1642）因支持哥白尼“日心说”而受到宗教裁判，布鲁诺被判死刑烧死在罗马。当时的西方宗教与科学成为矛盾的对立面，宗教在阻挠着人类科学的进步。在东方却没有发生过类似的事件，原因之一是道教是包容性极强的宗教，没有排他性。另外，道教的最大的特点是“贵生”，将“生”作为道教最高的宗旨，只要对人类有益的和有助生存的一切思想、文化和科技都具有存在的合理性，是不允许排斥和阻止的，甚至要得到鼓励。

《易经》中讲：“天地之大德曰生。”（《周易·系辞下》）认为“生”是天地间最高的、最大的“德”，也就是所有事物最高、最大的存在合理性的检验标准，没有任何事情或事物比“生”再大的了。在道教最早的经典《太平经》里面着重强调：“要当重生，生为第一，余者自计所为。”② 在《无量度人经》中也说：“仙道贵生，无量度人。”这些都充分地体现了道教“唯生论”和“贵生度人”的特点，也是道教最鲜明的特征。前中国道教协会会长陈撄宁（1880～1969）也曾指出“仙家唯生的宗旨”，并且说：“神仙之术，首贵长生，惟讲现实，极与科学相接

① 李约瑟：《中国科学技术史》第2卷，科学出版社、上海古籍出版社1990年版，第178页。

② 《太平经合校》，中华书局1960年版，第613页。

近。有科学思想科学知识之人，学仙最易入门。”① 正是在这种道教的“大德曰生”“贵生”的思想作为中华民族的基本信仰和价值观念的影响下，才孕育出来了中华民族古代丰富璀璨的科技成果和经济实力。道教在唐、宋时期进入最辉煌的鼎盛时代，据相关资料显示当时国民生产总值（GDP）占世界 GDP 的 30% 以上，据说北宋仁宗（1023～1063）时期，创造历史最高纪录，占到了全球总量的 50% 以上。德国社会学家马克斯·韦伯（Max Weber，1864～1920 年）通过研究指出，西方民族在宗教改革后形成的新教（产生于 16 世纪），对于西方近代资本主义的发展起了重大的促进作用。可以说，无论在东方还是在西方，宗教作为一种社会推动力会影响或促进科学和经济的发展，这个命题应该是成立的。

二、《太平经》中的“重人贵生”思想

1.《太平经》中的“恶死乐生”

人的基本愿望是健康；人的普遍期待是长寿；人所最惧怕的是死亡。生和死是有形生命历程中的两个必经的步骤。在《庄子·德充符》篇中讲：“死生，亦大矣。”《齐物论》篇讲：“其形化，其心与之然，可不谓大哀乎！”《人间世》篇讲：“悦生而恶死。”在《养生主》篇讲：“可以保身，可以全生，可以养亲，可以尽年。”这种“悦生恶死”的思想非常古老，也可以说这种忧患思想是与生俱来的。

作为道教最早典籍的《太平经》并不主张“轮回转世”的观念，认为人的生命仅有“一生”，肉体一旦消亡生命也就截止，不能重生。《太平经》卷九十《冤流灾求奇方诀》中说：“夫人死者乃尽灭，尽成灰土，将不复见。今人居天地之间，从天地开辟以来，人人各一生，不得再生

① 陈撄宁:《读〈化声自叙〉的感想》,《道教与养生》,华文出版社 2000 年版,第 328 页。

也。……今一死，乃终古穷天毕地，不得复见自名为人也，不复起行也。”① 卷七十二《不用大言无效诀》中也说：“死亡，天下大凶事也。……凡天下人死亡，非小事也，壹死，终古不得复见天地日月也，脉骨成涂土。死命，重事也。人居天地之间，人人得壹生，不得重生也。……故凡人壹死，不复得生也。”② 反复强调了生命的现实意义，同时将“乐生长寿”视为天地间的“至善”。在卷四十《乐生得天心法》中说：“人最善者，莫若常欲乐生，汲汲若渴，乃后可也。”③《太平经钞》丁部也说：“愿闻绝洞弥远六极天地之间，何者最善？三万六千天地之间，寿最为善。”④ 并且依据寿命的长短，将生命境界划分为八个层次，分别为“故天第一，地次之，神人次之，真人次之，仙人次之，道人次之，圣人次之，贤人次之。……天者，大贪寿常生也，仙人亦贪寿，亦贪生；贪生者，不敢为非，各为身计之。”⑤ 天地人身的共同特征是恋慕长寿和长生，正是对生命的这种珍视，人们才不敢于妄自为非作歹，达到宗教劝善的目的。

《太平经》也指出，人欲长寿，除了一心向善外，还要学仙，通过修炼才能达到得享天年。在卷四十九《急学真法》中说：“故夫上士忿然恶死乐生，往学仙，勤能得寿耳，此上士是尚第一有志者也。中士有志，疾其先人夭死，忿然往求道学寿，勤而竟其天年耳，是其第一坚志士也。其次疾病多而不得常平平，忿然往学，可以止之者，勤能得复其故，已小困于病，病乃学，想能禁止之，已大病矣。其次大病剧，乃求索道术，可以自救者已死矣。是故吾书教学人，乃以天长寿之法，旦夕自力为之，才得且平平耳；如以平平之法学，凡人已入凶矣。愚者不知天下凡人，其本志所为，常念善高已者，不能应其所志，故为其高举之，

① 《太平经合校》，中华书局 1960 年版，第 340 页。
② 《太平经合校》，第 297 ~298 页。
③ 《太平经合校》，第 40 页。
④ 《太平经合校》，第 222 页。
⑤ 《太平经合校》，第 222 ~223 页。

上极于仙，即才得保其天年耳。”①

《太平经》继承了上古先民的生命观和基本精神，认为“生”是大道的存在形态，也是“道”的价值和意义的充分体现。在《解承负诀》中指出：“夫寿命，天地之重宝也。”② 又说：“天地之性，万二千物，人命最重。”③ 人的生命导源于天地所赋予，是神圣的，是必须要好好保护的，人不能轻易抛弃自己的生命。卷四十五《起土出书诀》中讲：“天者养人命，地者养人形。”④ 每个人都有责任保养好自己的生命，使各自的寿命能尽天年。得道的人在度己的同时，也要度人、度世，更有义务将大道传授给民众，消弭人间的苦难。倘若不这样，那么必将遭受上天的严厉惩罚。在卷六十七《六罪十治诀》中列举了“六大罪”，第一条就是“不肯教人开蒙长生”，“断人生道”，指出“人积道无极，不肯教人开蒙求生，罪不除也。或身即坐，或流后生。所以然者，断天生道，与天为怨”⑤。

《太平经》所倡导的“恶死乐生”的观念，对后世道教产生了深远的影响。东晋葛洪（284～364）在《抱朴子》中极其重视长生之说，他说：“天地之大德曰生，生好物者也。是以道家之所至秘而重者，莫过乎长生之方也。”（《抱朴子·勤求》）又说：“此道一成，则可以长生。长生之道，道之至也，故古人重之也。”（《抱朴子·黄白》）《太上老君内观经》中也说：“道不可见，因生以明之。生不可常，用道以守之。若生亡则道废，道废则生亡。生道合一，则长生不死，羽化神仙。”这种“恶死乐生”的观念，更是被唐宋时期的内丹道教所承袭，作为丹道修炼的基本指导思想，也是人们修炼丹道的根本目的。北宋时期张紫阳真人（983～1082）在《悟真篇》的后序中说：“世人根性迷钝，执其有身

---

① 《太平经合校》，第161页。
② 《太平经合校》，第22页。
③ 《太平经合校》，第34页。
④ 《太平经合校》，第114页。
⑤ 《太平经合校》，第241～242页。

而恶死悦生，故卒难了悟。黄老悲其贪著，乃以修生之术顺其所欲，渐次导之。以修生之要在金丹，金丹之要在乎神水华池，故《道德》《阴符》之教得以盛行于世矣，盖人悦其生也。”①

这种珍爱生命的价值理念，始终贯穿在道教理论发展的各个阶段，乃至内化成为一种本质特征，最终使道教成为一种真正意义上的“贵生”的宗教。

2.《太平经》对生命归宿的追求

《太平经》中积极倡导“贵生、乐生”，保护好生命，完整地享受上天所赋予的寿命，谓之“竟其天年”。《太平经》中说：“天命：上寿百二十为度，地寿百岁为度，人寿八十岁为度。”② 又说：“人生百二十上寿，八十中寿，六十下寿，过此皆夭折。”③ 要爱惜、珍惜生命，“完躯之人，爱其命年”④。

对于生命的归宿问题，《太平经》给出了两种选择，或度世登仙，或命终入土，除此之外，再无他途。卷九十八《包天裹地守气不绝诀》指出：“故得道者，则当飞上天，亦是其去世也。不肯力为道者，死当下入地，会不得久居是中部也。……不死得道，则当上天；死则当下入地，不得久当害中和之路也。”⑤

《太平经》认为，凡人难以逃脱死亡。在卷九十《冤流灾求奇方诀》中说：“夫物生者，皆有终尽，人生亦有死，天地之格法也。”⑥ 秦汉之际，佛教尚未传入中国，《太平经》代表了中国本土宗教道教早期的原

① 《南宗仙籍——道教南派内丹修炼典籍汇编》，宗教文化出版社 2014 年版，第 79 页。

② 《太平经合校》，第 464 页。

③ 《太平经合校》，第 723 页。

④ 《太平经合校》，第 539 页。

⑤ 《太平经合校》，第 450 页。

⑥ 《太平经合校》，第 341 页。

生态思想。在对待生死的问题上，《太平经》与佛教有明显的不同，不主张人有轮回转世，佛教则以轮回说为其理论基础。《太平经》主张可以通过修道积德来获得长生或成仙，鼓励世人潜心学道求仙，生命得到升华，寿命可以长久，肉体也可以获得飞升。卷一百十二《七十二色死尸诫》中说："思行天上之事，神灵所举，可得仙度久生，长与日月星辰相睹。"①

《太平经》虽然否定来生观念，但是肯定了一个重要的问题，人是可以长生不死的。在卷一百八《要诀十九条》中说："其欲知身成道而不死者，取诀于身已成神也，即度世矣。"②《太平经》同时也指出，实现长生不死是一件很难的事情，需要借助一些法术来完成，如尸解、飞升等。另外，成仙是有阶段的，存在晋阶的机制，通过修炼从初级形式上升到高级形式。卷四十《分解本末法》中说："今善师学人也，乃使下愚贱之人成善人，善善而不止，更贤；贤而不止，乃得次圣；圣而不止，乃得深知真道；守道而不止，乃得仙不死；仙而不止，乃得成真；真而不止，乃得成神；神而不止，乃得与天比其德；天比不止，乃得与元气比其德。"③ 修炼的进阶，由善人逐渐升格为贤人、圣人、道人、仙人、真人、神人等。总体而言，《太平经》对成仙划分为三种阶段，不死为地仙，尸解为尸解仙，飞升为天仙。

长生不死始终是古代先人不懈追求的目标，如秦始皇东海求仙、汉武帝登泰山封禅，无不透露出对生命的渴望和对现实的眷恋。《太平经》对不死的渴望和追求，可以说是贯穿全经的一个重要脉络，"不死"一词共计出现37次，肯定长生不死是完全可以的。认为"圣人学不止，知天道门户，入道不止，成不死之事，更仙；仙不止入真，成真不止入神，

---

① 《太平经合校》,第568页。
② 《太平经合校》,第511页。
③ 《太平经合校》,第78页。

神不止乃与皇天同形”①。

“尸解”之说，由来已久，据葛洪《抱朴子内篇·论仙》中引《仙经》说：“上士举形升虚，谓之天仙；中士游于名山，谓之地仙；下士先死后蜕，谓之尸解仙。”在《太平经》中，“尸解”一词先后出现6次。什么是“尸解”？卷一百十一《善仁人自贵年在寿曹诀》中说：“或有尸解分形，骨体以分。尸在一身，精神为人尸，使人见之，皆言已死。后有知者，见其在也，此尸解人也。”②又在《不用大言无效诀》中说：“重生者独得道人，死而复生，尸解者耳。”③此说被后世道教所继承和发挥，六朝时期在道经中极大地丰富了“尸解”说，并有武解、文解、兵解、水解、火解等说法，也成为道教神祇最为常见的登仙方式。

“飞升”之说在汉代就已经广为流传，比如《论衡》中就记载了黄帝跨龙飞升、淮南王举家升天。《太平经》认为，“飞升”是成仙的最高级的形式，地位远在“尸解”之上。卷一百十一《善仁人自贵年在寿曹诀》中说：“久久有岁数，次上为白日升天者。使有岁数功多成，更生光照，助天神周遍。复还止云中，所部界皆有尸解仙人，主知人鬼者。”④修道的人，经过长期不懈的炼养才能达到“白日升天”的境界。“飞升”的人，居住在天庭，辅佐天神，其统辖着尸解仙以及人鬼之仙等，后来的丹道也将“白日飞升”作为修炼成仙的最高成就，称为“天仙”。

三、道教养生文化亟待开发

人的一生可以分成生、病、老、死四个阶段，是每个人难以逾越的

---

① 《太平经合校》，第222页。
② 《太平经合校》，第553页。
③ 《太平经合校》，第298页。
④ 《太平经合校》，第553页。

历程。然而归根到底，在人类社会中“生”和“死”是人类所有问题的核心，同时解决生死问题也是各种宗教产生的源头。“悦生恶死”、期盼“健康长寿”可以说是每个人的根本属性，是每个人最基本的诉求和美好向往，向往着“长生不死”的美丽憧憬，回避着死亡的降临，甚至期盼得道成仙，飞升三清仙境，永脱病、老、死、苦的循环。

神仙信仰是道教的基本信仰，修仙成道、济世利人是主要宗旨，认为通过一定的修炼可以羽化成仙。《史记·封禅书》中记载：“黄帝且战且学仙……百余岁然后得与神通。”在《庄子·在宥》篇中也记载了黄帝向仙人广成子学仙问道的经过。修炼神仙的方法，被称为“神仙之学”，现在也被称为“内丹学”，又称为“丹道”，也就是性命学说。古代内丹家们大胆地提出“我命在我不在天，还丹成金亿万年”（《抱朴子内篇·黄白》）的伟大口号，敢向命运与死神挑战，夺天地造化之功，争自然法则之权，追求长生，躲避死亡，最大限度地保证生命的存在，得享天年，健康快乐地彰显生命的价值，一反其他宗教对待社会人类的消极态度，构建起极具道教特色的“长生不死”的宗教信仰。

道教文化的精华就在于性命学说，以及道教养生。内丹学在中华传统文化中占据着重要的地位，与道学同源，是道教最高的修炼之术。它所专注的是人的健康、疾病和长寿，以及人的生死问题，试图通过内丹修炼逆返和改造生命的形式，达到无疾康健、却病延年、回避死亡的目的，甚至肉体和精神升华为真人或神仙，迁居仙岛或飞升天宫，长生不死，永享快乐。所以说道教是非常重视现世生命存在的宗教，以长生成仙为终极追求，充分表现了道教热爱生命、渴望永生的热忱和探索精神。这些观点和主张反映了一个共同的主题，就是要以人的主动精神去探索和实现人类的健康长寿，并通过各种实践方法，取得人类把握自身生命的自由。

自唐宋以来，“内丹学”已经成为道教最主要的修炼方式，形成了建立在道教文化上的一套严密的、实践性的内丹学修炼体系，为人类生命科学、预防医学、健康学、养生学提供了非常珍贵的经验。随着社会经济的发展和生活水平的提高，人口平均寿命的增长，将逐渐步入人口老龄化社会，据相关报道，截至2014年底60岁及以上老年人口达2.12亿，占总人口数量的15.5%，老有所为、老有所乐等必然成为当前社会急需考虑的问题。其间道教内丹学必将会在老龄化社会中显示出独特的价值，成为众多老年人延年益寿、却病健康、陶冶性情的重要选择，成为养生文化的干流。

国家宗教事务局副局长蒋坚永在2011年8月20日《道教养生学的现代价值学术研讨会》上的讲话中指出："改革开放30多年，人民的温饱问题解决了，当然更重视健身养生。众所周知，道教重视生命的价值，以生为乐，追求生命的健康长存。要保持生命的健康状态，就要懂得养生之道。道教在长期的发展过程中，探索出了各种行之有效的养生方法。发掘与普及道教中的养生文化，有利于促进全民全社会的健康水平，让古老的传统宗教更好地为人民群众健康服务。……生命健康了，就能促进身心的和谐，从而为社会的和谐奠定良好的基础。……而人本之'本'，首先是要以健康为本。……道教养生的深邃内涵之一也在于'修身致和以促社会和谐'。发掘与普及道教养生文化，能够更加有利于营造健康和谐的社会氛围，成为促进构建社会主义和谐社会的积极因素。……作为中国固有的传统宗教，道教应该在这方面有所作为、有所建树。特别是道教的养生理论，虽然年代久远，或有蒙尘，广博散乱，精华与糟粕并存，但不乏深邃的智慧和宝藏，需要有识之士的探索和挖掘。欣逢盛世，今天，代表着东方文明的中华文化普遍受到世界关注，相信包含养生智慧的道教文化，一定能在弘扬中国传统文化，提升中华文化的国际影响力，实现中华民族的伟大复兴中，做出自己的贡献。"① 2014年9月4日，中国道教协会邀集全国道教界代表齐聚东岳泰山召开了"弘扬传统文化座谈会"，在《关于弘扬传统文化的意见》中号召道教界"发扬道教珍爱生命的养生传统。道教珍视生命，将生和道紧密结合。

① 《中国宗教》2011年第10期。

……我们要在重生、贵生思想指引下，积极发掘并推广道教各种行之有效的养生智慧和方法，为民众身心健康做出贡献。”

这些热忱期盼之语给道教养生学、内丹学的健康发展指明了方向。蕴藏在道教中的养生文化和养生术亟待开发，要有效地推广到社会上去，造福于民众，为实现“中国梦”奉献出道教界的一份力量。

论《太平经》对我国古代医学及养生学的影响

郭德才

《太平经》又名《太平清领书》，是汉末太平道的主要经典。它的社会政治思想以及教理、教义和方术，对道教的发展具有重要的影响和意义。《太平经》原书分甲、乙、丙、丁、戊、己、庚、辛、壬、癸10部，每部17卷，共170卷，其内容十分庞杂。虽有说是东汉时期的道士于吉流传下来的，但实则非一人一时之作。在《太平经》中不仅有治国、占卜、堪舆、返神、禁忌等众多篇章，而且更有辟谷、食气、服药、养性、针灸等养生、疗疾方法。故《道藏目录详注》中云：《太平经》“皆以修身养性，保精爱神，内则治身长生，外则治国太平，消灾治疾，无不验之”。

我们都知道，道教是一种以人为本、追求生命自身价值的宗教。道教修炼的主要目标是长生不死、得道成仙。但得道成仙首先要做到扶危济贫、匡世救人，而医济世则是济世度人的方式之一。故葛洪在《抱朴子·内篇》中说：“是故古之初为道者，莫不兼修医术。”而“医以道行，道以医显”也就成了道教有别于其他宗教的一个主要特征。道教医学是在与中医学相互交融的过程中逐渐发展起来的，以长生成仙为最终目标，同时兼顾防病治病，其中包括服食、外丹、内丹、导引等道教文化色彩明显的生命科学内容，这些是任何一个宗教都无法相比的。因此重视养生的道教，必然要同医药学发生密切的关系，并起到了补《黄帝内经》之不足的作用。

我们还知道，土生土长的中国道教，是以“仙道贵生，无量度人”为宗旨的宗教。也就是说，它是以得道成仙、重生、乐生为信仰追求，以济世度人为目标，并重视修炼、养生的宗教。如《太平经》卷五十中说：“天道恶杀而好生。”《太平经》卷七十中云：“夫虚无绝洞之道，常欲使人好生而恶杀。”《太平经》卷七十三至八十五中曰：“天者好生道，故为天经。”又云：“丧者为贱，生者为贵。”《太平经》卷七十二中说：“凡天下人死亡，非小事也，壹死，终古不得复见天地日月也，脉骨成涂土。死命，重事也。人居天地之间，人人得一生，不得重生也。”故我们每一个人，都应爱惜自己的生命。而只有能够做到重生、乐生、养生，才能延年益寿，从而达至道教所说的长生。

在《太平经》中，其教义既幻想有国富民安，也幻想有长生久视。因而在其中既有大量追求延年长生之方，也同时有博采救死扶伤之术。我国传统医学认为，精、气、神是人体生命活动的三大要素，自古以来一直被称为人身之“三宝”。精气神三者相互为用，是保持和恢复人体健康、维持正常生理活动的重要物质和功能，为养生长寿之根本。精、气、神虽各具其特性，但三者又是不可分割的一个整体，存则仅存，亡则俱亡。精足，气旺，神全，则精神焕发、行动矫健，老年人能鹤发童颜、延年益寿，青年人可长葆青春、推迟衰老。总之，养足精气神对于人体保持健康、益寿延年非常重要。故明代著名医家张景岳说：“善养生者，必宝其精，精盈气盛，气盛则神全，神全则身健，身健则病少。”

那么，何谓精、气、神呢？“精”泛指人体一切营养物质，有先天与后天之分，先天之精禀受于父母，后天之精来源于饮食，主要由肾来管理，常常有“肾精”之称。故曰：“人始生，先成精。”而精不仅是构成人体的基本要素，而且还主宰人体的整个生长、发育、生殖、衰老的过程。而“气”是维护人体生命活动所必需的精微物质，是推动人体脏腑组织机能活动的动力。它既是物质的代称，也是功能的表现。气在人体有推陈出新、温煦脏腑、防御外邪、固摄精血、转化营养等重要职能。气能周流不息，如环无端，人体则健康无病。而“神”是指人体的一系列精神意识、思维活动，为心所主。心为人体的最高司令官，神则居其首要地位。心健则神气充足，神气充足则身强，神气涣散则身弱。故《灵枢·邪客》中说："心者，五脏六腑之大主也，精神之所舍也。……心伤则神去，神去则死矣。"

《太平经圣君秘旨》云："夫人生本混沌之气，气生精，精生神，神生明。"这句话的意思是说，人是先有气，后有精，再后才有神。《太平经圣君秘旨》又云："欲寿者当守气而合神，精不去形，念此三合以为一。"这也说明三者之间的关系是不可分离的。《太平经》还认为：在精、气、神三者中，要以气为根本，气是神之根，神须气而存，同时精也存在于神气之中。所以说，气是肉体生命中的最基本元素。故《太平经》又曰："神者，乘气而行，故人有气则有神……气亡则神去。"《太平经》的上述主张和观点，概括起来反映的主题是：个人的生命同天地一样，都是由自然之气而化生，故若修道守气、返本归根，就可百病自除、延年益寿。而精亏、气虚、神耗，则是衰老的主要原因。

我们都知道，守一是道教修炼方法之一。其主旨为守持人之精、气、神三宝，使之不会内耗、不外逸，并长期充盈体内，与形体相抱而为一。早期教徒在修持仙道诸术时，其中最主要的就是守一之道，并认为守一既久，可使形化为神、延年益寿。那么，何谓"守一"呢？简单地说，守一就是使其意念专注于身中某一处，或将自己意念守于全身使其形神合一。而后世道教修炼，下手筑基守丹田或守祖窍法，均来自《太平经》卷一百三十七至一百五十三说："圣人教其守一，言当守一身也。念而不休，精神自来，莫不相应，百病自除，此即长生久视之符也。"及《太平经》卷十八至三十四中所曰："守一明法，长寿之根也。万神可祖，出光明之门……守之无懈，可谓万岁之术也。"

其实，在《太平经》中谈守一的地方还有很多，如《太平经》卷十八至三十四中说："夫一者，乃道之根也，气之始也，命之所属，众心之主也……能坚守，知其道意，得道者令人仁，失道者令下贫。"《太平经》卷一百三十七至一百五十三又说："守一者，真真合为一也，人生精神，悉皆具足，而守之不散，乃至度世。”《太平经》中还说：“守一时之法，行道优劣。夫道何等也？万物之元首，不可得名者。六极之中，无道不能变化。元气行道，以生万物，天地大小，无不由道而生也。”《太平经》另云：“夫一者，乃道之根也，气之始也，命之所系属，众心之主也。”《太平经》认为：人之生命须神、气结合，或精、气、神俱备。如长期能保住精神与形体的结合，并使神不离身，就可达到长生久视。

《太平经》还认为：人是由元气化生而来，人之精、气、神更是由元气而化生。故人欲长寿，就必须守住精、气、神，并使三者不相分离。另外，守一之法还可以帮助人们排除外物干扰，使修炼者在短时间内达到忘我之境界。故《太平经》又曰：“欲寿者当守气而合神，精不去其形，念此三合以为一，久即彬彬自见，身中形渐轻，精益明，光益精，心中大安，欣然若喜，太平气应矣。”而当人之精、气、神处于三合为一的状态之时，其身体也自觉地进入了与道同化的运行状态，久之便可达到消除百病、延年益寿的目的。这种独特的养生观，即是道教养生学中的重要特征，同时也更突出地反映了“仙道贵生，我命在我”的道教教义。

顺乎自然、崇尚自然是道教养生的基本原则。道家认为：以自然界的秩序变化为法，在养生中采取顺乎自然的行动，就能维护健康、延年益寿。早在两千多年前，我国伟大的哲学家老子，就已经认识到宇宙自身的和谐观，并提出了“人法地，地法天，天法道，道法自然”的理论。他认为人的一切都应顺应自然规律，不要悖天地之理，只有这样方可健康长寿。而人如违背自然，就会受到惩罚。另外，道教还认为人和自然是密不可分的整体，故《太平经》曰：“相去远，应之近，天人一体，可不慎哉。”正因为如此，道教在养生中，也非常重视和应用这种“天人合一”的自然规律。

《太平经》指出，养生之法必须遵循顺应天道的法则。故曰：“三纲六纪所以能长吉者，以其守道也，不失其治故常吉。天之寿命，不夺人之愿。"《太平经》又曰："人本生时乃名神也，乃与天地分权分体分形分神分精分气分事分业分居。故为三处。一气为天，一气为地，一气为人，余气散备万物。是故尊天重地贵人也。"《太平经》认为：欲顺应天道而为，则须注重人之养生。而注重人之养生，即是顺应天道而为。另外，在《太平经》卷一百十四中还说："可无久苦自愁，令忧满腹。腹有忧气结不懈，日夜愁毒大息，念在钱则散亡，恐不得久保。疾病连年，不离枕席，医所不愈，结气不懈。"《太平经》在这里讲的意思是：人体患病不仅与天地阴阳四时五行寒热有关，而且与人的精神状态攸关。如一个人长期忧虑，便会使五脏郁结不解，饮食减少，各种疾病就会随之而生。

除此之外道教还认为，人体的内环境与自然环境系统是一致的，二者有着共同生成变化和兴衰的规律。故《太平经钞乙部》曰："人者乃象天地、四时、五行、六和、八方相随而壹兴壹衰，无有解已也。故当豫备之，救凶地之源，安不忘危，存不忘亡，理不忘乱，可长久矣。"《太平经》卷三十五中又曰："人生皆含怀天气，具乃出，头圆，天也；足方，地也；四肢，四时也；五腑，五行也；耳目口鼻，七政三光也……人生皆具阴阳，日月满乃开胞出户，视天地当复长，共传其先人统。助天生物也，助地养形也。"《太平经》卷十八至三十四中云："多头疾者，天气不悦也。多足疾者，地气不悦也。多五内疾者，是五行气战也。多病四肢者，四时气不和也。"而《太平经》把人体同自然环境的影响结合起来谈病理，这在当时是非常难能可贵的。

道教认为，人的元气为生命之源，得到元气的人会健康地活下去，反之一旦失去元气就会死去。故欲葆生命之体，就必须养气。故《太平经》卷七十二至八十五中云："失气则死，有气则生，万物随之，人道为雄，故立五官，随气而兴，天道因气飞为雄，真人积气，聚神明，故道终常独行，万民失气故死。"而气又有先天与后天之分，严格来讲，先天的元气应写为"炁"，它与后天之"气"有本质上的不同。道教认为，"炁"是宇宙中存在的先天能量，它大而无外，小而无内，无始无终，无色无味，但却是万物生灭流转的原始动力，是道之本源。故《太平经》中曰："元气自然，共为天地之性也。"而在道教医学概念中，"炁"是构成人体及维持生命活动的最基本元素，同时也具有生理机能的含义。即所谓"炁聚则生，炁散则亡"。另外在道教养生实践中，"炁"还是一种存在于宇宙万物间生生不息的疗愈能量。

"以气养生"是一种动静结合，并以养护元气为主的养生之道。养气又分为服气和行气两种。行气，则要求以我之心，行我之气，适我之体，攻我之疾。实际上就是用体力真气，抵抗外部邪秽之侵袭，从而达到气血两旺、身体免疫力增强的效果。而服气，即是吸天地之生气。《太平经》卷四二中说："夫人，天而使其和调气，必先食气；故上土将人道，先不食有形而食气，是且与元气合。"《太平经》卷一百四十五中又说："天之元而无方，不食风气，安能疾行，周流天之道亦哉？又当与神为朋，故食风气也。"《太平经》认为，食气才能御风疾行而遨游于宇宙，才能与神为朋，并可长寿。故《太平经》卷一百二十中云："是故食者命有期，不食者与神谋，食气者神明达，不饮不食，与天地相卒也。"而以上讲的不食有形之物，主要指不食谷类等物，亦称辟谷。

辟谷又名断谷、却谷、休粮、绝粒等，因此术常和服气之术结合，故统称为"却谷食气"。辟谷术始于先秦，原为道家修炼养生之术，后佛、儒、医诸家都修此道。而在《大戴礼记·易本命》中所描述的"食肉者勇敢而悍，食谷者智慧而巧，食气者神明而寿，不食者不死而神"则是辟谷术最早的理论根据。1973 年，长沙马王堆汉墓出土的医学帛书《却谷食之篇》中，即有"却谷食气"的专门论述。可见，早在秦汉时期，辟谷术已经相当流行。辟谷即是不食五谷和其他食物，并通过服气、导引等修炼手段，使人体与外界沟通达到的一种"缺食夺气"状态。《云笈七签》卷六十载《中山玉柜服内元气诀法》中说："夫求仙道，绝粒为宗。绝粒之门，服气为本。"而以上这些经典论述，指的都是食气辟谷，同时也是道家"减法养生理念"的集中体现。

辟谷食气乃古人仿照龟、蛇等长寿动物，吞气生存的一种养生方术，食气即是食自然界中的精气、真气。《抱朴子》云："行炁可以不饥不病。"《大丹直指》曰："能夺天地之真气，可以长生。"《神家经》说："食元气者，地不能埋，天不能杀。"《老君说一百二十戒》中写有："常当勤服气，断谷食，为不死道。"《太平经》中讲："欲学此术，先须绝粒，安心气海，存神丹田，摄心静虑，气海若具，自然饱矣。"《三洞珠囊》卷四《绝粒品》征引《太平经》第一百二十云："食者命有期，不食者与神谋，食气者神明达，不饮不食，与天地相卒也。"《太平经》认为，"然天下人本生受命之时，与天地分身，抱元气于自然，不饮不食，嘘吸阴阳气而活，故不知饥渴"。

《太平经》还认为，辟谷不但可以养生，而且还能使人健康长寿。因人体摄入过量的食物后会大大增加消化、转化等功能的负荷，使肠胃、心肺、肝胆都得不到很好的休息，影响了健康和寿命。另外在肠胃中存有大量的渣滓、病菌，如这些有害的东西得不到清除，人体就易生病。故《太平经》中说："上第一者食风气，第二者食药味，第三者少食，裁通其肠胃。"《太平经》又云："少食为根，真神好洁，粪秽气昏。"

自道教创立后，修习辟谷者代不乏人。据《汉武帝外传》载，东汉方士王真"断谷二百余日，肉色光美，徐行及马，力兼数人"。曹植在《辩道论》中，也载有郗俭善辟谷之事，"绝谷百日……行步起居自若也"。东晋道士葛洪在《抱朴子·内篇·杂应》中说："余数见断谷人三年二年者多，皆身轻色好。"并举例子以证之：三国吴道士石春，在行气为人治病时，常一月或百日不食，吴景帝闻而疑之，"乃召取锁闭，令人备守之。春但求三二升水，如此一年余，春颜色更鲜悦，气力如故"。又"有冯生者，但单吞炁，断谷已三年，观其步陟登山，担一斛许重，终日不倦"。《云笈七签》卷五载，孙游岳"茹术却粒，服谷仙丸六十七年，颜彩轻润，精爽秀洁"。南北朝著名道士陶弘景，"善辟谷导引之法，自隐处四十许年，年逾八十而有壮容"。认为人道之方，以食气为上。唐代诗人白居易，在描述辟谷的感受时说："自觉心骨爽，行起身翩翩。始知绝粒人，四体更清便。初能脱病患，久必成神仙。”

我们知道，音乐是一种独特的艺术，不同的乐曲不但可以表达不同的思想感情，另外还有养生、疗疾和影响我们情绪的重要作用。早在公元前5世纪的古希腊，哲学家、数学家毕达哥拉斯就已认识到声音和音乐有疗疾的特殊功效。而我国在春秋战国时期，也同样提出了“五音”与身体关系的医学理论，并在史书《吕氏春秋》的《大乐》《适音》《音律》中，大量记载了有关音乐与人体情绪方面的专篇论述。另据《帝王世纪集校》记载：早在远古尧帝时有个乐官，他仿效山川、溪谷的声音作了一首名叫《大章》的乐曲，人们听了这支曲子后大家都心平气和，减少了许多无谓的争端。这就是我国史料记载的第一首乐曲，同时也是我国对音疗作用的最早描述。音乐虽没有形象性、可视性，但它有时代性和可感性。它可调动记忆思维，激发情感反应。另外音乐还能与自然交感和谐，与人体器官极化共振。

而远在东汉时期所著的《太平经》中，也有大量音疗的论述。如《太平经》卷一百三十七至一百五十三中曰：“夫音，非空也，以致真事，以虚致实，以无形身召有形身之法也。夫乐乃以音响召事，比若人开口出声，有好有恶，善者致吉，恶者致凶……乐声正天地阴阳五行之语言也。听其音，知天地情，四时五行之气和，以不知尽矣。”《太平经》卷一百一十三又曰：“天地和，则凡物为之无病，群神为之常喜……是故乐而得大角上角之音者，青帝大喜，则仁道德出，凡物乐生，青帝出游，肝气为其无病，肝神精出见东方之类……南方徵之音，大小中悉和，则物悉乐长也。南方道德莫不悦喜，恶者除去，善者悉前，赤气悉喜，心为其无病……故得黄气宫音之和，亦宫音之善者亦悉来也，恶者悉消去。得商音之和，亦商音善者悉来也，恶者悉消去。得羽音之和，羽音善者悉来也，恶者悉去。”

《太平经》认为，音乐乃是用声音和乐器来表达情感的一种语言。音乐绝不是空洞没有意义的，它可用无形的声音去感召有形的人体。故

《太平经》卷十八至三十四中云：“以乐治身守形，顺念致思却灾。夫乐于道何为者？乐乃可和合阴阳，凡事默作也……王者乐则天下无病，跛行乐则不相害伤，万物乐则守其常，人乐则不愁易心肠。”《太平经》又曰：“音声者，即乐之语谈也，精者听之无失也……听其音，知天地情，四时五行之气和。”现代医学研究证明，音乐是一种具有振动频率的声波，当这种声波传入人体之后，会使人体内的细胞产生共振反应。它可促进血液循环，加强新陈代谢，调整内分泌，达到疗疾养生之目的。而不同节奏、速度、音调、风格的音乐其疗效也各不相同，它们分别有安神、镇静、兴奋、抑制、止痛及调整心态的功能。

科罗拉多州立大学的研究者，曾对中风病人进行每天30分钟的音乐节奏刺激，3个星期后与没有经过刺激的病人相比，他们在稳定行走方面得到了明显的改善。科学家还同时发现，患帕金森综合征的病人也从这种治疗方法中得到类似的效果。研究人员还发现：许多乐曲可提高人体的免疫力及抗疾病能力。美国宾夕法尼亚州神经学家巴瑞·比特曼在一次实验中让10名受验者随着音乐的伴奏敲手鼓，一小时后发现，他们体内有一种免疫细胞的含量有所升高，而这些免疫细胞，是负责追踪并杀死人体内遭病毒感染过的受损细胞。医学家发现，孕妇在分娩时如果让她们听一段平时喜爱的歌曲或音乐，就可大大降低疼痛的感觉并可缓解紧张的压力。瑞典科学家最新完成的一项实验调查报告显示：如让患者在手术全麻醉的状态下听一曲轻音乐或某些古典音乐，还能帮助术后刀口的愈合及促进身体康复。

我们知道，节奏鲜明的音乐能使人精神焕发；旋律柔和优美的音乐能使人轻松愉快；威武雄壮的交响乐可振奋人心产生积极向上的力量；悦耳动听的轻音乐可使人心旷神怡。当有益的音乐进入大脑后，可使人体脏腑、经络调和，气血、精神旺盛，故音乐对人的情绪可起到一定的激发作用。音乐正如《晋书·律历上》中所说：“是以闻其宫声，使人温良而宽大；闻其商声，使人方廉而好义；闻其角声，使人恻隐而仁爱……”司马迁在《史记·乐书》中云：“故音乐者，所以动血脉，通流精神而和正心也。”故此，音乐之所以能有这些影响，是因为音乐能通过人的听觉器官作用于人脑边缘系统及脑干网状结构，它能使人体内的分子序列发生有益的变化，并能使人体的内脏活动及情绪与行为产生良好的协调作用。所以说，音疗的另一原理，就是通过心理效应而达到养生、疗疾的目的。

《太平经》众生平等的生态环保思想

刘高肃
（河北省道教协会）

道教十分尊重生命、尊重自然。从关注人自身到众生，从关注人生疾苦到所有生命的命运，将世界看作一个不可分割、循环流转的生命共同体，人作为其中的一部分，是众生之一，人和其他生命一样，都会感知苦乐，都会避苦求乐。关爱人就要人去关爱众生，人与众生的地位是完全平等的，不应该区分什么高级生命与低级生命，人不应起分别心，更不应把人类视为所谓最高级的生命和其他生命的主宰或管理者。破除人类中心主义的偏见，才能看清当下，才能去践行生命的平等与有为之道。众生平等的观念从最初起，即通过道教的早期经典《太平经》得到传播。《太平经》又名《太平清领书》，《太平经》以“道”为万物的本根，引导人们摆正人类生存与自然环境之间的关系，提出“天地中和同心，共生万物”的理想太平世界，太平天下是人与天地万物的和谐共生。

生态危机是人类盲目和过度的生产活动所引起的，生态平衡的破坏主要是人为造成，生态危机的实质是人性危机。人性危机所释放出来的贪欲，直接导致了人类对自然界的掠夺与破坏。生态保护是关乎人类生存全局的大事，人们为了保护生态，必须放弃一部分局部的或者一己的利益，这样就必须战胜自己的私欲。社会唤出了人心中各种各样的欲念——物欲、情欲、名利欲、权力欲、享受欲，在生活的一切领域中没有一个是没有欲念填充的。生态的破坏与无限制的欲望有直接关系。人的欲望因物而起，修治欲望，不应从欲望入手，也不应从物入手，而应从人的本性入手。贪欲是痛苦的根源，也是生态破坏的根本原因。所谓贪欲，就是不合理的过分的欲望。《太平经·服人以道不以威诀》说：“欲得天地心者，乃行道与德也。”道德水平的高低，关键体现在对贪欲的控制能力上，贪欲越少，道德越高；贪欲越多，道德越低。贪欲是痛苦产生的根本原因，所有的痛苦都源于有求不得，求不得自然会失望、怨恨，心中忧愤。人类生活水平的提高并未带来幸福指数的提高，这主要是由于人的要求也随之水涨船高，社会发展赶不上人欲的增长。然而对于贪欲的危害很多人认识不足，甚至还将此作为社会发展的动力。各式各样的广告都在鼓励人们消费，都在诱人购买他们根本不需要的东西，或者他们根本无力负担的东西。消费主导型的经济模式事实上就是贪欲主导的模式，这种模式鼓励、刺激、制造人们的消费欲望，诱骗人们不断膨胀贪婪的欲望，追求超出自己能力的高消费，以此带动整个经济系统的高速运转。

《太平经·王者赐下法》说：“养其性，安其身。”人与天地万物相往来，处理人“心”与天地万物的关系，是养性的首要环节。《太平经》洞悉人之“性”，说：“天乃为人垂法，天自名为大道，地自名为德，所以然者，夫天地，乃万物之父母、凡事君长，故常导之以善，不敢开昌导，教之以凶恶之路，而况人乎？人者，天之子也，当象天为行。”人应效法天道，人“性”得于天地。天堂和地狱在“善”“恶”一念之间。天堂在善不在天，地狱在恶不在地。用平等之心去看待一切生命，将众生的生存，当成自己的责任。平等的道理应渗入自己的心灵深处，化为自己情感的一部分，才能在内心与一切生命体融为一体，将生态链中发生的一切都看成是与自己休戚相关的事。然而每一个人眼光盯着生活的小圈子，整天围着工作、收入、利益、更好的享受转，极少去感受自己与整个世界的关系，更少去思考自己与其他生物以及全部生态之间的关系。生态问题的出现，与此有紧密的关系。只有在闻不到鸟语花香，吃不到昔时果蔬时，才会感叹环境的恶化。在许多人的情感世界中，对生态的感受是缺位的。人生在世，无论人性善、恶，其都包含利己成分，可人不会只为利益而活，不然就不会有高尚的道德。

《太平经》开下法门，无非是为了接引众生。环保不分民族，生态没有国界。在民众心目中，有了钱就可以脱贫，有了钱就可以达到小康，拥有财富似乎就拥有幸福。既然财富等同于幸福，只要能得到幸福，自然会不惜一切。在今天，很多人都对财富有如此的追求。问题是，一旦陷入这样的追求，似乎人生的全部意义便在于此。只要有利可图，其他一切又算得了什么？

离开世间无道法，道法与世间不二。在《太平经》看来真正的天下富足就是物种的保全与繁盛。富裕应该以物种的多寡为衡量标准，物种多就为富，物种少就为贫。天以万物悉生为富足，所谓“万二千物具生出”，天下动物、植物皆兴旺生存，一派繁荣景象；反之，物种不足万数者，故为“小贫”；物种越来越少，便为“大贫”；当万物悉伤时，“无瑞应，善物不生，为极下贫”，“为衰家也”。从根本上看，衡量人类社会贫富的标准，是世界上物种的多少。一个只有人类，没有草木虫兽的世界是不可想象的。《太平经》把人的视角拓宽到了世间万物，把人的财富观念建立在了人和众生万物的联系上。

生态系统是多元统一的，只有在平等的基础上，承认每个生命、每个物种的生存权利，才能保证生命的多样性和整个生命世界的多姿多彩、生动活泼。在生命的发展史上，曾经出现过无数富有特色的物种，每个物种都展现了生命的神妙与可贵，都是值得惊叹的奇迹，都为整个生态的发展做出了自己不可磨灭的贡献。维护生态系统的多元统一，必须要尊重每一个物种，慎用“害虫”这个人造名词。我们没有权利把任何一个物种贴上这个标签，然后名正言顺、大张旗鼓地消灭它；更不应该站在人类自身利益的立场上残酷对待其他物种。

不杀生是五戒的首戒，指不杀人，也指不杀鸟兽虫蚁，还指不乱斩折草木等，表现了对一切生命的尊重。《太平经·生物方诀》上记载：“天道恶杀而好生，蠕动之属皆有知，无轻杀伤用之也；有可贼伤方化，须以成事，不得已乃后用之也。故万物芸芸，命系天，根在地，用而安之者在人；得天意者寿，失天意者亡。凡物与天地为常，人为其王，为人王长者，不可不审且详也。”不杀生体现为对生命的尊重。彼此都是生命，只是人类暂时处于主动地位，其他动物（飞禽走兽）也具有生命，不过它们是处于被动的地位。《太平经》正是基于这种众生平等的慈悲观，不杀生就是慈悲，就是对生命的尊重。因此，提倡生态保护就应该从众生平等、不伤众生做起，不光是人或动物有生命，树木花草等植物也有生命，“一切万物皆有道性”。

众生平等是《太平经》的基本观念之一。众生平等了，人就不起分别心。人也是众生之一，人与其他物种在生存权利上是平等的，我们在行使人的权利时，必须顾及别的物种的生存权利，人的生存和发展不仅不以破坏自然界的运行规律和平衡状态，更不以牺牲其他生物的生命或生存发展条件为代价。“道为化首，天为人师法。”人取法于“天”，天地的一切，不应被人所独占，人不是天。当人们自己将自己当成一切生命最高层次与最高价值的时候，无非是自诩自己为万物之灵，却忘记自己也是生物界一部分，忘记了自己来之于天地，忘记了生存与发展也都依赖于自然。《太平经》说：“夫人命乃在天地，欲安者，乃当先安其天地。”人安身立命于天地间，得到生存和发展，先要使赖以生存的生态环境得以安宁。美国科学家卡普拉则曾说，“在伟大的宗教传统中，道教提供了最深刻和最美妙的生态智慧的表达之一”。道教讲，“天道无为，任物自然”，反对唯人独尊的人类中心主义，反对把自然仅仅当成是人类的征服和统治的对象，以及只为人类自己的需要而掠夺自然、危害环境的行为。“安天地”就是保护生态自然。人不是宇宙的中心，没有高于万物的特权。

《太平经·使能无争讼法》说：“人者在阴阳之中央，为万物之师长，所能作最众多。”人类追求自身的生存和发展，也要尊重自然界其他生物的生存权利。“圣人亦当和合万物，成天心，顺阴阳而行”。所谓“和合万物”，就是指人类与世间万物是一个不可分割的整体。“凡事无大无小，皆守道而行，故无凶。”人的生存发展与其他生物的生存发展息息相关，人的生存和发展不应以破坏自然界的运行规律和平衡状态，以牺牲其他生物的生命或生存发展条件为代价。现代化的生活环境需要通过劳动去创造，而大自然的给予却不需要我们用金钱去交换。我们只要懂得珍惜，懂得保护，就能永远享有。如果我们为了眼前的一点利益，而以破坏自然为代价，无疑是饮鸩止渴。

《太平经》重生护生，众生平等，是因为“一切有形，皆含道性”。“道”是万物的本原又是万物的本体。所以，从根源上讲，人与一切生物，都是大道化生宇宙的产物，人与其他生命是同源的。

王重阳祖师也说：“物命于人没两端，只是形骸分别异。”人类作为万物之灵，具有更大的维护宇宙生态和谐的责任，并没有君临万物、主宰万物的过分权力。《太平经》所说的众生平等，正是来自于千百年来对生命起源和本质的真切思考。正是基于此，《太平经》明确反对“天地故生人”“天地为人而生各物”等供人享受的目的论观点。众生平等，人类看向众生的目光应该是和善的、友爱的，而非贪婪的、傲慢的。只有平等地看待一切众生，才有可能尊重其他生物的生命，与之和平共处。反之，一旦居高临下，肆意主宰万物，那么众生之灵在屠刀下徘徊，一旦构成为大怨，暴戾之气有违天和，则必成“失道寡助”之结局，从而引起大自然对人类的报复。

“天地之性，万物各自有宜，当任其所长所能为，所不能为者，而不可强也。”（《太平经·使能无争论法》）“无为”与“道”相连，因为“得道意，得天心意”，所以“天道无为，任物自然”。人和万物是平等的，人并不具有比物高的地位。人是自然的一部分，人应该以自然的方式对待自然。为了生存，人需要从自然界中获取生活资料，但这并不意味着人可以没有限度，可以为所欲为。人应该知足知止。《太平经·守一明法》说：“夫道何等也？万物之元首，不可得名者。六极之中，无道不能变化。元气行道，以生万物，天地大小，无不由道而生者也。”“道”是天地人和万物的本原，在“道”的这个系统中，天人相通。人是天地所生，上天是人类之父，大地是人类之母，人既然来自天地，理应法天则地，遵循大道以和。《太平经》的“太平”主要讲的是社会的太平，而社会太平又以天地自然系统的和谐为基础。因此，它既包括自然界的和谐，又包括人与自然的和谐，这样才能有利于整个社会的“太平”，才能达到太平之世。

《太平经·起土出书诀》说：“夫天地中和凡三气，内相与共为一家。反共治生，共养万物。天者主生，称父；地者主养，称母；人者主治理之，称子。”不论我们出于什么样的动机毁坏自然，都等于是在谋害自己的母亲，那么，人类可能在这样的罪行中幸免于难吗？所以，我们应该像对待母亲一样去对待大自然，像尊重母亲一样去尊重大自然。只有这样，我们才会继续得到自然的呵护，才会在它母亲般的怀抱中获得安宁。也只有这样，人类才不会在背弃自然的任性行为中走向毁灭。人应敬父爱母，也就是顺应天时、珍惜土地。天地生养万物，而人担负着“治理”的职责。《太平经》反对人们乱穿凿土地，随意穿地就意味着破坏母亲的身体，积累起来将遭受天地父母的报应。由于天地是人的父母，父母贫困，则人亦贫穷。尽管人类对宇宙已经有了越来越多的了解，但至少到目前为止，还没有发现比地球更适合人类居住的星球。所以，地球是我们唯一的家园。当我们居住的房子倒了，我们可以搬家；当我们生活的城市毁了，我们可以迁徙；可当我们生存的地球趋向毁灭时，人类又到哪里寻找安身立命之地呢？

《太平经》以救世为务，治心为本。人类并非自然界的主人、统治者，而是自然界中极普通的一员，必须树立众生平等思想，只追求经济功利而不关心生态平衡的做法是极端错误的。花草树木、飞禽走兽都有生存繁殖的权利，人类没有权利去践踏它们的这些权利。在历史长河中，《太平经》在保护生态环境方向做出过特殊的贡献，曾经让人们关心对自己赖以生存的自然环境的保护和改善，增进人与自然的和谐发展。《太平经》尊重生命的慈悲观，为人类爱护动物做出了典范；《太平经》的生态智慧，为人类保护环境做出了榜样。在《太平经》中，蕴含着丰富的保护生态环境、协调人与自然和谐发展的思想智慧，值得我们深入挖掘。

由《太平经》看黄巾起义——致太平

朱耀松
（邢台市民族宗教事务局）

黄巾起义是在原始道教——太平道教主张角的领导下发动的。毋庸置疑，在当时的历史条件下，太平道教对黄巾起义应该起过十分巨大的作用，起义的目的不是单纯的暴力革命，而是为了“致太平”——建立起黄帝时期的太平世界。

一、黄巾起义的由来

东汉末年，政治黑暗，经济凋敝。朝廷内，宦官与外戚尔虞我诈，轮番乱政；地方上，豪强地主与割据军阀为非作歹，鱼肉乡民。又逢连年灾荒，人祸加天灾，以致出现“死相枕藉”“民相食”的人间惨剧。其中，黄河南北，灾难尤重，“豫州饥民死者四五”“冀州尤甚”。正是在这种背景下，许多思想家、政治家致力于探求除弊救世的良方。灵帝时，张角（巨鹿人）得于吉等人所传《太平经》，从中受到启发，遂以创教救世为己任。建宁年间，张角带着两个弟弟，首先在灾情特别严重的冀州一带开始传教活动。熹平年间，他在大量招收学生、培养弟子、吸收徒众的基础上，创立了太平道。十余年间，太平道势力遍布青、徐、幽、冀、荆、扬、兖、豫八州，徒众达数十万人。主要是穷苦农民，也有城镇手工业者、个别官吏甚至宦官。张角将教徒划分为三十六方（教区组织），大方万余人，小方六七千人，每方设渠帅负责。于中平元年

(184，甲子年）初，发动了起义。尽管东汉王朝进行了镇压，但是，数目庞大的民众遍布各地，仍狂热参加起义，进行了长达二十年之久的顽强抵抗，给予东汉政权以致命打击。

二、太平道教法——黄巾起义的思想基础

黄巾大起义，除了当时的社会政治背景外，具有独特入世性格的太平道教团的教法，有力地加强了这次农民革命运动的思想基础。[①] 太平道教法以东汉顺帝之际山东干吉感悟的《太平清领书》为基础。《后汉书·皇甫嵩传》载，张角自称大贤良师，奉“黄老之道”为基础，统率教团，宣称人所犯罪过是其病故之因，劝人悔过，并采用具有灵力的符水和咒语为人治病，由于这种新教法治病很有效果，所以很多百姓开始信奉太平道。仅十余年间，其信众竟达数十万，遍布青、徐、幽、冀、荆、扬、兖、豫八州。太平道之所以能迅速获得人民的信服，除了能够用符咒为人疗病之外，更是宣扬长生不死得道成仙的神仙思想。干吉死后，弟子们“尚不谓其死而云尸解焉，复祭祀求福”。《太平经》中也有白日飞升成为尸解——尸骸留在地上而升天的说法。张角传道手持作为神仙或神灵象征的“九节杖”，既能招神又能劾鬼，持杖可理九人九气之事，可以统摄天地万物，可以度人得道。张角事奉黄老道，在传道的过程中，他以黄老“善道”教化天下。此时的“黄老之道”，即宣扬仰慕长生不死的神仙，叩拜、祭祀黄老君，祈求长生福祥。正是《太平经》中的黄老信仰，才在现实主义精神上将肉体疗病和政治革命运动有机统一起来，成为强大能量的原动力，使“众徒不畏死”“官军夺志而不敌”[②]。

---

① 福井康顺等监修:《道教》,上海古籍出版社 1990 年版,第 30～31 页。

② 福井康顺等监修:《道教》,上海古籍出版社,1990 年版,第 32 页。

三、《太平经》对现实社会的批判

《太平经》对当时社会政治腐败、民不聊生、贫富差别悬殊的现象忧心忡忡，认为这种贫富分化日益严重的趋势不改变，必将引起民众的不满，导致社会混乱，影响政权的稳定。为了缓解贫富之间的矛盾，改善社会关系，统治者的当务之急是实行一些社会救济政策，扶贫帮困，切实解决贫困人口的温饱问题。

《太平经》认为君主代表国家，在政策层面上应从爱民的思想出发，实施养民救民政策，“见饥者赐以食，见寒者赐以衣”①。《太平经》认为设立君主的目的就是养民、治民，所以君主不能只施威，更要施德施仁，把养育天下之民视为主要职责。《太平经》指出：“故古者圣贤帝王，未尝贫于财货也，乃常苦贫于士，愁大贤不至，人民不聚，皆欲外附，日以疏少，以是不称皇天心，而常愁苦。若但欲乐富于奇伪之物，好善之，不能得天地之心而安四海也；积金玉璧奇伪物，横纵千里，上至天，不能致大贤、圣人、仙士，使来辅治也。”② 君主是国家利益的代表，不能只考虑个人的安乐享受，而应把治理好国家当作首要任务；不要把物质财富看得过重，而要把贤士当成财富；不能贪恋“金玉璧奇伪物”，而要以财养民济民，这样才能“得天地之心而安四海”。

然而，东汉后期的社会现实则是政治黑暗、官府横征暴敛、土地兼并剧烈、贫富分化严重，广大农民遭受着残酷的剥削和压迫。东汉中后期，据《后汉书·桓帝传》记载，永兴元年，流亡饥民达数十万户。大批农民脱离户籍，动摇了国家赋役制度的基础。时地震、蝗虫等灾害频发，社会动荡，“百姓饥荒，更相啖食”，“灾异蜂起，寇贼纵横，夷狄猾夏。戎事不息，百姓匮乏，疲于征发，重以蝗虫滋生，害及成麦，秋

① 王明编：《太平经合校》，中华书局1960年版，第228页。

② 王明编：《太平经合校》，中华书局1960年版，第128页。

稼方收，甚可悼也”。《太平经》对此进行了深刻揭露和猛烈抨击：“风雨不调，行气转易，当寒反温。”“阴气蔽日，令使无光，人民恐惧，谷少滋息，水旱无常，民复流客有谷之乡”，“饥饿道傍，头眩目冥，步行猖狂，不食有日，饿死不见葬，家无大无小，皆被灾殃”①。《太平经》强烈批评豪富之家贪残鄙吝的卑劣行径，“时以行客，赁作富家，为其奴使。一岁数千，衣出其中，余少可视，积十余岁，可得自用还故乡”②。认为“积财亿万，不肯救穷周急，使人饥寒而死，罪不除也”③。

《太平经》认为造成这种现状的原因是天地人三气不相通，《太平经》说：“人君，天也，其恩施不下，至物无由生，人不得延年。人君之心不畅达，天心不得通于天下……臣气不得达，地气不得成，忠臣何从得助明王为治哉？……民气不上达，和气何从得兴？中和乃当和帝王治，调万物者各当得治。今三气不善相通，太平安得成哉？”④《太平经》认为战争、瘟疫、水灾、旱灾频繁出现都是由于阴阳失序，灾祸才接连不断，无数恶行横行无忌，导致社会一片混乱：“天失阴阳则乱其道，地失阴阳则乱其财，人失阴阳则绝其后，君臣失阴阳则其道不理，五行、四时失阴阳则为灾。”⑤《太平经》认为：“天下凡事，皆一阴一阳，乃能相生，乃能相养。一阳不施生，一阴并空虚，无可养也；一阴不受化，一阳无可施生统也。”⑥“阴之与阳，乃更相反，阳兴则阴衰，阴兴则阳衰”⑦。与阴阳之气一样，在现实社会中，君主和臣民的地位也不是绝对不变的，而是可以转化的。“一衰一盛，高下平也；盛而为君，衰即为民”⑧。君主如果不顾百姓死活，无休止地残酷剥削和压迫他们，就会引

① 王明编:《太平经合校》,中华书局 1960 年版,第 575 页。
② 王明编:《太平经合校》,中华书局 1960 年版,第 618 页。
③ 王明编:《太平经合校》,中华书局 1960 年版,第 242 页。
④ 王明编:《太平经合校》,中华书局 1960 年版,第 20 页。
⑤ 王明编:《太平经合校》,中华书局 1960 年版,第 733 页。
⑥ 王明编:《太平经合校》,中华书局 1960 年版,第 221 页。
⑦ 王明编:《太平经合校》,中华书局 1960 年版,第 588 ~589 页。
⑧ 王明编:《太平经合校》,中华书局 1960 年版,第 723 页。

起他们的强烈反抗，导致统治政权的覆亡。由于东汉王朝的统治已经违背了天意，导致阴阳混乱，民不聊生。百姓对当时社会和自然灾害无能为力，求之现实而不可得，只好将希望寄托于神仙、天神的帮助。针对当时社会的种种不合理之处，《太平经》提出了其太平世界之理想，太平道教主张角根据《太平经》思想适时提出了“致太平”的理想，正好符合了当时人民的需要，也为黄巾起义提出了美好的前景。

三、黄巾起义目的——致太平

《太平经》曾明确提及全书的著述宗旨，那就是为最高统治者提供合宜的治国方略：“吾乃为太平之君作经。”① 太平道教主张角以《太平经》作为思想武器，以黄天为至上神，认为黄神开天辟地，创造出人类。又信奉黄帝和老子，认为黄帝时的天下是太平世界，是人类最美好的世界。在这个太平世界里，既无剥削压迫，也无饥寒病灾，更无诈骗偷盗，人人自由幸福。在此基础上，张角提出了“致太平”的理想，于中平元年（184），领导发动了黄巾起义，以“苍天已死，黄天当立；岁在甲子，天下大吉”为革命口号。“苍天”意指东汉王朝的腐朽统治，“黄天”意指农民理想的太平世界，“岁在甲子”是起义的信号与时间，“天下大吉”则为起义后的美好境地——“致太平”。

所谓的致太平是什么样的社会呢？《太平经》中指出：“澄清大乱，功高德正，故号太平。”② “太平者，乃无一伤物，为太平气之言也。凡事无一伤病者，悉得其处，故为平也。若有一物伤，辄为不平也。”③ “太者，大也。通言其积大行如天，凡事大也，无复大于天者也。平者，乃言其治太平均，凡事悉理，无复奸私也；平者，如地居下，主执平也。

① 王明编:《太平经合校》,中华书局1960年版,第445页。
② 王明编:《太平经合校》,中华书局1960年版,第10页。
③ 王明编:《太平经合校》,中华书局1960年版,第398页。

……气者，乃言天气悦喜下生，地气顺喜上养；气之法行于天下地上，阴阳相得，交而为和，与中和气三合，共养凡物，三气相爱相通，无复有害者。太者，大也；平者，正也；气者，主养以通和也；得此以治，太平而和，且大正也。”① 由此可知，所谓太平，也就是阴阳和谐，社会治理均平，公正无私，相爱相通，无有伤害。并且君臣民三气相通，“君导天气而下通，臣导地气而上通，民导中和气而上通”“立平立乐，灾异除，不失铢分也”②。实现公平、快乐、无灾害的和睦社会，这就是《太平经》所追求的“太平”世界，也是黄巾起义的目的。

① 王明编:《太平经合校》,中华书局1960年版,第148页。
② 王明编:《太平经合校》,中华书局1960年版,第152页。

老子的自然观及其现代教育内涵

贺剑英

（中央民族大学哲学与宗教学学院）

摘要：老子的智慧在《道德经》一书中体现得淋漓尽致，书中阐释了其对自然的理解。“道法自然，无为而治”是其主导思想。老子的这一思想给我们的现代教育很多启示，我们若能把这一自然无为思想与儒家思想相结合，将会有更好的教育意义。施教者要效法自然，顺其本性，少言多做，言传身教；受教者要淡泊名利，顺性而学；社会对人的衡量标准要由一元化转变为多元化，从而达到“无为而治”的境界。

关键词：老子　自然观　现代教育　道法自然　无为而治

老子以“道”作为其思想核心。“道”被认为是道家哲学的基本范畴，为所有道家学者所尊奉，“合于道”是他们追求的最终目标。老子提出“道”的观念，确立了道家的理论核心，在此基础上，老子提出了天道与人道两大法则：“天道自然无为，人道顺其自然。”前者是道家的自然论，后者是道家的无为论。《老子》第二十五章说：“域中有四大，而人居其一焉。人法地，地法天，天法道，道法自然。”“道”是宇宙万物创生的根源，所以人、地、天都要法道，但“道”并不是毫无规律，为所欲为的，它还必须以“自然”为法。这里的“自然”非为自然界之意，而是指自然而然，是自然如此的意思，与“人为”相对。老子以天道作为天、地、人的共同法则，主张“道法自然”，强调一切合乎自然，顺从人与万物的自然本性，而不是以人的造作来扭曲事物的本性。“道法自然”是老子核心思想的体现，这一思想对我们当下的教育启示是：树立正确和谐的教育价值观，教育应该遵循“自然”的规律，道德教育要顺应人的本性。

一、道法自然的核心与教育意蕴

《老子》第二十五章说：“人法地，地法天，天法道，道法自然。”这四句话是以“人法地”为起点，以“道法自然”为终点的顶真句式。在简洁、严谨的语句中包含着深刻的哲理，即“道”逐层落实下去，实现化生万物的目的。而这一切都源于自然的形态。陈鼓应先生对此的解释为，所谓“道”法自然，是说“‘道’以它自己的状况为依据，以它内在原因决定了本身的存在和运动，而不必靠外在其他的原因。……‘自然’并不是指具体存在的东西，而是形容‘自己如此’的一种状态”①。冯友兰先生也说过，“道法自然”中的‘自然’只是形容‘道’生万物的无目的、无意识的程序。‘自然’只是一个形容词，并不代表另外一种东西。② 在老子的本意中，“自然”是指宇宙自在的运动状态，它是和“人为”相对的概念。“道”自然，“道”的运行规律和特征就是“自然”。“自然”是指自在存在，因此“道”也就自生、自育，本体“道”是先天地而存在的。万物的本源就是本体的“道”，本体之“道”独立于万物而存在，同时本体“道”又化育在万物内在，以“德”存在。本体之“道”中自身充满着自然性，它化生化育万物的过程也充满自然性。宇宙万物因无目的地化生化育而具有了自在性，这是“道”赋予的。我们以老子辩证思想为出发点，可理解为“道”是只可意会不可言传的天之道，也是可知可感可言的人之道。道即“自然”，而道所体

① 陈鼓应:《老子注译及评介》,中华书局 2009 年版,第 30 页。
② 熊逸:《中国思想地图:老子》,山西人民出版社 2010 年版,第 164 页。

现出来的基本特质和精神就是自然、无为、柔弱等观念，“无为而为”的教育思想自然形成。无为而为，并不是无所作为，而是无心而为；无为而为不是强制不为，而是应为而为。

教育的出发点和根基是对人性的探讨，老子从未言说人性的善与恶，他认为人性的本然状态应像初生的婴儿那样，完全处于自然的状态。只是由于社会文明的熏陶与教化，使人们的自然本性丧失殆尽，变得贪得无厌和功利极致，因此教育应当“道法自然”，使人“绝圣弃智”“绝学无忧”“绝仁弃义”“复归于婴儿”“复归于朴”。老子对人性有自己独特而精辟的理解，婴孩的本性原本是如此的本真与纯洁，让人喜爱，而经过仁义道德忠孝等那一套，让人们变得欲壑难填，讲究虚伪的仁义道德。因此老子对仁义道德也进行了某种揭露和批判，他认为之所以要讲仁义道德，都是因为大道废弃、六亲不和、国家昏乱。老子看到了生命从本然状态走向文明状态后的异化，人作为自身存在的目的却变成了存在的手段，但老子所谓的“复归”并非完全生物意义上的倒退，同时他也意识到人的自然性向社会性转化的必然性，人要想在社会上立足，不断学习各种知识和技能是不可避免的，这是一个逐渐增强的过程，但是在道德方面，我们应该摈弃那些强加于心的伪道德，在通晓各种生活知识技能的基础上，少私寡欲，淡泊名利，做到既身处现世又超然物外，无忧无虑，达到精神上的最高境界。

二、无为而为（顺势而为）：道法自然教育思想的现代启示

老子看到了个人和社会、个体自由和奴役之间的矛盾和对立，于是就借助天道来阐释人道，老子思想以道法自然为核心基础，从纯真无邪的婴孩儿本性出发，通过“处无为之事，行不言之教”① 来达到人性的

① 《道德经》，广西民族出版社 1996 年版。

复归，培养圣人，采取无为而治的方法来达到小国寡民的政治思想。其教育的出发点是个人，最终指向社会，这是个人和社会相统一的和谐教育观的集中体现。尽管两千年来儒家的教育观一直占据着统治地位，但在兼容并包、文明高度发展的今天，老子的思想对于中国今天的教育有着发人深思的启发，我们要以全新的视角审视教育，倡导自然教育，顺从自然规律，符合人的本性，对社会及个人都有重要的指导意义。

（一）倡导各行其志，跳出一元选拔模式

儒家将“内圣外王”视为君子的最高理想和境界，要求世人对内要注重自己的道德修养，对外又能做出一番事业。这是中国人几千年来的人生核心追求。儒家的教育思想是以德智兼修、德才兼备为核心，以授道德、教“六艺”为教学内容，潜移默化地融入以“仁”治国的理念。“六艺”即礼、乐、射、御、书、数，这六项技能是统治者、管理者必须要掌握的实用性技能，儒家教育思想把这种实用性在两千多年中完美地传承下来。

高效率、快节奏的现代社会似乎在要求人才这样的概念越来越功利化，短、频、快的实用性理念似乎也走进了教育制度、教育目标的行列里。这样的教育让我们“一把尺子量到底”“咬定青山不放松”“一考定终身”的教育模式推崇至极。在这种“大一统”选拔性教育模式下培养出来的学生，他们的个性特质几乎被抹杀殆尽，而变得“千人一面”，教育因此也失去了其生机盎然的生命气息，所以说这种教育是违背生命自然发展规律的，是与道家的“道法自然”思想相矛盾的。《庄子·骈拇》里有个寓言：“是故凫胫虽短，续之则忧；鹤胫虽长，断之则悲。故性长非所断，性短非所续，无所去忧也。”意思是说，野鸭的腿虽然短，接上一段便造成了痛苦；鹤的腿虽长，切断一节便造成了悲哀。所以原本是长的，却不能切断；原本是短的，却不必接长，这样就没有什么可忧虑的。这段话说明：人为改造事物的天然本性，反而会造成各物的痛苦与悲哀。因此“顺其自然，顺其本性”是最恰到好处的做法。

《庄子》认为，凌空万里的鲲鹏神鸟与飞跃数丈的蓬间麻雀不必互相攀比，也没必要羡慕，更不要对立仇视，相反，只要各自的生活“自适其性”，便是合乎生命之道的。我们没有必要用刻意的标准去妄自评判，区分优劣，其实如果我们“以道观之”“物无不齐”，就会发现每一个鲜活的生命都拥有各自的潜能，都有遵循个人个性的权利去过属于自己的生活，这才是最重要的，当然这也是庄子“持德守性”的思想对教育的极大启示。

（二）行不言之教，处无为之事

何谓“自然”？“自然”不是指自然界，现在的自然界在传统文化中是用“天地万物”这个词表示的。而在传统文化中，自然这个词的意思就是“本然”，即万物原来的本性。所以，顺自然不是顺自然界，而是顺从一切事物的本然状态，顺从他的本性。比如《老子》中说：“辅万物之自然，而不敢为。”就是告诫我们要按照万物的本性去发展，而不要去随意地改变他。汉代的《淮南子》对“自然无为”曾做过精彩的评述。其中对“无为”的理解就是“无为者，非谓其凝滞不动也，以其言莫从己出也”①。此句话的意思是说：无为并不是让人停在那儿不要动，什么都不要去做，而是应该“莫出己出也”。就是不要从自己的主观出发去改变事物。《淮南子》总结说“若吾所谓无为者，私志不得入公道，嗜欲不得枉正术。循理而举事，因资而立，权自然之事，而曲故不得容者”②。此段话中所阐释的无为就是：“‘私志不得入公道’，即个人的意志和愿望不得入公道。……‘公道’就是自然，就是天地万物本然的状态。……‘嗜欲不得枉正术’，嗜欲就是个人的嗜好和欲求……正术是跟公道相对应的，就是指自然界的必然规律。所以无为是指你不能以自己的意志、嗜好去改变整个自然界的发展规律。……‘循理而举事’，

---

① 《淮南子·主术训》。

② 《淮南子·修务训》。

即按照万物自然的客观规律来做事。……‘因资而立功’，就是根据事物本然的规律，最后很好地完成了这件事。”① 总之，“推自然之事”就是无为的终极状态。自然之势本来就是从这方面发展的，我们只不过遵循它的规律，顺着它的趋势去推动而已，这正与我们现在讲的“因势利导”不谋而合。其实儒家也强调因循自然，儒家把大禹治水的智慧看成是一种顺应自然的典范。孟子对顺应自然这个原则下“有为”与“无为”的统一进行了精辟的论述。孟子说：“天下之言性也，则故而已矣，故者以利为本。所恶于智者，为其凿也。如智者若禹之行水也，则无恶于智矣。禹之行水也，行其所无事也。如智者亦行其所无事，则智亦大矣。”② 所谓“故”，就是指事物本身已经呈现出来的一种现象、一种情况，孟子认为想探讨一个事物的本性，关键就是要看他本来的状态。只要顺从事物本然之性，就可以达到最好的效果，获得最大的利益，所以“故者以利为本”。大禹治水完全是遵循了水性的规律。“道法自然”就是遵循天地万物的规律，顺自然，顺万物之性，让其自然而然的发展。推及到教育者身上，老子倡导的是一种无言之教胜过耳提面命的教育方法，这与儒家的言传身教是不谋而合的。老子的思想给古代教育和现代教育以许多积极的启示。

古代有个宰相，他的妻子对自己儿子的前途发展可谓重视至极，她天天对自己的儿子训诫以下的内容：努力读书、要有礼貌、讲信用、要忠于国君。而宰相早上出去上朝，晚归就在书房博览群书、处理政务。爱儿心切的夫人终于忍不住说：“你只顾自己的公务和书本，从不指点和教化自己的儿子。”宰相却眼不离书地说：“我时时刻刻都在教育咱们的儿子啊！”言传不如身教，身体力行，更能将自己所要讲述的道理形象深刻地表达出来。

常言道“与其喊破嗓子，不如做出样子”，这也许就是对“言传身

① 楼宇烈：《中国的品格》，南海出版公司 2009 年版，第 53 ~ 54 页。
② 《孟子 · 离娄下》。

教”最朴实的表达。与其耳提面命，不如学习宰相以无言的行动来达到教育的目的。所谓不言之教，一切尽在不言中，又何必一字一句地点明？

不言之教是老子所倡导的一种做人理念。圣人以不束缚、不歪曲、不干涉的无为态度来为人处世，以自己具体的无为行动来影响教化人民，清静无为，以德化民，不施酷法，不用苛政，正己化人，使人们不知不觉地处于浑厚的淳风中。老子所谓的“行不言之教”说的就是万事以言教不如身教，光说不做，或做而后说，往往都是徒费唇舌而已。推崇道家、善学老子之教的司马迁，在其自序中引用孔子之意说：“我欲载之空言，不如见之于行事之深切著明也。”老子认为“处无为之事，行不言之教”是为上智。不言之教的确是人生智慧的最高境界，这更多的是一种做人或教育的方式，强调耳提面命式的说教，不如无声的行动来得实在些。多说无益，道理原本就在事理当中，我们过多的干涉和说教有时反而起到反作用，相比之下，开头故事中的那位聪明的宰相倒是颇得了几分老子不言之教的真意。

现代社会单一化衡量人才的标准反过来也影响了现代的教育制度，因此高分低能的学生也就应运而生，这些所谓的人才只会考试，不会思考、不会工作，最终被社会淘汰。究其原因是我们现在应试教育满堂灌输，或家庭、学校甚至社会对于学生的“娇惯意识、分担意识”过于浓厚，太过普遍。学生学什么，怎么学，学习方法，使用的学习工具及学习流程都事先准备到位，对于学生的个体差异性及个人的成长个性却忽略不计，因此，我们的教育培养出的人才是一色的“八股人才”，学生缺少独立自主精神，老师不牵着走就不知道前行的方向。而老子的“为无为”是指要顺应人的自然本性，同时在与万物相处时持有敬畏意识。因此，笔者以为老子自然观给我们现代教育的启示应该是这样的：教育者首先要持有“不妄为”的思想理念，给受教育者创设更多宽松的环境，让受教者拥有更多的自我探索、自我纠错的机会，更要留给受教者尽可能多的个体人格的建立空间。最终实现受教者的自我学习增长心智的无为成长境界。让受教者自然而然地展现自我，自然而然地成就自我。

因此，只要“处无为之事，行不言之教”，现代教育一定会收获更多的收益与惊喜。

（三）返璞归真，淡泊名利

把人法自然浓缩到个人学习的角度去理解就是返璞归真、淡泊名利，老子说：“故道大、天大、地大、人亦大。域中有四大，而人居其一焉。”（《道德经》第二十五章）人作为天地万物中重要的一员，与自然的关系是相互联系，相互促进，相互统一，而不是相互对立的。作为万物中有灵性的人，不能凌驾于自然之上，而是要以“无为”促进自然界自然而然的和谐发展，从而达到“天人合一”最佳境界。老子强调的“无知”“无为”，看似是一种价值理念，倒不如说是一种对现实的严厉反击。老子崇尚并向往的“小国寡民”的理想王国隐含着既有对现实的逃避，又有对人欲的强烈抨击。正如冯有兰先生曾说过：“道家认为人若顺其自然发展，不必勉强，则自有社会的、道德的生活，道家虽未标明主张性善，而实质是极端的主张性善者。”顺应自然，抱朴守真，不必强求，本真的生活才是人类最好的状态。

老子曰：“人法地，地法天，天法道，道法自然。”（《道德经》第二十五章）即人要效仿大地，大地则依法于天，天则要效法于道，道则效法于自然，一言以蔽之：作为万物的灵长，人应该效法于自然。那么如何来效法自然呢？那就是要学习不违背自然本性，一切随顺自然，避免危险。人类的很多祸患都是违背事物的运转法则而致。宇宙一切，法则至上，顺则无忧，违则必乱，这也是一个普遍的法则。

1971年，迪士尼乐园的路径设计被评为世界最佳设计。可是，就在迪士尼乐园即将开放之际，各景点之间的路该怎样连接还没有具体的方案。为此，设计师格罗培斯心里十分焦躁。有一天，设计师乘车在法国南部的乡间公路上奔驰，这里漫山遍野都是农民的葡萄园。当车拐进一个小山谷时，他发现那儿停着许多车，原来这是一个无人看管的葡萄园，你只要在路边的箱子里投上五法郎就可以摘一篮子葡萄上路。人们在葡萄园里自由自在摘葡萄的做法启发了格罗培斯。回到驻地，格罗培斯下命令：把空地全部种上草提前开放，在提前开放的半年里，迪士尼乐园绿油油的草地被踩出了许多小道，优雅自然，走的人多路就宽，走的人少路就窄。第二年，格罗培斯就让工人按这些踩出来的痕迹铺设了人行道。

这是从未有过的优美设计，和谐自然地满足了行人的需要。格罗培思真是位懂得顺其自然的人。凡事顺自然，不必刻意强求，反倒能够柳暗花明又一村。

“致虚极，守静笃，万物并作，吾以观复。夫物芸芸，各复归其根，归根曰静，静曰复命，复命曰常，知常曰明，不知常，妄作凶。知常容，容乃公，公乃王，王乃天，天乃道，道乃久，莫身不殆。”（《道德经》第十六章）这段话旨在强调，人的心境原本是空明宁静的，只因为种种私欲与外界的搅扰而使得心灵闭塞不安，所以必须以“致虚”“守静”的功夫修之于身，以回复心灵的明静，回到万物的本性。就如我们现在的家长一样，面对孩子幼升小、小升初、初升高、高升大的升学转折点阶段，为了孩子能够进入各种所谓的“名校”“实验班”，家长们不惜一切代价“抢跑”，正如北京四中校长刘长铭所说：“现在的奥数班已经开到幼儿园了，幼儿园已经开始分快慢班了，今天我们社会有更多的现象说明，我们更加看重的是抢跑。”因此当我们的家长看到别人的孩子多才多艺，一定不让自己的孩子逊色三分，别的家长给自己的孩子报几个辅导班、才艺班，自己若是不给孩子也报几个，就会觉得孩子不是自己亲生的。于是不管孩子喜欢不喜欢，愿意不愿意，适合不适合，也将孩子送到各式的辅导才艺班，殊不知孩子的兴趣有可能正好不在这些范围之内。所以家长们剥夺了孩子自由选择的权利，一味地“自作多情”地抢跑，最终把孩子变成了应试的工具，最终把孩子变成了没有自己独立想法的顺从者，在老师的指导下考出高分成为唯一的目标。

纵观我们中国教育的发展史，自然主义教育思想萌芽于先秦道家以老庄为代表提出的“法自然”等理念，在随后很长的儒释道教育思想的相互碰撞、相互吸收、相互融合的过程中，自然主义教育思想一直在不断地传承和发展，从魏晋玄学到唐宋禅宗佛学再到柳宗元的教育思想，明清时期儒家思想家王守仁、戴震，直至近现代启蒙思想家，自然主义教育思想生生不息。正如法国思想家卢梭所言："大自然希望儿童在成人之前，就要像儿童的样子。如果我们打乱了这个次序，就会造成一些果实早熟，他们长得既不丰满也不甜美，而且很快就会腐烂。"① 道法自然、返璞归真、淡泊名利就是让我们懂得如何去顺应自然，克服私欲，保留自己的本心本性。同时借鉴老子自然思想的教育价值，儒道教育观完美结合，最大限度地发挥教育的价值，使每一个人遵循自然规律，自然健康地成长。

① 卢梭著，李平沤译：《爱弥尔：论教育》，人民教育出版社2001年版。

生命论问题：《太平经》的认识思考

强　昱

（北京师范大学哲学与社会学学院教授）

内容提要：最早问世的道教经典《太平经》经历了漫长的成书过程，为未来道教提供了基本的理论范式。通过梳理相关内容，可以判断生命论是其核心主题。《太平经》自觉继承阐发先秦道家的内圣外王之道的原则立场，则是其决定展开庞大的生命论建构的成长动力。

关键词：自然　道　气　神　心

从传统的自然宗教向社会化宗教转型的标志，毫无疑问体现在《太平经》的理论思考之中。经历了长达近两百年时间的取舍积累，来源构成与思想认识极为复杂的《太平经》一书，鲜明地反映了汉代生动丰富的精神世界。本土的社会化宗教在这一历史阶段的勃兴崛起，是中国悠久的文明传统中具有无可替代意义的重大事件。

一、元气自然，共为天地之性也

先秦老庄道家的思想理论，深刻地影响了《太平经》的“元气自然”论。理性主义哲学的精神遗产，渗透到宗教经典之中，必然在内涵上出现不同于哲学认识的部分。仔细考察《太平经》的“元气自然”论的具体内容，其与老庄或黄老的不同明显在于对神灵的理解方面。道教的“气化三清”观，在此已经处于呼之欲出的阶段。

首先在《鹖冠子》中提炼概括出来的“元气”概念，在汉代开始普遍流行。哲学家们一致接受了“元气”为构成宇宙万物的基本物质元素的观念，并且相应的把阴阳与水火等，理解为“元气”的固有属性的功能作用。因此《太平经》提出的“凡物，五行刚柔与中和相通。并力同心，共成共万物”（《三合相通诀第六十五》）的思想主张认为，现实存在的万物“中和”为其不可或缺的内容①。“元气自然，共为天地之性也”（《名为神诀书》）的认识指明了宇宙的客观属性，一方面金木水火土“五行”的“刚柔”存在状态，同“中和”的先验和谐关系彼此“相通”，另一方面又承认阴阳的“中和”表现在不论潜在还是实在的存在者之中，不因为客观事物的“刚柔”状态动摇改变。“并力同心”的象征性表述揭示了客观事物的个体差别性，反映在“五行”的不同要素的相互作用形式。本来如此的“自然”的“元气”于万物，没有丝毫的人格意志的亲疏远近之分。“共为天地之性”指宇宙作为时空统一的有机整体，绝非孤立的个体事物的简单拼凑累加。这种固有的内在统一性包含着，永远处于历时性变化过程中的形形色色的万物，虽然生死有期，但是其同一的物质生起的本源“元气”不存在量的增减与质的改变。“元气乃包裹天地八方，莫不受其气而生”（《分解本末法第五十三》）的重要结论，隐含着世界是永恒无限的世界，既没有开始也没有终结的意识。据此提出“帝王安能神圣于天与地乎”（《来善集三道文书诀第一百二十七》）的价值判断声称，尊贵无比的尘世的帝王，无法达到“天与地”那样“神圣”的程度。在暗示人类的精神生活不能为有限的社会生活局限的同时，尊重自然与敬畏自然的态度，亦在此掷地有声的表达中明晰确立。

---

① 王明编:《太平经合校》,中华书局 1960 年版。本文所引皆据该本,而标点符号略有改动,不再具体出注。另外,刘雅稚搜集的多种资料为本文的写作提供了极大的帮助,谨致谢忱。

深为博大的无限世界所吸引的哲人，不禁由衷地赞叹“夫大神不过天与地，大明不过日与月，尚皆两半共成一”（钞壬部）的生机勃勃的宇宙的伟大崇高。充满敬意的肯定，进一步彰显了人类生命发展的远景。即“日与月”的“大明”以及“天与地”的“大神”，一旦与每一个人的精神产生深切的共鸣，那么有限个体与无限世界客观存在的陌生疏离的困扰将会荡然无存。能够自觉追寻“两半共成一”的发生机制的自我，是实现人生承担的光荣使命。虽然“日与月”同“天与地”乃人所共知的事实，但是具有规定性的经验事物运动变化的规律性与必然性问题，由于非生而知之的东西自然成了生命升华需要接受的挑战。通过对经验表象的普遍反省，哲人认识到万物是元气固有的阴阳属性在一定条件下凝聚离散的客观表现，无限世界因此不会随着个体事物的消亡走向终结。包括天地在内的具体事物相互依存形成的稳定秩序，当然是元气在漫长的绵延裂变过程中的产物。以宇宙为永恒家园的人类，不再为个体生命的消逝不安。这种追溯意识的形成，直至系统化、理性化观念的逐步成熟，浓缩结晶为“两半共成一”的智慧。时刻刺激人类的经验现象进入人类的心灵，那些存在着先后阶段性之分的万物的历时性变化，被“成一”的观念概括而得以纳入到人类的意识结构之中。在剥离了个体差异性的精神世界，意义内涵获得了空前扩张。

永恒实在的元气，因为始终不会与变化不息的万物发生丝毫的间隔断裂，因此必然同个体事物相互依存。问题是元气如果不具有实在性，仅仅是普遍的概念，那么面临的将是构成万物生起的基本元素，其初始阶段竟然是相对有限的东西的逻辑困境。对此予以断然否定的《太平经》所做出的明确解释，回答了人们对根源性问题的疑惑：

> 元气恍惚自然，共凝成一，名为天也。分而生阴而成地，名为二也。因为上天下地，阴阳相合施，生人，名为三也。（阙题，钞戊部）

哲学家以“天”的概念指称包括日月星辰在内的大气星云，实际上是对变动不居的“恍惚”与“元气”以及固有的“自然”属性的先验同一状态的说明。这就意味着“成一”的变化结果，是人类对无限世界的起源问题的认知。人们日常所言之清虚的阳气也是多样化因素的整体，在内部的矛盾冲突驱使下裂变的过程中形成的稳定物质为“地”。世界因此产生了天地的上下空间结构，贯通其中的元气以及“阴阳相合施”的相互作用，发展到一定的程度，人类终于得以诞生。绵延不绝的时间之流中出现的“一”与“二”以及“三”的顺序，是人类对万物的生起问题及内涵的客观总结。永远不能改变的“天地之生凡（当作万）物也，两为一合”的绝对准则，就是指这种既矛盾又依存的关系的普遍性。不仅形形色色的万物如此，连元气也不能例外。“天虽上行无极，亦自有阴阳，两两为合”（《天乐得善人文付火君诀第二百七》）的见解，是“两为一合”认识的逻辑延伸。清楚把握“成一”的条件的苛刻，是准确理解“中和”概念的前提，不至于出现对“包裹天地八方”的元气的误判。

既然“上行无极”的阳气被人类以“天”命名，那么阴气凝结的“地”自然不能简单地等同于人类居住的星球。阴阳或天地的永无止息的矛盾冲突隐藏着万物生化无穷的奥秘，而“两为一合”的转化尺度不允许逾越。

> 夫阳极者能生阴，阴极者能生阳。此两者相传，比若寒尽反热，热尽反寒，自然之术也。（《守三实法第四十四》）

阴阳的功能属性是元气的统一体内部须臾不可缺少的成分，两者的转移是同一统一整体内部主从结构发生了颠覆。在达到“极”的临界状态时不可避免地向对立的一方逆转，这既是经验事物从潜在转化为实在，最终从实在回归潜在所遵循的基本原理，又准确地解释了量的积累到质的飞跃存在的条件性问题。存在于天地之间的每一个体生命，面对“寒尽反热，热尽反寒”的“自然之术”的周期性循环往复，需要在审慎辨别“极”或“尽”的量变尺度的基础上，适应自然的变化而满足自身的生存需求。“中和”的动态平衡，因此一方面表示阴阳“两者”的功能属性彼此“相传”的渗透离析，另一方面揭示了个体事物稳定性获得的内在根源。阳极而阴生与阴极而阳生，具有同等重要的地位，完全不存在尊卑贵贱的区别。“恍惚”的运动变化的绝对性与不确定性，指的是各种远离了人类感性知觉的潜在状态，无法通过明确的数量规定刻画其泾渭分明的界限。如果否认了相对静止的合理性与稳定性，那么我们将无法把握“自然之术”的四季推移、昼夜交替，这必然与经验现象对立。

只是运用“共”的词汇说明内在性问题不够专业，存在着把“自然”与“元气”以及“恍惚”各自独立，彼此并列的嫌疑。其实当是不可分离的有机整体之中可以相互诠释的因素。元气的实在性直接体现在经验事物的现实性，自然的先验客观性与实在性则是同一元气的不同侧面。割裂的结果无疑在认识上将会出现，世界是具有人格意志的神灵的主观创造，或偶然间独立生起的逻辑错误。“恍惚”指的是阴阳的吸引依存与刺激排斥的变动不居状态，突破“中和”的平衡而成为元气化生万物的动力。生死变化的必然性与周期性，因此为阴阳固有的矛盾冲突。“共为天地之性”的“自然”的原理秩序，是包括元气在内的一切存在者普遍遵循的准则。人类对“日与月”的“大明”以及“天与地”的“大神”的精华的结晶的认识，仅仅解释了人类生命活动异常丰富复杂的原因，但是无法回应尘世尊贵无比的帝王远不及天地“神圣”的质疑。作为万物中的一员的人类，拥有“三”的多样优越性与“中和”的纯粹固然是客观的事实，但是人类永远不能凌驾于“阴阳相合施”的万物的普遍平等地位之上。而对帝王“神圣”尊严的贬斥，同时是对天地万物同一的“自然”属性的否定。交织在事实与价值严重冲突中的帝王的神圣性问题，暴露了哲学思考面临的差别性与同一性之间关系问题存在的认识困境。不能适度区分人类生命活动时刻涉及的价值与事实问题的层次及内在联系，那么以群体方式存在于世界的人类的绵延不绝，甚至是上下尊卑的结构组织与特定的生活方式的产生，特别是文明发展的历史，都将无法获得合理的说明。主体自我的特殊性既反映在从生物属性延伸凝结而来的社会属性，又表现为知情意的“中和”的活动具有能动创造性，无论如何不能逾越“阴阳相合施”的固有尺度。始终受到自然与社会两个维度制约的个人，在社会群体中的尊卑上下地位不能先于个体生命存在。“自然之术”的命中注定指的是生命的历时性发展终究将呈现为能动自觉性的深浅大小高低的不同。对运动变化的依据以及世界的内在统一性问题的揭示，和对差别性与同一性或特殊性与普遍性的逻辑关系的分析密不可分。

先秦道家成熟的形上学理论为《太平经》继承，成为把握生命价值问题的认识指南。《太平经》认为人类的尊严在现实领域遭遇的严酷挑战，是生命的真相不断被日益强化的上下尊卑的社会秩序扭曲的写照。各种流行的意见遮蔽了实现人生的永恒主题，当下存在的社会政治问题对严肃的生命法则问题产生了巨大干扰。① 澄清被幻相纠缠的“中和”的结构层次仅仅迈开了解决问题的第一步，对其属性与状态关系的把握则任重而道远。立足“元气自然，共为天地之性”与“阴阳相合施，生人”，以及“凡物，五行刚柔与中和相通”诸命题，逐步展开的《太平经》的思想学说收获了艰辛付出后的辉煌。

二、自然者，乃万物之自然也

嘈杂的知情意的经验表象背后，隐藏的是决定个体自我成长的深层因素。而构成生命活动的形神、心性诸要素，不论其关系及作用形式如何复杂，“中和”的先验状态是左右认识实践是否正常进行的保障。达到“极”或“尽”的极限出现阴与阳向异己的方面转化，内部的自发调

① 李养正认为《太平经》对东汉末的社会具有较为重大的影响，主要是在政治理论方面。见其著《道教概说》，中华书局 1989 年版，第 341 页。

节促使阴阳消长的剧烈变化趋于平静。正视阴阳的“恍惚”张弛应有的分寸，即是对本能的生理属性的尊重。由于本能的适应无法时刻实现知情意的有序化，能否在现实生活中一以贯之地保持“中和”的动态平衡，成为检验生命发展水平的客观标志。

人类的特殊性及优越性，反映在“三”的“阴阳相合施，生人”的方面。“天地人，本同一元气”的认识，则肯定“天地人”皆同为大自然的造物。虽然“分为三体”而形成了“各有自祖始”（《三五优劣诀第一百二》）的不同类别，但是存在者存在的同一性并未改变，因此世界绝非是具有人格意志的造物主的创造。“天地人”不同的“三体”根源于“各有自祖始”的历时性演变，是“同一元气”由于先后绵延的变化有别所产生的客观结果。“共凝成一”的“元气恍惚自然”的整体，在“恍惚”的形态没有打破“一”的统一阶段“名为天”，是人类对宇宙的究竟起源的称谓。“分而生阴而成地”的空间结构的建立，既指“同一元气”的“恍惚”之变日趋凝滞，又表示“凝”的结合与“分”的裂变的同时并存。如果发生了割裂，那么“两两为合”的历时性演变，将与“同一元气”的共时性彻底脱节。“阴阳相合施，生人”发生在“上天下地”的时空关系中，必然因为人类的诞生与自觉的“名”的逻辑抽象的运用，使“各有自祖始”的“天地人”之“三体”清晰地揭示。可以“名”的对象不仅只有具体的经验事物，而且需要诉诸理性直观的“成一”的超验者“元气恍惚自然”，也能够为以“名”代表的精神意识容摄。“有自祖始”的“天地人”，其“三体”之“名”存在着更加复杂的意蕴。

原来“两半共成一”的命题，包含着对立统一的普遍法则。“中和”指存在者的阴阳刚柔动静“两为一合”或者“两两为合”的内在属性及其存在状态，无不以“同一元气”为自己存在的唯一本源。“各有自祖始”的认识仅表示潜能的现实化，必然取决于“不可得名”的究竟绝对者。

> 夫道，何等也？万物之元首，不可得名者。六极之中，无道不能变化。元气行道，以生万物。天地大小，无不由道而生者也。故元气无形，以制有形。以舒元气，（无）不缘道而生。自然者，乃万物之自然也。不行道，不能包裹天地，各得其所。（《守一明法》）

与“祖始”直接关联的“元首”之说，突出了形上之道的“不可得名”的先验实在性。“万物之元首”的判断，强调的是不论何时何地始终如一的崇高。表现为万物“无不由道而生”的普遍性同一性，“共凝成一”的“元气恍惚自然”的“恍惚”之“生”，当然也不能游离于“由道而生”的范围之外。“各有自祖始”的“天地人”以唯一不可分的形上之道为依据存在于世界，因此“六极之中”的潜在或实在者“无道不能变化”，无限宇宙由于万物的“变化”生生不息。天地之大与毫芒之小的“元首”乃是“自然”，任何把“名”的人为因素添加于形上之道的行为，是对“各得其所”的万物客观性与神圣性的亵渎。“万物之自然”的补充说明，透露了一丝世界即是大自然的信息。

万物的生起是“元气行道”的活动，“无不缘道而生”的存在者是元气舒张的结果。“无形”的元气“以制有形”的杰出能力，反映在“不行道，不能包裹天地，各得其所”的固有属性的必然呈现。万物因为是“由道而生”或“缘道而生”的“自然”，因此不存在“自然”之外的其他因素介入的可能。是阴阳的“缘道而生”，阐释了宇宙万物的内在统一性与运动变化的规律性、必然性问题。“各得其所”的世界万物，依据“元首”的形上之道而遵循阴阳的永恒运动变化呈现为秩序井然的存在状态。“阳极者能生阴，阴极者能生阳”的相互转化，源自“两为一合”或者“两两为合”的元气内部的主从结构的交替。不在感性知觉视域中的“无形”的元气的实在性，是对“三体”的“天地人”差别性的排除，逐步概括抽象的认识产物。具有“有形”数量规定的事物的现实性，以“形”为尺度成为区分实在与潜在的界限。无数量规定的“无形”者不具有排他性，因此能够与异己者保持浑然无间的内在同一。结合“元气恍惚自然，共凝成一”的逻辑提炼，从不同角度揭示了“元首”的形上之道的绝对性。构成万物的同一物质元素“无形”的元气不存在于经验世界，是人类对万物的历时性变化与共时性宇宙整体的反省。阴阳的凝聚而生、离散而死的万物，始终是元气的周而复始的循环。领会了同兼具“元”的初始与“首”的主导作用的形上之道的逻辑关系的哲人，以其缜密深邃的洞察力以及引人入胜的精神包容力量，开启了人类生命发展的新纪元。当每一个人的心灵向往与创造潜能达到极限的时刻，宇宙的真相将在自我生命的底层得以唤醒展现。试图依靠偶尔的良心发现或别的手段方法亲近神圣伟大的形上之道，必将以失败的悲剧告终。

> 夫道，乃洞。无上无下，无表无里。守其和气，名为神。（《戒六子诀第一百四》）

宇宙中“三体”的“天地人”的差别，不仅表现在“各有自祖始”的存在缘起方面，而且因为“守其和气”的能力的深浅不同，因此与“不可得名”的超验实在者出现了亲疏之异。“守其和气，名为神”的个人由于使先验拥有的“神”的活力彻底释放，回归了“祖始”的永恒家园实现了人生的解脱。

个体存在者“本同一元气”的普遍性，决定了每一现实存在的个人具有“守其和气”的平等潜能。能否保持与“祖始”的先验同一状态，则是区别神与人的天然分水岭。“中和”或“和气”之“守”的能动性，受到须臾不可分离的世界万物的检验。那些与天地发生共鸣而“名为神”的人格典范，见证了天地的真相从而与形上之道的默契实现永生。

> 故天者，乃道之真，道之纲，道之信，道之所因缘而行也。地者，乃德之长，德之纪，德之所因缘而止也。（《忍辱象天地至诚与神明相应大戒第二百五十三》）

是心灵“守其和气”的自觉，克服消除了同“无上无下，无表无里”的形上之道的疏离感。把握动静或“行”与“止”的“极”的界限，以天地为效法对象的理由在于，天地是宇宙精神生命的直接体现。正是因为“道之真，道之纲，道之信，道之所因缘而行”的天，同“德之长，德之纪，德之所因缘而止”的地，始终“两合为一”决定了形上之道的“洞”的畅通。否则形上之道将是毫无意义的空洞概念，其为“万物之元首”的地位将瞬息间消失殆尽。个体事物“德”的内在属性如果尚未“行”于大千世界，那么依然处于潜在的“中和”而不会具有现实性，“止”的稳定性不具备又不足与异己事物相区分。“因缘而行”与“因缘而止”的条件性的满足与圆满实现，是天地具有无可替代的优越性的坚实支持。指向确定性的“真”与“纲”以及“信”云云，与“长”以及“纪”一样，旨在借助经验素材说明天地内涵的丰富与存在的稳定性的恒久。阴阳生化成质的传统观念是对客观事物的存在状态的考察，进一步的逻辑抽象包含着道与物不可分割的认识，是从概念的蕴涵关系对道与德的界限的确定。

天地人“各有自祖始”的类别之分，是强调不同类别的存在者虽然本源为元气，但是经验世界广泛面对的不同生命形态必须予以认同。如果放弃了“守其和气”的本能，那么个体生命就会提前终结凋谢。绵延的时间之流中的元气的无穷裂变，形形色色的不同存在者在这一客观而自然的过程中生灭有期，因此绝非具有人格意志的造物主的刻意安排。“自然者，乃万物之自然也”的命题突出的是离开了万物无自然可言，自然同时也必然以万物为指向的精神原则。唯此“元气自然，共为天地之性也”的论断，可以被理解为宇宙的普遍本质。其核心内涵即“神”的运动变化，是从不同侧面对“恍惚”的运动变化现象及其机制的诠释。“道之所因缘而行”与“德之所因缘而止”，落实在“元气恍惚自然”的“共凝”的结合。“成一”的“中和”贯通了天地万物。凝聚了天地阴阳的“中和”精华的人类，拥有更加卓越的“神”的不朽属性。“各有自祖始”的天地人即使遭遇异常的情况，也仅仅是阳的扩张与阴的宁静以及中和的平衡罕见的秩序紊乱，波动最终将重新走向和谐。

> 道畏自然者，天道不因自然，则不可成也。故万物皆因自然乃成，非自然悉难成。如使成，皆为诈伪，成亦不可久。（钞壬部）

风雨晦明的“天道”，如果“不因自然，则不可成也”，丧失了应有的规律性、必然性。同理，“皆因自然乃成”的万物，一旦违背了“自然”的固有秩序同样“悉难成”，难以同正常事物经历同一的生命发育周期。把“使成”的人为做作施加于万物之上的行为，本质为“诈伪”的欺骗。即使满足了初始的预期，但是“成亦不可久”的覆灭命运不可逃脱。形上之道的“无上无下，无表无里”亦为“自然”的玄机，为贯通于一切事物同时呈现自己的万物存在的普遍依据。客观地说明了“行道”的元气生成不同个体事物的过程，本身就是形上之道的决定作用的反映。“无形”的元气先验具有“以制有形”的功能，是执行“万物之元首”的律令。舒展扩张的变化“不能包裹天地”，游离于元气制约范围之外的万物将出现不能“各得其所”的逻辑悖论。

是“名为神”者通过“守其和气”的生命活力的张扬，在心灵意识中对纷纭复杂的万物做出“各得其所”的判断。不同类别的事物的存在状态以及大小久暂等可以数量规定的个体特征，能够“各得其所”自然是“所因缘而行”的形上之道，与“所因缘而止”的内在属性之德的客观表现。“成一”的整体老幼强弱的弹性张弛幅度，因此是“行道”如神的元气的作用，远远超出了人们想象的奇妙莫测的变化，把问题的焦点再度定位于形上之道与元气的关系之上。天地“成一”的无穷精神生命可以为道与德的概念指称，而两者“因缘”的依存关系存在着不同的规定。天的“真”与“纲”及“信”的确定不移的品格，同形上之道直接对应的考虑，是为了达到清楚揭示“无上无下，无表无里”的形上之道的超越性与实在性以及现实性的认识目的。以地的“长”与“纪”的卓越风范比拟内在属性之德，其丰富性摆脱了纯粹的概念构造内涵的贫乏。事物的任何运动变化都是元气固有的阴阳之气的消长反映，机制与原理指的正是阴阳之气自身能够“成一”的准则。逻辑化的抽象为对道与德概念关系的分析，“成一”的同一性既是对历时性的个体事物生灭根源的把握，又是对生生不息的永恒宇宙的创造力量的诠释。

> 道，无所不能化。故元气守道，乃行其气，乃生天地。无柱，而立万物。无动，类而生。遂及其后世相传，言有类也。（《安乐王者法》，钞乙部）

依赖“无所不能化”的形上之道存在于世界的不同类别的个体事物，是“元气守道，乃行其气，乃生天地”的普遍生化作用的具体结果。“守道”指遵循先验的客观法则，从“恍惚”的无序转化为“信”的必然趋势。“行其气”之“真”者表示阴阳相互刺激吸引形成的“中和”不断裂变，在特定的时空条件下突破潜在成为现实的存在者。排除了虚幻的不确定性的“成一”，鲜明地表现在天地的有序建立。“无柱”之意为形上之道的内在支配决定作用虽然客观存在，但是永远不能为人类的经验直接感知。不受历时性的变化制约为“无动”，彰显了共时性的展开的“遂及其后世相传”过程没有尽头。“言有类”的天地人在结构秩序井然分明的无限宇宙中，“各得其所”的满足不能出现条件与界限的混淆。①

各从其类而生的万物，是“自然之术”的无穷变化的组成部分。不仅整体上能够在宇宙中“各得其所”，而且每一个体也能够获得宇宙平等的庇护福佑。置身于其中的人类“遂及其后世相传”的特殊之处，无疑是通过把自身先验拥有的创造潜能释放于世界，以对“自然之术”的尊重回报无限宇宙的恩典。初期人类创造的文明成果被后人在继承中不断升华，而不同时代达到极限可以与天地比肩高度的个人，作为神圣者

① 汤一介先生对《太平经》的道气关系问题进行了细致的分析，值得我们认真借鉴。见其著《魏晋南北朝时期的道教》，陕西师范大学出版社 1988 年版，第 42 页。

具有了同天地一样“道之纲，道之信”与“德之长，德之纪”的崇高地位。“各得其所”的万物的圆满完整，表现为生死周期的正常活动。人类则只有“守其和气”的生命，才能在宇宙家园中获得真正的安顿。神圣者能够在自己内心，实现对天地昭示的道德关系蕴藏的深刻意义的领会，奠基于对“自然者，乃万物之自然”的绝对原理的自觉。

三、人者，天之子也，当象天为行

完整的生命以“中和”为表现形式，不能人为肢解割裂。“中和”呈现为各个器官及其功能作用的和谐有序，必然具有驱使能动创造的无限潜能不断释放的力量。任何处于正常状态下的生命活动，除了本能的适应自然与社会的考验，还因为受到文明的洗礼拥有更加丰富的认识实践能力。维护尊重“阴阳相合施，生人”的先验统一，虽然是生命得以延续的基本条件，但是由于“自然者，乃万物之自然”辐射了人类的自然属性与社会属性涉及的各个方面，对主体自我的“自然”问题的透彻分析，因此构成了完整系统的逻辑建构中不容缺失的一环。

内在的多样性统一的认识抽象，是理解生命活动的复杂形态的前提。“元气恍惚自然，共凝成一”的命题存在的表述的欠缺，可以为生活的经验弥补逻辑抽象的不足。因为和谐的生命属性的有序延续是实践问题，是“和气”之“守”的自觉最终达到了“名为神”的光芒照耀水平。因此“成一”的先验原理以及“守其和气”的真实性，由于主体自我的付诸实践得以确证。说明知识的掌握固然是避免“中和”的失衡的重要条件，但是持久有效“守其和气”的操作，以及心灵的领会更为关键。“名为神”者昭示的自由解放的人生道路，成为后人需要忠实践行的价值理想。

> 比若夫妇子，共为一家也。不可以相无，是天要道也。此犹若人，有头足腹，乃成一身，无可去者也。去之即不足，不成人也。

是天地自然之数也。(《三合相通诀第六十五》卷四十八)

如同“共为一家”的“夫妇子”，差别多样的世界“不可以相无”的万物“是天要道也”。作为“一身”的组成部分的每一器官，当然没有“可去”的多余赘物。抛弃伤天害理的不论是主动还是被动的“去之”的可耻行径，是对“天地自然之数”的敬畏。而把“去之即不足，不成人也”的判断纳入“元气恍惚自然，共凝成一”的思想观念中，对“成人”的认识将获得更加深刻完整的领会。放纵堕落的“去之”或残害了生理器官，或背弃了人类异于他事物的本质属性。践踏了生命的尊严，把自己推向了行尸走肉乃至毁灭的深渊。“各得其所”是“成人”的客观要求，需要具备“不可以相无”的复杂的主客观要素。

理性反省人类与宇宙万物的关系，“人者，天之子也，当象天为行”(《急学真法第六十六》卷四十九)的认识明确告诫作为“天之子”的每一个人，“当象天为行”的必然性。遵循“元气恍惚自然，共凝成一”的客观法则，即对宇宙之“要道”的服从。背离了“天地自然之数”的狂躁行为却使“不可以相无”的生命要素，遭受了不可挽回的人为破坏。与生俱来的创造潜能的有序释放，“象天为行”的以自然为师左右着当下的生存状态，“为万物之师长”的荣耀只能落实在同“中和”的世界万物的亲密关系的建立。

人者，在阴阳之中央，为万物之师长。所能作，最众多。象神而有形，变化前却，主当疏记此变异，为其主言。(《使能无争讼法第八十一》卷五十四)

人类是神灵的摹本，虽然是“有形”的存在者，但是具有如实记录前后的变化能力，能够为天地立言成为万物的代言人。“在阴阳之中央”的万物中享有“为万物之师长”的光荣，充分反映在“所能作，最众多”的无与伦比的创造活动中。语言表达与“疏记此变异，为其主言”的心灵意志的抒发，极为郑重地被视为“天之子”的特殊品格之一，成为人与天“不可以相无”的宇宙整体的现实内容。流失了天赋“成人”的条件不仅仅是肢体的残缺，也包括有意遮掩“变异”的事实的虚伪，同样将遭遇“不成人也”的否定评价。对制约“天之子”的品格尊严的主客因素与创造潜能的释放大小问题，严峻而迫切地需要做出系统的讨论。

太多的想象或隐喻充斥在“象天为行”的“天之子”的论述中，遮蔽了思想的光芒。“象神而有形”的人类的卓尔不凡，日益彰显了作为大自然创造的奇迹的生命活动的丰富多彩。曾经令人迷惘困惑的“天地自然之数”的深层意象，随着“天之子”的心灵觉醒被深刻捕捉，我们苦苦追寻的“中和”的生命的真相折射的是宇宙的神奇。

> 夫人本生混沌之气，气生精。精生神，神生明。本于阴阳之气。气转为精，精转为神，神转为明。（《太平经圣君秘旨》）

智慧之“明”依赖“神”而生起，“神”的奇妙是“精”的纯粹物质成分的功能作用。同样以“混沌之气”为生命本源的人类，能够发生“转”的提升结晶，离不开对固有的“阴阳之气”的调节。陶冶“混沌之气”内部的“阴阳之气”的演化，成为驱动“象神而有形”的人类不断实现全新突破的不竭动力。“转”的先后变化以及具体过程同生命的正常孕育，与理性能力的日益成熟完全同步。“故人有气则有神，有神则有气”的认识突出的是现实的生命以精神意识的活动为标志的观念。每一个人“神去则气绝，气亡则神去”（《四行本末诀第五十八》卷四十二）的固有宿命，必然是在“气生精”的转变升华中被彻底打破的。构成生命本源的“混沌之气”中“精”的纯粹因素，经历了“转”的塑造结果使“阴阳之气”的消长，从形态到内核出现了“神”的奇妙莫测的改变。从能量凝聚的“精转为神”的不竭活力，到“神转为明”的智周万物，始终围绕“气生精”的中枢展开。这就是“象天为行”的“天之子”自做主宰，通过对“共凝成一”的“元气恍惚自然”诸方面的成功贯通，同“无形”的神灵实现冥合而永恒不朽。

神与人的同异问题涉及的是生死超越的人生追求，“守其和气，名为神”的解释，把个体价值的实现指向了摆脱死亡的宿命方面。如果误解了“元气恍惚自然，共凝成一”的命题的层次，那么就会把指向现实领域的经验内容，上升为普遍的逻辑抽象，最终造成“守其和气，名为神”的依托的丧失。“混沌之气”即是“共凝成一”的有机整体，“阴阳之气”从“混沌”内部的分裂交织，乃是一与二以及三的绵延。天地万物构成的无限世界，离开了“中和”的动态平衡的支持只能是杂乱无章的东西的堆砌。“大神”的“天与地”以“和气”之“守”得以成就自身，个体生命由于“和气”的瓦解而终结。

> 夫物，生者皆有终尽。人生亦有死，天地之格法也。（《冤流灾求奇方诀第一百三十一》卷九〇）

区分神与人同时又是对生与死的把握，如果不具有潜在的可能性，并且存在着转化为既成的事实的可靠途径，那么美好的憧憬永远只能是虚无缥缈的主观意愿。永恒的生命建立在“守其和气”的坚实基础之上，每一个人完全可以在理想与现实之间架起沟通的桥梁。不会违背“天地之格法”的神圣者，个体生命固然一样会在现实世界消逝，然而“明”的不朽精神创造与人生业绩，因为“遂及其后世相传”的心灵记忆，不断光大发扬而生生不息。消除了“诈伪”介入的真实信息传递，“中和”则是后人与前人以及宇宙能够敞开心扉展开对话且相互倾听的唯一可靠途径。“道之所因缘而行”与“德之所因缘而止”的“因缘”，内在的依据与外在的条件一方面是形上之道与内在属性之德，另一方面不能无视天地指称的宇宙，在个体生命中“成一”被心灵容摄。

保障个体生命无限绵延的条件之一是把大自然对人类的恩赐，提升至可能达到的极限。每一“本于阴阳之气”的个人，杜绝形神的分离导致死亡的降临人所共知。精气神的内在统一始终以“中和”的维护获得生命活力的长久不衰，经验世界难以把握的“象天为行”问题，在这里开始具有了可操作性。

> 三气共一，为神根也。一为精，一为神，一为气。此三者，共一位也。本天地人之气，神者受之于天，精者受之于地，气者受之于中和，相与共为一道。故神者乘气而行，精者居其中也。三者相助为治。故人欲寿者，乃当爱气尊神重精也。（《令人寿治平法》，钞癸部）

精气神“三者，共一位”的基本含义是内在的统一，其为“神根”包含着个体生命的心理与生理的发生作用的枢纽，以及成为神仙的凭借的内涵。在相互不可分离的“共一”的多样整体中，存在着功能属性的差别。“受于天”者为“神”指阳气的刚健活泼，“受于地”的“精”是稳定性的代表，人类的能动创造性必须以“精”的饱满纯粹为后盾。“受之于中和”的“气”是口鼻的呼吸出入，“相与共为一道”的“本天地人之气”因为是“在阴阳之中央”运行，因此语默动静不失“中和”的动态平衡。意思是阴阳与天地固有的对应关系的存在，决定了精气神的“一道”的同一性。即精气神的差别以“一道”的“中和”为先验存在的前提，必须“乘气而行”的“神”的精神意识，同时是“精者居其中也”的具体所指。源源不断地提供着推动精神意识走向纵深发展的动力，“相助为治”的精气神彼此的渗透融合，也就是“象天为行”的实际内容。气息在体内的循环周流如同四时代序、昼夜交替那样鲜明生动，永远不会为寒暑燥湿的经验现象阻隔。

渴望生命的长久是人类的天赋本能，“欲寿者，乃当爱气尊神重精”的至理名言，表达了全体社会成员共同的心声，为“守其和气，名为神”的认识观念提供了可以付诸实践的入口。置身“阴阳之中央”而且平等拥有“共一位”的“神根”的世人，通过“爱气尊神重精”，克服同精气神的疏离，不再走向“终尽”的毁灭。“生者”的勃勃雄心及其取得的成果与抗拒死亡无关，仅仅是将固有的潜能完全释放。人类面临着“神去则气绝，气亡则神去”的挑战，因为吸收各方面的资源获得滋养的“神根”，坚实地扎根于宇宙之中，与天地“相助为治”的个人因此能够超凡入圣。而“精学之士，务存神道。习用其书，守得其根。根之本宗，三一为主”的论述明确指出，实践“神道”的根本方向以对“神根”的发掘为关键。在达到“三五气和”的至极状态下，“和生生气”的饱满流行塑造着长青的生命之树。精深的学习探索不懈的努力钻研，经典揭示的“三一为主”的真理被不断证实。精气神“共一位”的宗旨，指向的是“气转为精，精转为神，神转为明”的升华结晶。能动自觉的“转”的陶冶净化，以“中和”的保持为开启未来的中枢。一旦与“中和”发生了偏差扭曲的瑕疵，就不能准确理解“气行，无死名也”（敦煌本 S. 4226）的思想关怀的深意。在认识上把“明”与“无死名”联系在一起考虑，绝对者享有的是明觉的智慧光照千秋万代的美名，自然非以肉体的永存为论述的重点对象。

神灵能力的大小，不在“夫神，乃无形象，变化无穷极之物也”（《神司人守本阴佑诀第一百五十六》卷九十八）的同一属性范围之外。作为“变化无穷极之物”的“大神”的“天与地”，遵循“无所不能化”的形上之道生机盎然。是“共一位”的精气神“三者”完全符合了“中和”的先验准则，“变化无穷极”成为事实。神的基本的含义为阴阳的相互作用的机制原理奇妙莫测，万物的“变化无穷极”的复杂形式，是“神根”的活力的具体反映。“为万物之师长”的人类的精神意识活动，不能违背“变化无穷极之物”共同具有的普遍原理。“明”的理性自觉潜能“因缘”形上之道，与自我的内在属性之德的默契释放于世界。只是人类的特殊性及优越性在于对自我之“神根”的确证，必然表现为对宇宙的究竟底蕴的领会。生死解脱的关键虽然确定在有序调节“三五气和”的方面，但是精气神之“三”与金木水火土之“五”，彼此“气和”的差别性消泯直接彰显的则是“共一位”的“神根”，落实在“明”的智慧明觉。“守其和气”实现向“混沌”的回归，即是“无死名”的绝对永恒。“名为神”的觉悟者“无形象”的限制，真实不虚的生命岿然不动，彻底否定了生死飘摇的不确定性。是“神根”的实在性与“共为天地之性”的“恍惚”始终统一，揭示了觉悟者无穷的创造活力的依据。如果存在着止息的时候，那么“神根”就是僵死之物。把觉悟者“名为神”指宇宙的生命精神，只有在理想人格身上得到了充分全面的呈现。“元气恍惚自然”之“恍惚”的朦胧，精妙地诠释了不确定性与实在性的关系。

亲近宇宙与生命的“爱气”的情感，以及敬畏万灵的“尊神”的态度，包括价值选择“重精”的倾向，共同构成了个人的人格完整。是“名为神”而“无死名”的自我，成就人生征服死亡的核心因素。误以为“中和”的生命仅仅是神的专利，则会面临“无死名”的个人其生命形态又将如何的诘问。而“守其和气，名为神”能够成立的话，遭遇的则是“人生亦有死，天地之格法也”的批驳。审慎斟酌各方面论述或许可以给出通过自己的生命体验，确证“无死”的真相的答案。这个并不能令人满意的说法的言外之意是除了虔诚信仰的坚实支持，生命能量的爆发程度不能与这一观念无关。“不可以相无”的“要道”粉碎了一切心理幻想的侥幸。

四、心者，五脏之主

人类是宇宙的创造力量达到空前顶点的杰作。得以在“无柱，而立万物。无动，类而生”的历时性展开过程中，存在于世界的人类群体“类而生”者，首先是男女的性别分离。两性的结合“遂及其后世相传”，成为在变化无穷的整体世界繁衍生息的人类生命存在的条件。精气神“三气共一”的“神根”的活力，使先验拥有“明”的潜能的每一个人永远不会异化为异类。则血缘传递的生物属性中包含的本质属性之“明”的智慧，由潜能向现实的转化同人类的现实处境，与历史发展的阶段性以及释放程度存在着密切的关系。社会呈现了“气转为精，精转为神，神转为明”的时代，人类突破了蒙昧状态。而个体自我之“明”表现为对宇宙底蕴与生命真相的心灵领会，大千世界存在的事实及其深邃意义，被“无柱，而立万物。无动，类而生”的纯粹生命完整再现于人类的生活。“无柱”却能够“立万物”于是可以表述为，历时性的偶然变化与发展的可能态势交织起来的具体事物，在共同依托的时空环境中彼此普遍联系而摆脱了孤独的无奈。存在者“类而生”的现实性，为“无动”的即知情意彻底贯通的心灵观照且能够“变化无穷极”，扭转的是风雨飘摇的命运，赢得未来的形式则是毕其功于一役。

受到“无所不能化”的形上之道的洗礼，“立万物”而焕然一新的人生，发展的向度为永不衰竭的生命活力的塑造，“无动”的坚不可摧因此能够承受任何力量的打击。“守其和气”的漫长过程至“名为神”的圆满自在，是萌芽的“神根”长成了笑傲风雨的参天大树。由“无柱”的光明智慧支撑并描绘出的精神图景，其壮丽璀璨的“恍惚”变化，书写了“乘气而行”的“神者”的颂歌。人类虽然遵循着同一的“两两为合”的客观法则诞生于世界，但是个体生命的差别性同时在“两为一合”的过程中逐渐形成。

> 人生，乃受天地正气，四时五行，来合为人。此先人之统体也。此身体或居天地四时五行，先人之身，常乐善无忧，反复传生。（《努力为善法第五十二》卷四十）

生命的传递是把“先人之统体”的“天地正气，四时五行”凝聚于“神根”的活动。“来合为人”的同一准则虽然是“先人”存在的自然秩序，但是没有为不同类别的“身体”造成无法适应的障碍。“此身体”曾经存在着“或居天地”的阶段，而“先人之身”的“四时五行”又使精气神变化发育，由于时空环境的不同造成了每一个人的智愚美丑寿夭等差别。“乐善无忧”的先验属性满足程度的大小，因此决定着“反复传生”的连续性。“四时五行”的“来合”的条件性与机遇，指“四时”的受孕日期，以及“五行”的数量大小与比例关系。受到“天地正气”的恩惠的多少，影响着“乐善无忧”的幅度。为人类欣然接受的“乐善无忧”的天赋来自宇宙的塑造，自然的生命不存在善恶的先验道德意识。

没有满足“受天地正气，四时五行，来合为人”的要求，孕育过程中的生命遭到毁灭。人类“乐善无忧”的生理属性形成于宇宙的子宫，“正气”掺杂了其他因素将导致“传生”出现畸形的偏差或错乱。“遂及其后世相传”的“三气共一”的“神根”，已经为“乐善无忧”的本能，播下了“神转为明”的理性自觉的种子。

> 心者，五脏之主。主即王也，王主执政，有过乃白于天也。（《神人真人圣人贤人自占可行是与非法》，钞癸部）

作为“五脏之主”的心灵，是生命的“王”者，承担着“执政”的伟大使命，但是“执政”的方式与尘世的王者发号施令不同。享有的仅是“有过乃白于天”的特权，垄断了把“过”的不足的信息转达于“天”的渠道。说明“乐善无忧”的本能冲动，未必符合客观的秩序。而受到臣属制约的君主，也不能享有绝对的权力。纠正“过”的失衡，需要通过“白于天”的忏悔获得上苍的原谅。“乐善无忧”的生理属性，因此没有“乐”的欣喜与“忧”的悲戚的经验内容。既不能人为断绝葬送，又时刻受到“天地正气”的左右。欺上瞒下的社会成员面对尊长，往往采取的是报喜不报忧的策略，与“有过乃白于天”的心灵的真诚形成了鲜明的对比。

联系“象天为行”的认识，反观“受天地正气”诞生的人类的论述，明确主张自我与世界存在着对应关系。而“乐善无忧”的“天地”之“正气”，能否充分顺利地为“阴阳相合施”的男女吸纳接收，则是主宰每一个体未来差别的主要因素。由于“四时五行”是衡量生命活动的邪正与否的客观尺度，因此“神转为明”的心灵升华，就在于对此依存关系的洞察。觉悟者为世人公开的这一惊天秘密，旨在为人类提供可以解开生死谜题的钥匙。激励有志于投身觉悟人生事业的个人，以大无畏的勇气打破宿命的枷锁。

人生，皆含怀天（地），气具乃出。头圆，天也。足方，地也。四支，四时也。五（藏）脏，五行也。耳目口鼻，七政三光也。此不可胜纪，独圣人知之耳。（《分别贫富法第四十一》卷三十五）

每一个体生命都是内在自足的宇宙，当“气具”的时刻应运而生。对自我的认识因此亦即对世界的结构秩序的领会，既指对天圆地方的存在状态以及内在属性的观照，又体现在“五行”的相互制约转化呈现于“五脏”的机能，在心灵意识中被现实的生命经验确证。面部的“耳目口鼻”的彼此依从，类似于北斗与日月星的变化轨迹。“七政”的斗柄指向同“三光”的晦明升降，共同刻画了万物的荣枯四季的推移。“自然者，乃万物之自然也”的普遍原理的绝对有效，精密地反映在“天地”的勃勃“正气”的爆发。与此根本法则发生冲突的生命伤害的不仅是四肢五脏，而且波及耳目口鼻等器官的生理功能。

居于“执政”地位的心灵，以其“神之本根”的特殊属性左右着精神意识的张弛。颠覆了本与本的主从关系以及根与枝的内外秩序，和谐有序的生命活动过程必然受阻或中断。“王”的主宰作用的贯彻，当然是“执政”者令行禁止的权威的反映。

凡人腹中，各有天子，五气各有王者。天有五气，地有五位，其一气主行，为王者主执正。凡事居人腹中，自名为心。心则五脏之王，神之本根，一身之至也。主执为善，心不乐为妄，内邪恶也。（钞辛部）

形体内部即“腹中”又“各有天子”是指，金木水火土“五气”固有的功能属性不能彼此置换替代。“主行”的“一气”呈现出知情意某方面的状态，其他的因素暂时遭到了抑制。王者根据“五位”的领土出现的具体情况，号令“一气”在此刻为“主执正”的君王代行权力，激发“一气”的创造性能力以维护王国的安宁。如同帝国的封疆大吏的“一气”，当下享有了君王的光荣。“居人腹中，自名为心”的流转更迭，仅仅是“主行”的“一气”固有功能的循环。“正”的能力可以为任何“一气”拥有，而“政”的权力则专属于王者。有限的让度不会动摇心灵始终具有至高无上的神圣地位。“五气”与“五位”在“五脏”内的周期性有序运行，驱使“为善”的生命活动与“不乐为妄”的先验属性符合。听任“邪恶”的成分被迫为己接受，“中和”与“正气”势必沦丧。“五脏之王”的领袖群伦的号召力的瓦解，“神之本根”的溃散，“一身之至”的作用发挥皆已成为明日黄花。徒留追忆往昔的自怨自艾，即使终日以泪洗面也无济于事。

自然属性与社会属性在人类的生命整体之中，功能作用不能出现错乱。“慈孝者，思从内出，思以藏发”的情感表达，依赖生理器官“藏发”的功能生起或平息。“不学能得之”的孝慈，此“自然之术”是生命的博大图景与作用机制的客观呈现。“行与天心同，意与地合”（阙题，钞戊部）的个人，使“慈孝”的血缘亲情的价值随着“思”的自觉而不断提高。“不学能得”的天赋之“行”的发育，受到社会价值观的塑造而在“藏发”的展开中日益获得丰富和扩充。认识实践能够“与天心同”的磅礴恢宏，精神情怀的释放“与地合”的深厚广博因此成为人类的天职。“有自祖始”且“后世相传”的思与意以及神与知诸种要素，统一于心灵而在其“执政”中，一起扮演着“反复传生”的角色。“不可胜记”的不只是复杂细腻的情感、深入缜密的思考，还有连浩瀚的海洋也永远不能相比的潜意识与无意识。

一者，心也，意也，志也。念此一，身中之神也。凡天下之事，尽是所成也。（《万二千国始火始气诀第一百三十四》卷九十二）

自我的“身中之神”包含着“心”与“意”以及“志”的不同部分，主宰决定作用即心灵的君王的主体性。“身中之神”的“一”被“念”的意识诱发公布，“一身之至”的肢体动作由“藏”而“发”自如展开。主导“念”的前后相继是“不乐为妄，内邪恶”的心灵，排除异己因素“主执为善”的过程。包括语言表达在内的“天下之事”无不依赖“一”的“身中之神”成就，心灵的王者能够“象天为行”而独步天下。不能容忍“邪恶”与“妄”的介入是心灵的先验属性，把握正邪的“志”的意志的犹豫动摇，必将造成“慈孝”的本能的扭曲，“疏记此变异，为其主言”的能力同时被葬送。牵一发而动全身的“一身之至”的中枢，因此是整个身体中最为宝贵，也是值得每一个人最为关切的对象。无不是由其“所成”的“天下之事”虽然存在着大小的不同，但是永远依赖心灵的特殊作用而实现的事实则始终如一。意味深长的“守其和气，名为神”的认识已经表明，“和气”能够为心灵持守即是“神”。蕴涵着“变异”的内在机制，具体的活动形态与由人而神的转变的全部秘密。

构成生命活动内容的知情意，是“身中之神”的“藏发”转换的结果。中和的“藏”与显现的“发”的动静转移，由于能够“念此一”的自我的存在，“心也，意也，志也”的同时参与，因此“一”的整体在历时展开的过程中形成相对独立的不同状态。以“思从内出”的孝慈为对象，明确的是与生俱来的本能“不学能得”的客观性。在此基础上分析“主执为善”的心灵活动“藏发”的具体内涵，进一步揭示自然属性与社会属性的关系问题。“心也，意也，志也”涉及的真伪善恶正邪的界限层次之分，深化了对“一”的“身中之神”的认识，且从逻辑或观念问题，延伸到“一身之至”的行为或实践领域。“凡天下之事，尽是所成也”的重要结论具有了坚实的依据，“心者，五脏之主”的核心命题包含的深刻思想意蕴，扩张至更加广阔的“行与天心同，意与地合”的生命世界。“主执为善”的心灵自觉，其“不乐为妄”排除消解了本能满足的欠缺。人生的幸福与价值的实现“尽是所成”者，只能是与“自然”默契为终极归宿。而“此诸贤者异士，本皆无知，但由力学而致也”（《六罪十治诀第一百三》卷六十七）的思想认识，俨然已经把“力学而致”的自由解放的圆满人生，定位在了对“五脏之王，神之本根，一身之至也”的心灵的见证。“诸贤者异士”以对“自然者，乃万物之自然也”的领会，“爱气尊神重精”而“乐善无忧”，安享无限宇宙对个体生命的慷慨恩赐。

经验素材的源源不断的注入改变了心灵的先验苍白贫乏，逐步造成了“思从内出，思以藏发”的生命活动，对经验表象的整合加工形成有序的逻辑系统。因此“力学而致”的事业成功与人格完整，始终不能脱离心灵的反思与内省的作用的发挥。读书作为学习的重要形式之一及学习的价值被高度肯定，以为学而不思就会变得茫然无主。没有把知识主动转化为实践，自己的操劳变成了过剩精力的宣泄。

> 不善思其至意，不精读之，虽得吾书，亦无益也。得而不力行，与不得何异也。（《力行博学诀第八十二》卷五十五）

勇于实践与深入思考是理性成熟的重要标志，通过“精读”接受先知的教诲，并且从“善思其至意”中驱散“无知”雾霾的封锁，获得的是天地恩德的无私馈赠。对“得而不力行，与不得何异”的否定，可以理解为是从消极的方面对心灵出现麻木迟钝问题的解释。检验主体性与能动性发挥程度的知与行，则以“变化无穷极”的生命形象是否塑造成功为指针。“独圣人知之”的是丝毫的凝滞僵化，就会为自己套上沉重桎梏的残酷无情。

预见到“真人见吾书”的情形的觉悟者，提醒其“宜深计之”的是“慎无闭藏”的矜持保守。当即“以付贤柔明”达到“使其觉悟”的目的，共享觉悟的怡悦。“故夫上士忿然”的奋起态度，及其“恶死乐生，往学仙”的积极回应，无疑是在“勤能得寿”的人生理想激励下，投身于生死解脱的事业。“此上士是尚，第一有志者也”（《急学真法第六十六》卷四十九）的评价，强调尘世的荣华富贵同实现人生相比不值得留恋。况且“天地之性，万二千物，人命最重”（《分别贫富法第四十一》卷三十五）的价值判断，是人类社会无可争议的普遍共识。“生而不知学问，遂成愚人”的凡夫俗子却是以宝贵的生命，换取暂时的浅薄享乐。不懈的“力学”是改变愚昧贫贱处境的正当出路，没有其他可以替代“力学”的途径。“精读”与“善思”以及“力学”与“力行”的努力，“觉悟”的是自我能够“与元气比其德”的永恒属性。

> 善善而不止，更贤。贤而不止，乃得次圣。圣而不止，乃得深知真道。守道而不止，乃得仙不死。仙而不止，乃得成真。真而不止，乃得成神。神而不止，乃得与天（地）比其德。天（地）比不止，乃得与元气比其德。（《分解本末法第五十三》卷四十）

尘世中“象天为行”的主体自我，“力学”收获的是“善善”的对是非善恶与真伪美丑的准确分别。在贤能的基础上“深知真道”的“圣而不止”，还需要以“守道而不止”的勇气，成就“得仙不死”的脱胎换骨。而“成真”与“成神”的进一步升华，最终达到“与元气比其德”的终极境界。因为“本皆无知”的“贤者异士”无不通过“力学而致”，不断推进自己人生事业的发展，社会与宇宙因此成为衡量每一个人生命潜能的释放水平的参照。“深知”此“真道”者自然而然地遵循着“平等度世”（敦煌本 S. 4226《太平经》目录，《平等度世诀》卷一百三十二）的核心原则，以普遍平等的精神情怀，坦然面对生命发展过程各种可能发生的问题。确信实现自我是人生中唯一具有决定意义的事情，不论何时何地都不能替代包办或讨价还价。则光照尘寰的“觉悟”人生，必然同时以有序推动整个人类的文明进步为使命。不能“深知”作为“道之所因缘而行”与“德之所因缘而止”的天地，渴望依赖“力行”的生命潜能释放，“与元气比其德”的雄心壮志将变成虚幻不实的泡影。

生理欲望“恶死乐生”的先验属性，在内涵上与“不学能得”的孝慈的情感不同。“神生明”的知性判断与理性自觉能力是“气具乃出”

的个人心灵的精神意识活动发展到一定程度的客观反映。准确全面理解以群体方式存在于世界的人类生命形态的复杂性，需要对自然属性与社会属性两者之间的关系做出系统的说明。人类作为“阴阳相合施”不断演化的产物，突破蒙昧迈向文明的发展，是适应自然变化的同时生命的能动创造释放的结果。通过对宇宙与生命起源问题的考察，目标即实现人生价值与建立公正合理的社会秩序的理论建构，因此围绕个人与社会以及认识与实践等重要问题的分析，揭示自我价值实现的可能性与应有收获。容摄了各方面内容的内圣外王的主题，逻辑分析的展开是以“受天地正气，四时五行，来合为人”的生命形成过程作为认识的基本对象。具有重要理论价值的“心则五脏之王，神之本根，一身之至”的判断，有力地与“三气共一，为神根也”的形上学理论先后呼应，又是对“本皆无知”的“贤者异士”自觉以“力学”与“力行”的“为善”的奋斗，终究达到“与元气比其德”的精神解放的价值实现问题的深化。而“力行”的意义不是单纯地把“力学”获得的知识付诸实践，也不是对核心为“成神”的永恒生命的塑造。以生命实践为根本特征的道教在《太平经》中，即已庄严地表明了自己拒斥颓废的立场态度。

五、古今要道，皆言守一

认识的归宿不在逻辑的建构而在个体人生的实现，对千差万别的经验事物的理性化逻辑化剖析，目的是为人类的命运以及未来可能的发展前景提供可以普遍共享的答案。每一个人“平等度世”的价值理想，能不能落实在纯粹的内省，取决于“因自然乃成”的自我“爱气尊神重精”的实践程度。愚者同神灵存在的差异，是领会水平与实践能力及取得的成果的彼此有别。

学与思以及知与行能够获得深入发展，遵循的只能是“神者乘气而行”的客观生命法则。同样是“本皆无知”的“贤者异士”，自身“力学而致”取得的成绩。“神”的精神意识与体内神的“乘气”，先验地受到心与意以及志的有机整体的“一”的约束。“守其和气”的实践操作与“念此一，身中之神”的有序对应，因此是“主执政”的心灵的“王者”，符合且满足了“因自然乃成”的规范秩序的结果。拥有“气行，无死名也”的自由解放的人生而“名为神”者，具体的“守一”操作成为问题的关键。

> 夫守一之道，得古今守一者，复以类聚之。上贤明力为之，可得度世。(《守一入室知神戒第一百五十二》卷九十六)

内容众多的“守一”需要“以类聚之”，不然无法把握核心要诀。“明力为之”的自觉，瓦解了“人无道之时，但人耳”的平庸。征服死亡的“得道”的升华，“则变易成神仙”（《真道九首得失文诀第一百七》卷七十一）见证了“可以度世，可以消灾，可以事君。可以不死，可以理家”的普遍价值。“度世”的摆脱尘世的罗网的逍遥自在，包含着“理家”的家庭生活的和谐美满，与“事君”的治国救民的时代使命的担当的内容。解除危厄的“消灾”的能力因为享有“不死”的生命，因此“守一”而恩泽普施的神仙呈现的精神情怀，不仅与每一个人的当下幸福密切相关，而且把自己的创造力量覆盖了整个世界。

圣凡之分以“得道”与否为根本界限，“得道”的“无死名”者历时性的生命活动，自然具有了共时性的永恒状态。与“一”的冥合既然是同无限宇宙的默契，那么个体自我“藏发”的精神意识必然始终保持着“中和”的动态平衡。

> 古今要道，皆言守一，可长存而不老。人知守一，名为无极之道。人有一身，与精神常合并也。形者乃主死，精神者乃主生。常合即吉，去则凶。无精神则死，有精神则生。常合即为一，可以长存也。常患精神离散，不聚于身中，反令使随人念而游行也。故圣人教其守一，言当守一身也。念而不休，精神自来。莫不相应，百

病自除。此即长生久视之符也。（钞壬部）

常青的生命之树扎根于无限的生机勃勃的宇宙，则“守一”的目标是“一身”能够与“精神常合并”的同一。“主死”的形体同“主生”的精神的对立，表现在神圣或平凡的人生，又是“常合即吉，去则凶”的或“合”或“去”的反映。因此能否“守一”是对“无精神则死，有精神则生”的绝对准则的证明，昭示的是“常合即为一，可以长存也”的永恒真理。“可以长存而不老”的生命，必然是“明力为之”的个人“力学而致”的收获。“守一”的实践在不同个人身上形成的深浅高低差异，构成了“度世”等“无极之道”的组成部分。需要注意的是不能把践行“守一”的社会成员的能力以及出现的效果的不同，以为是“守一”存在着价值层次的大小。不可分割的生命要素“常合即为一”的整体，决定着“可以长存”的个人同无限宇宙没有丝毫的疏离。“无极之道”的精神意蕴为生命潜能的释放而见证，大千世界的究竟真相不断向“善思”者的心灵意识敞开。觉悟者的人生因此不会出现凝滞的疲乏，光照尘寰而一尘不染。

慈悲为怀的觉悟者“常患精神离散，不聚于身中”的形神离析的不幸，开示世人以“当守一身”的手段改变“使随人念而游行”的遭遇。是“念此一，身中之神”的“教其守一”的方法途径，使“藏发”的精神意识活动逐步回归有序的循环。“念而不休”的量的积累达到质的飞跃之际“精神自来”，修复治愈了曾经错位的形神，“自来”的“精神”的活力唤醒了往日麻木的生理机能。在浴火重生的“莫不相应”的中和状态下，“百病自除”的“此即长生久视之符也”的个体生命焕然一新。生理与心理等的“百病”获得医治而康复的实践者，真切体验了“无极之道”的崇高神圣。自我的拯救因此依赖“自来”的“精神”的饱满、纯粹，圣人的教诲即使是“消灾”的良药，其价值也不能凌驾于“自来”的“精神”之上。“身中之神”同宇宙万物的“莫不相应”和共鸣，“乘气而行”的“神者”漫游了世界的各个角落。“共凝成一”的

“元气恍惚自然”的先验整体，只有在此状态下为“常合即为一”的自我拥有而不再流失。“常合”的浑然一体自然在逻辑关系上包含着认识与实践的贯通，个人与社会以及自然的普遍和谐的实现双重的规定。

无不以“守一”为宗旨的“古今要道”的普遍真理，是对“要当重生，生为第一，余者自计所为”（《不用书言命不全诀第一百九十九》卷一百十四）的精神追求的集中概括。“人最善者，莫若常欲乐生”的心理愿望，此“汲汲若渴，乃后可也”（《乐生得天心法第五十四》卷四十）的先验属性在“守一”的不断实践中获得满足。“生为第一”的价值观念在人类生活中被确立，“主执为善”的心灵的王者“自计所为”，自然把“余者”置之于从属的地位。“重生”之“最善”因为以“汲汲若渴”的“常欲乐生”为内容，因此离开了现实存在的个体生命，“最善”的憧憬已经如同丧钟的最后余音。趋利避害的生理欲望纷繁多样，“莫若常欲乐”最为强烈。只是个体价值的最大化如果仅仅为“欲乐”的表象，那么“主执为善”的心灵业已丧失了主宰者的尊严。也同“念此一，身中之神”的能动自觉产生了矛盾，说明“乐生”的重点或核心不能与生理的快感等同。“重生”与“乐生”构成了“生为第一”的价值判断的两个方面，回应了“恶死乐生”与“人命最重”的认识态度。把造成死亡的消极因素合理地从个体生命中排除出去，成为“重生”者的当务之急。“不乐为妄”的心灵杜绝“诈伪”的介入，只有彻底摆脱“无知”困扰的“觉悟”的心灵超越，才能在认识与实践过程中一往无前。然而“觉悟”的心灵超越不同于知性判断获得的相对有限的知识，成就于生命潜能全部释放的时刻。精气神“常合即为一”且“莫不相应”的张弛屈伸，终究以回归万物的生起本源的“混沌”，与先验“中和”的生命的统一为宗旨，乃是逻辑的必然。

根据“无精神则死，有精神则生”的客观事实，反省突破死亡的可能性与现实性，对“守一”能够承担实现自我拯救的伟大使命的自信，来自“古今”的觉悟者见证的“要道”的绵延不绝。否认了“要道”的真实性，那么也否认了觉悟者的存在，无法对人类突破蒙昧走向文明的问题做出符合事实真相的说明。承认觉悟者是“本皆无知”的“贤者异士”中的一员，完整经历了“气转为精，精转为神，神转为明”的升华过程而超凡入圣的认识，克服了圣凡截然两分的逻辑悖论。知情意内在统一的生命，以“神转为明”的精神升华为本质属性。精气神先验的“中和”是无限世界永恒不息的根源，是“常合即为一”的整体，“可以长存”的无限生命活力，因此没有止息停滞的时候。“守一”的自我与宇宙的“常合”，不能简单理解为肉体的永生，主要是指宇宙的真相被明觉的智慧见证。认识自我即认识世界的观念，由于“守一”的心灵领会具有了真实的意义。而针对“精神离散”造成的生理与心理的错乱现象，安顿心灵的“守一”是重归精气神的有序化的根本途径。通过“念此一，身中之神”的方法，驱使精气神“聚于身中”抑制“随人念而游行”的六神无主状态。“主执为善”的心灵的王者对知情意的调节引导，即是“爱气尊神重精”的能动自觉性的直接贯彻。“念而不休，精神自来”与“莫不相应，百病自除”，是“守一”自如的“藏发”阶段产生的个体体验。说明“自除”的“百病”包含着克服知情意的疏离的重要内容，宇宙的“精神”的物质与信息的“自来”，日趋完整纯粹的生命逐步能够容摄万物于内心。主观因素的掺杂违背了“自然”的客观性，只有达到深度的“守一”才能切实领会“为善，亦神自知之。恶，亦神自知之”的普遍法则的绝对性。在反复强化获得根本巩固之下，“变化无穷极”的“神”不再是不可捉摸的幽灵。“善善而不止，更贤”乃至“真而不止，乃得成神”云云，概括的是“守一”的深浅高下的阶段性。“非由他神，乃身中神也”（《录身正神法》，钞乙部）的判断肯定超凡入圣的内在根据，就是对自身先验具有的“身中神”的淬火锤炼。①

为自我体验的“神之本根”的“中和”，其有序化产生的舒畅和乐的真实性不容置疑。“一”之为“守”的直接对象是“身中神”，指对生

---

① 饶宗颐以为分阳为“守一”，阴则为“守二”，这也即是阳生阴杀之理的不同（《老子想尔注校证》，上海古籍出版社 1991 年版，第 59 页）。此说或可商。

理心理活动的调节。精气神运动变化的机制原理，通过深入的“守一”修炼被明晰把握。能量的聚集心灵的升华彼此结合的深浅高下，检验着生命活动的创造水平的大小。

> 此四时五行精神，入为人五脏神。出为四时五行神精（《斋戒思神救死诀第一百九》卷七十二）。

依赖“守一”的量的积累到质的飞跃，主客心物的共鸣表现在“念而不休，精神自来”的天人感应，推动着生命的日新月异的发展。“莫不相应”的表里内外的一切因素，凝聚于“一身”而“百病自除”。毫无瑕疵病态的生命使“四时五行神精”与自身的“五脏神”同一，是“出”的“发”与“入”的“藏”交替，发生了“精神”与“神精”的改变。即客观的“四时五行”的“精神”，受到“五脏神”的陶冶，被再次传递到世界的时候成为“四时五行”的“神精”。表示精神意识得到扩张的个人的创造力量渗透到万物的运动变化过程中，结果宇宙的自然生命因此具有了人类生命的色彩。“神精”捕捉的是“恍惚”的“阴阳相合施”的相互作用，“莫不相应”的交换成为“百病自除”的保障。能够打破“人无道之时，但人耳”的平凡，得以复原生命成长过程中出现的生理失调与精神错乱现象的根源在于“精转为神”的固有活力的有序推动。是“神”的机能的激发驱散了心灵“无知”的黑暗，而“明”的智周万物的奥秘亦在“守一”的结晶之中。

理性自觉的潜能转化为现实，吸引“四时五行精神”进入人体内“为人五脏神”。优游自在地释放于世界又“为四时五行神精”，光大了宇宙的生命。有序的循环固然是令人欣慰的自我与宇宙的“中和”关系，但是“守一”的生命实践蕴藏着更加深刻的思想关切。“五脏神”与“四时五行精神”因为“莫不相应”的默契，心灵获得的启示提升了经验素材的价值，理性直观因此彻底泯灭了时空的隔阂。刹那永恒的觉悟突破了价值计较与知性判断的欠缺，“百病自除”的个人以明觉智慧洞察了宇宙人生的究竟底蕴。“天之子”对宇宙万物的依恋亲近情感，栖息于宇宙母亲的怀抱而倍感温暖。“今得神人言，大觉悟”的自我消除了心灵的迷惘痛苦，誓言“思尽死以自效于明天”（《校文邪正法第七十八》卷五十一）的生死相许的庄严承诺，完全突破了个人生死解脱的范围。“尽死”的无怨无悔付出，坚信“得道”的自我将在未来的“明天”获得根本的安顿。“自效于明天”以全部生命激情的付出为代价，通过“明天”的对宇宙万物真相的揭示，见证“大觉悟”的绝对意义。“四时五行精神”对“守一”者心灵的刺激启迪，一言以蔽之即主客心物的互动交融。“得道”的精神领会在中国哲学的悠久文化传统中，因为具有强烈的生命体验色彩而令人倍感亲切。

可以为我们安然接受的死亡伴随“乐生”的满足，瓦解了心理失落无奈的灰暗之感。以激发生命的无限创造潜能为主要内容的“乐生”的不断巩固，是不同时代觉悟者承担起传递“无极之道”使命的不朽动力。“皆因自然乃成”的“不乐为妄，内邪恶”同一纯洁心灵，使“古今要道，皆言守一”的精神意蕴光彩日新。不会为觉悟者占有垄断而完全可以为每一平凡的个人践行的“守一”，因为受到“自然乃成”的客观准则的检验，因此绝非人为的夸张虚构。

六、前圣后圣，其道一焉

道教的先知对生命壮歌的激情饱满的书写，开启了中华民族心灵成长的新纪元。以深化提升往圣先贤前后相续建立的文明传统为己任的一代哲人，坚信已经张开了高悬的精神无限成长的船帆。对人类生命的发展与生生不息的宇宙两者关系的自觉，决定了《太平经》成就自我人生的同时建立合理公正的社会秩序的个性气质。

在“阴阳相合施”的相互作用下秩序井然生起的万物，遵循“元气自然，共为天地之性”的根本原理的运动变化。千差万别的个体事物共同拥有“中和”的状态，具有“天地之性”的同一内容。人为割裂了元气与自然的内在统一性，将无法诠释时空统一的宇宙的客观性与物质性的先验本质。从属于“阴阳”的雌雄与男女等类别彼此“合施”的刺激吸引，是“乘气而行”的“神”者，同一的物质元素元气“阴阳”的功能作用的深浅层次的反映。以生物性与社会性为参照展开的逻辑建构，归纳演绎大千世界存在的经验现象，最终确立了“为万物之师长”的人类异于其他事物的本质属性。而认识实践的展开必然以个体生命的存在为前提的观念，是“生为第一”的价值判断的依据，也是“重生”的人生态度时刻需要把握的原则。维护与尊重“合施”的条件性与正当性，却无法把个人孤立于世界与社会的制约之外。

> 蠕动之属雌雄合，乃共生和。相通，并力同心，以传其类。男女相通，并力同心，共生子。三人相通，并力同心，共治一家。君臣民相通，并力同心，共成一国。此皆本之元气自然，天地授命。凡事悉皆三相通，乃道可成也（《三合相通诀第六十五》卷四十八）。

现实存在的君臣民的社会组织结构，其实是夫妇子的家庭关系的延伸。而男女结合形成的夫妻关系，亦在“雌雄合”的“蠕动之属”范围之内。“蠕动之属”的低级生物，尚且需要在“相通，并力同心”的条件下，达到“以传其类”的族类繁衍目的。则和谐的家庭生活，必然是父母子“三人相通，并力同心”，努力成就“共治一家”的理想。不同社会成员的“相通，并力同心”，因此是“共成一国”的不可逾越的绝对准则。离心离德的社会应有的秩序走向瓦解崩溃，上下尊卑是否能够满足“并力同成”的要求，决定着“一国”的兴衰存亡。把“蠕动之属”到“君臣民”的各种现象划分为四个层次，社会有机整体与不同生命活动形式的联系也昭然若揭。

反省“三”的多种因素“相通”的同一性，清晰把握“天地授命”的形形色色的事物生灭变化的普遍必然性，成为重要的思想收获。因为是“本之元气自然”的生起本源与“阴阳相施合”的过程及结果不可抗拒，亦即“天地授命”的绝对性。不同类别的存在者，“以传其类”的内在的动力为“三气共一”的“神根”①。通过归纳演绎提炼的“凡事，悉皆三相通，乃道可成”的认识，阐释的是差别性与同一性或特殊性与普遍性的关系问题。“守一”的自我保持着精神的延续，冲决了“无精神则死，有精神则生”的坚实堤岸。避免“神根”被无情流逝的时光的掠夺，正是能够“为万物之师长”的人类力量与地位的呈现。而宇宙的生命秩序的法则被“元气自然，天地授命”的认识高度概括，以“元气恍惚自然，共凝成一”，与“自然者，乃万物之自然也”，以及“天地大小，无不由道而生者也”的核心命题构成的丰富形上学为背景。其真知灼见不会被逻辑分析的严密性的不足掩盖否定。

> 凡万物生，自有神，千八百息人为尊，故可不死而长仙。（《虚无无为自然图道毕成诫第一百六十八》卷一百三）

绵长的平稳呼吸达到“千八百”的持久，是人群中令人景仰的尊者。已经“不死而长仙”的个人，同样“本之元气自然”成就自己的人生传奇。虽然“有神”是万物共同具有的属性，但是只有“千八百息”之人区分了圣与凡的不同，在个体生命中确证了“神”的不朽永恒。高效的“守一”塑造的形神“常合即为一”的奇迹，完全打破了“人无道之时，但人耳”与“诸贤者异士，本皆无知”的先验平等地位。能动调节呼吸的出入达到“千八百”的难以企及的高度，生命形态发生了翻天覆地的改变。对“守其和气”者炉火纯青的实践操作以及创造能量，给予“名为神”的称赞，构成了“凡事，悉皆三相通，乃道可成也”的普遍原理

---

① 姜守诚的翔实分析表明，“天地授命”问题在《太平经》中包含着十分丰富的内容。《〈太平经〉研究——以生命为中心的综合考察》，社会科学文献出版社2007年版，第91页。

的经验例证，肯定“千八百息”的行为能够经受历史的检验。“三气共一，为神根也”的潜能向现实的转化，不仅摆脱了生死的宿命，而且也痛快淋漓地清算了往昔“无知”的蒙昧。

司空见惯的思想与行为无不是“五脏之王，神之本根，一身之至”的心灵的主宰决定作用的反映，心灵的崇高地位与功能属性依赖“受之于中和”的阴阳之气的存在，精气神的“相与共为一道”最终具有了现实性。“不学能得”的不仅仅是血缘亲情，而且还包括“思从内出，思以藏发”的意识活动。“心也，意也，志也”的“一者”的内在性与整体性，作为精神意识的不同侧面随着“藏发”的隐显转移，主导着认识与实践的有序化进行。“精读”的学习与“善思”的反省，是知情意之“发”的深度发展。自觉的“念此一，身中之神”的倾听心灵的声音及渴望，自如的应感而发消除了“两两为合”或“两为一合”的中介，“神之本根”的心灵与无限世界“为一”而“各得其所”。精神意识同“皆有神”的万物的同一则照亮了宇宙，个体生命的能动创造力量的彻底释放。容摄了万物的“神”的生机或活力无所遁逃，自做主宰的个人成了世界的真正主人。由于“万物皆有神”涵盖了先祖的亡灵，山川林木的精怪，阴阳不测的变化与人类的精神意识，加之“一”亦存在着道与气以及神与心等多义特点，因此“常合即为一，可以长存也”的征服死亡，首先是指对“皆有神”的万物能动自由的驾驭。唤醒的“身中神”与“四时五行精神”的冥合，洞察了过去与未来，时空的距离不复存在。精神意识之“藏”的凝聚内敛，即为向宇宙人生的先验统一的回归。刹发之“发”的光明普照，表示“大觉悟”的心灵没有丝毫的过与不及，恰如其分地使运动变化的万物的节点被度量。经典记录的各方面信息，此刻终于完全失去了任何神秘。

欲知古圣人文书道审不也，此比若呼人，得其姓字者皆应。鬼神亦然，不得姓字不应，虽欲相应和，无缘得达，故不应也。(《诸乐古文是非诀第七十七》卷五十)

知晓他人的“姓字”而呼唤，对方就会应答。“鬼神亦然”的同一品格，为召劾鬼神而服务于人类生活提供了可能。掌握驾驭异己因素的能力，“可以消灾，可以事君”的主体自我因为在现实世界所向无敌，实现了个体人生与公正社会的建立的有机贯通。能够遣使“鬼神”的“天之子”的永恒性为“可以不死”，现实性为日常生活的“可以理家”的从容不迫。生与死或存与亡的“恍惚”变化因此是“自然”的正常而正当的反映，“行与天心同，意与地合”的心灵没有丝毫的分别意识。

主客体之间的冷漠或陌生状态的灰飞烟灭，只能以“应和”的息息相通为条件。“悉皆三相通”的普遍准则由于并未有效地落实于社会，君臣民的责任义务关系自然存在着失衡。社会生活领域的“中和”的理想状态，包含着明确的现实诉求。

> 今父母君臣，尚但共持其大纲纪耳。大要实仰衣食于子。人无子，绝无后世。君少民，乃衣食不足，令常用心愁苦。故治国之道，乃以民为本也。（《三合相通诀第六十五》卷四十八）

决定人生幸福与社会安宁的“大纲纪”如果执行不力，那么是非颠倒的社会必将造成“仰衣食于子”的“大要”遭到严重的伤害。“子”与“民”境遇的悲惨，则“无后世”的人烟萧条与“衣食不足”的生存危机日益加剧。咎由自取的统治者“用心愁苦”的惶恐不安，证明了“以民为本”的“治国之道”的不容践踏。当“大要”居然成为无用之具时，就是“君臣民相通”而“共成一国”的客观秩序不断解体之际。为“象神而有形”的人类“所能作，最众多”的潜能的麻痹，及“觉悟”的理性自觉能力的束之高阁痛惜不已的觉悟者，呼吁全体社会成员“并力同心”扭转文明发展的颓势。“父母君臣”的责任与权利的对应，反映在“共持其大纲纪”方面，起到从不同侧面巩固和强化“以民为本”的“治国之道”的作用。“一家”至“一国”赖以“相通”的基础为“男女”的和谐，两情相悦的本能与“衣食”的物质生活的满足，因为力并心同而“生和”，成为“以民为本”的核心。

支撑“治国之道”的中坚因素是“生为第一”的价值理念，夸夸其谈的自我标榜，不仅遭到社会成员的唾弃而且“鬼神亦然”。统治者的执政措施不能满足生命的客观需求，其“欲相应和”的奢望“无缘得达”鬼神与臣民的内心。觉悟者不遗余力传递真理的福音，镌刻于“贤者异士”的心灵而不绝如缕。

前圣后圣，其道一焉。上升上清之殿，中游太极之宫，下治十方之天，封掌亿万兆庶。(《太平金阙帝晨后圣帝君师辅历纪岁次平气去来非候贤圣功行种民定法本起》，钞甲部)

泯灭了天国与人间、今生与来世以及此岸与彼岸的鸿沟，“守道不止，乃得仙不死”（《分解本末法第五十三》卷四十）的“前圣后圣”，外在的力量永远无法减损其“上升”与“中游”以及“下治”与“封掌”的能力与权威。“其道一焉”的心灵向往落实在家给人足的和谐的社会成就，恩泽惠及草木的创造，以及激励每一个人实现自我救赎的各个方面。“圣人文书”昭彰可见的同一精神实质，是人类永恒的宝贵财富。历史的文明发展潮流，在不久的未来“犹若大木归山，水流归海”那样“不可禁止也”，获得“亿万兆庶”的真诚回应。意味着“天性使然”的能动自觉因素因为“各得其所”，全体社会成员才能安享人间乐土。“顺之者昌，逆之者败亡”（《知盛衰还年寿法第八十三》卷五十五）的名言，对不可抗拒的“天地自然之数”的把握，诠释的是“守道不止，乃得仙不死”的人生解放问题，与“以民为本”的“治国之道”。内圣外王统一的理想人格，以此典范形象为世人树立了不朽的楷模。

责任义务有别的社会成员通过“守一”实现自我，而“守一”与“守道”含义不殊。公正合理的社会秩序的建立，也不可能与“守一”的心灵觉醒脱节。自我的实现与社会的完善和谐，因此构成了《太平经》交相辉映不可分离的两个方面。最终成编的《太平经》的篇幅竟达一百七十卷之多，成为中国历史上前所未有的辉煌巨著。这一在中华民族精神生活发生巨大转型阶段的创作，既为广大社会成员贡献了规范化与标准化以及神圣化的生活方式价值体系，又气势恢宏地宣告了社会化宗教在中国的诞生。其他的社会化宗教在创始之初，纵观整个人类文明史，从未产生如此数量堪称浩繁的作品。正是奠基于长达两百余年的漫长理论积累及创教准备，愈挫愈奋的道教先知能够不为帝王的冷落灰心，也没有因为遭受武装抗争的失败动摇自己的理想信念。逻辑建构的粗糙主要表现在对核心命题的相互关系的阐释，前后彼此照顾不周。然而理性主义的精神信仰贯穿于各个方面，成为中国文明发展过程中具有时代意义的坐标。客观考察《太平经》涉及的理论问题，揭示其思想价值并充分评价其历史贡献，需要摆脱偏见与成见的意气用事的干扰，更加需要缜密的分析与同情理解的态度的投入。

见诸范晔《后汉书》的“专以奉天地，顺五行为本。亦有兴国广嗣之术。其文易晓，参同经典”的文字记载，准确指明了《太平经》的行文风格以及精神追求。“广嗣”绝不能理解为传宗接代，以普通群众的生活幸福为宗旨。“兴国”落实在“治国之道”的阐释，提供的是实现社会长治久安的根本策略。不拘一格的“参同经典”的兼容并包，使《太平经》具备了完整的哲学体系应当具有的各种要素，几乎整合了前代各方面思想资源。“奉天地，顺五行”展开的认识实践，依据的主要是道家的认识原则。庞杂的表述从未淹没思想的洞见，对六朝时期的道教产生了难以估量的影响力。道教的独特精神气质奠基于《太平经》的阐发，包括黄老在内的道家哲学与先秦以来流行的神仙信仰，始终是道教的精神灵魂。与谶纬神学的兴起同步，壮大的道教绝对不能等闲视之，许多的问题需要在未来的研究中逐步解决。

略论《乐育堂语录》的“修心炼己”筑丹基思想

董文佐
（东北大学秦皇岛分校）

丹道修炼开始的是“修心炼己”筑丹基的功夫。在黄元吉看来，“修心炼己”筑丹基的工夫在整个丹道中的地位是非常重要的，由炼己工夫打筑下的基础是否稳固关系着后面的修炼成功与否。内丹修炼最重视的是心性问题，实际上是一个心理修炼的过程。张伯端在《悟真篇》中曾将全真道性命双修中的修性比作禅宗的修心，正所谓“性者，禅也”。

一、“修心炼己”在筑丹基中的作用

“修心炼己”实际上是一个炼丹中筑基的过程。黄元吉认为，“修心炼己”越纯熟，筑基功夫越好，修炼起来就越容易。正如张伯端在《悟真篇》中所言“咽津纳气是人行，有药方能造化生。鼎内若无真种子，犹将水火煮空铛”①，意思是说，咽口中的津液，以意念使气迅速进入气海，这种炼养方法是人人都能做到的。炼内丹讲究的就是上药三品精、气、神，有了这三种药才能孕育生产金丹。上丹田里如果没有精气神三品凝聚而成的丹母，只是一味地呼吸，这就好像猛火煮着空铁锅，既一

① 张振国:《悟真篇导读》,宗教文化出版社 2001 年版,第 39 页。

事无成又将锅烧坏，即使稍有所得也抵不上损失。这实际上就是强调了“修心炼己”采药的重要性。

黄元吉认为，修道之人若无“修心炼己”的筑基功夫会有性命危险。

《乐育堂语录》云：“世之修士，不知炼己于尘俗，静时固能定，一遇事故，不免神驰气散，贪嗔痴爱纷纷而起，故每当筑基之候，行一时半刻之工，几至炉残鼎败，汞走铅飞，不惟功不能成，性命因之倾丧。”① 意思是说，修行之人不知道修心炼己的话，静时尚能把持，一遇到意外情况就会神气散尽，贪嗔痴爱缠绕内心；虽然有一时半刻的筑基功夫，也会炉鼎倾覆，导致铅汞消散，不但不能成仙还会丧失性命。

在黄元吉看来，通过“修心炼己”的功夫可以磨去人的私欲而不被尘缘所累，心地清明就会阴阳水火铅汞匀停，积铅有铅，采药有药，修炼就容易成功。

黄元吉说：“由是尘垢一清，炼药有药，采阳有阳，烧丹有丹。不然，以私欲满腔之身，安得有铅花之发？纵云有水有火，神气不败，此心一走，坎离何交？阴阳难合，而先天一气又从何而来哉？”②

由此可见，修心在炼丹过程中是十分重要的，可谓炼丹的一个最重要的基础。

禅宗的修心思想对黄元吉的影响非常巨大。禅宗还有一个名称叫“佛心宗”，专以心性的觉悟为要旨。黄元吉的炼丹融入了禅宗的精神，可谓道佛智慧高度交融的产物。

黄元吉强调只有在尘俗中才能完成炼己，所谓“炼己积铅于尘俗”，只有这样才能使心地本性光明；若不问世事躲入深山中修行的话，非但不能成功，还会炼得一腔燥气。他举出吕洞宾和丘处机在酒肆淫房中修心的故事来说明这一道理。这里的道理是说修行不能离开现世间，恰如

---

① 《道德经讲义·乐育堂语录》，宗教文化出版社 2003 年版，第 338 页。

② 《道德经讲义·乐育堂语录》，宗教文化出版社 2003 年版，第 263 页。

禅宗所讲的“佛法在世间，不离世间觉；离世求菩提，恰如觅兔角”。也就是说，黄元吉所倡导的炼丹也如佛教的开悟一样不能离开现实世界。

禅门中有“云门三句”的说法，即“涵盖乾坤”、“截断众流”和“随波逐浪”。“随波逐浪”的含义就是讲禅宗的开悟离不开现实生活。

《华严经》中也说：“善知方便度众生，巧把尘劳为佛事”，说的也是这个道理。

圆瑛大师曾作诗云：“梧桐落叶始知秋，佛法何抛世法求？消息不须旁处觅，直由落处知根由。”

《太平广记》卷一〇一《释证类》记载这样一件事：古代的延州（今陕西省延安市），有一座宝塔，是延安的标志。传说这座宝塔，竟然是为一位“锁骨菩萨”修建的。这位“锁骨菩萨”的来历竟是一位妓女，她年轻漂亮，肤白貌美，年龄二十四五岁，却始终没有嫁人生子，整日混迹于延州街市，与一群小流氓为伴，寻欢作乐，放荡不羁。她死后被草草安葬在大路边上，没有什么人怀念她。后来一位西域来的僧人祭拜她，人们很奇怪，这位僧人揭开了谜底，挖开坟墓果真看到其骨“勾结如锁状”。这位菩萨化作妓女状，与世俗相合；但她心胸开阔，无欲无求，慈悲喜舍，世俗之欲都能屈从，所以在她身上没有不能容忍的难容之事，没有不能忍受的奇耻大辱。她与人民一起生活在社会的最底层。她就是老子所说的那种“和光同尘”“韬光养晦”的智者。这个故事形象地说明了修行不离世间的思想。

而黄元吉的炼丹思想与此如出一辙，也强调了世间法对于修炼的重要性，“修心炼己”离不开“凡尘”啊！

《悟真篇》中也讲：“未炼还丹莫入山，山中内外尽非铅。此般至宝家家有，自是愚人识不全。”① 意思是说，修炼者如果没有炼到使真一之气去而复来、失而复得，由外而还于内的程度；那么，就不能急于寻找幽深远僻的地方或名山宫观、洞穴结庐隐修。自然界里属于金属的铅和

① 张振国：《悟真篇导读》，宗教文化出版社2001年版，第42页。

人自身的凡精都不是内炼者所说的真铅；来自虚无的先天一炁，也就是阳精或称水中之精，才是至贵至宝，缺了它就不能炼成金丹。阳精人人都有，可惜那些愚昧之人不了解它的存在或者对它的作用领悟不够透彻，因此急于寻山隐匿实乃愚蠢之举。

清代刘一明在《悟真直指》中认为：避世离尘，入山养静乃还丹以后之事，不知者入山养静以为可以长生，长生之道须要得真铅一味，方能取效；但真铅需要在尘世中寻出，若入山修道的话，山中内外尽是阴气，何有真铅至阳之物呢？

由此可见，环境在修炼者看来是十分重要的，但决非唯一；有的闹中取静，常于灯红酒绿中修炼心性，心清而自然静。这是懂得至宝家家有的人士之所为；有的人醉心于幽静冷默中修炼，寄厚望于外静促内静，因此想及早入山，这样做本无可非议，但只因内心烦躁、杂欲不绝，虽欲静但无定力，最后还是影响修炼，被讥为“愚人”。所以只有在尘世中磨炼意志，在内炼中悟真，才能获得性中之神、阴中之阳，即俗世所称的“金丹大药”。但是有些情况也是灵活的，如玉液炼己的工夫完成后，在金液还丹时就需要到僻静的山林中养气而采大药。

黄元吉认为积累真铅汞有动静两种方法，《乐育堂语录》云：“积铅于尘世。……吾观今之修士，多有专务命蒂，竟忘性根，只说静里修特可以积铅添汞，不知动中铅汞犹须随时采取，以故所得不敌所失，生之日少，而丧之日多也。如果能向动中，不论大功小德，一概行去，恰如分际，适中机宜，此神无有不快不足，此气自觉浩然勃然，腾腾欲上，有凌霄冲汉之状。”① 在这里，黄元吉强调了在“动”中积铅添汞的重要性。

二、“修心炼己”起到了“识神退听，元神主事”的作用

黄元吉认为，“修心炼己”筑丹基的目的是为了“识神清净退听，

① 《道德经讲义·乐育堂语录》，宗教文化出版社 2003 年版，第 415 页。

元神做主用事”，正所谓“识神退听，元神主事”，这是黄元吉内丹修炼的一个重要原则。

所谓“识神退听”的意思是说，人的后天“识神”是伴随着人的私欲增长一起而来的；正是由于这种后天私欲的蒙蔽使得识神与先天之性相背离，导致人离大道越来越远，因此修炼是不能以“识神”作为修炼的主导意识的。

所谓“元神主事”的意思是说，炼丹所强调的神气合一是指先天元神与元气的合一，是以“元神”入元气中并以之作为主导修炼的意识。

黄元吉认为，“修心炼己”筑基纯熟才能进入练功阶段，而其纯熟的标志就是达到朱熹所讲的“私欲净尽，天理流行”的境界，“识神清净，元神做主”可谓炼丹筑基所达到的最高状态。否则，如果筑基不纯熟，那么“识神”就会在修炼中时常干扰元神真意的运作，修炼的火候也就把握不住，大药无法采到，“玄关一窍”更无从开启了。

在筑基功夫中“识神清净”固然重要，“元神做主”也是不可缺少的。黄元吉说：“有为而为者，识神也；无为而为者，元神也。识神用事，元神退听；元神做主，识神悉化为元神。此理欲之关，不容并立者也……有意者属识神，无心者属元神。元神识神，所争只在些子，学者须自审之。能以元神做主，返入虚无境地，欲一则一，欲万则万，神通无外，法力无边，岂但入水不溺，入火不焚已哉！”① 意思是说，识神是有为而为，元神是无为而为；识神纠缠于事物中，而元神不被外物所扰；元神做主的话，识神就会被元神所消解。其实，这是讲的“理”与“欲”的分界点；“元神”属于“理”的层面，“识神”则属于“欲”的层面，两者不能并立而存；识神是有意的，而元神是无心的。元神、识神确实不同，学者必须仔细判断区分。若能以元神做主的话，就会逆修入虚无之地，想一就一，想万就万，神通广大，法力无边啊！岂止是入水淹不死，入火烧不死呢？

---

① 《道德经讲义·乐育堂语录》，宗教文化出版社 2003 年版，第 253 页。

在此，我们还可以将识神看作是后天的，相当于体用关系中的“用”，也相当于有无之辩中的“有”；元神可以看作是先天的，相当于体用关系中的“体”，也相当于有无之辩中的“无”。所以，元神比识神更根本，在筑基功夫中元神起到了“做主”的地位。

三、“修心炼己”是消魔断障的有效方法

在黄元吉看来，丹道修炼必然会有许多的磨难阻碍和内外魔的侵扰，所以必须在“修心炼己”上下大功夫才能消魔断障。

黄元吉所讲的消魔断障，就是消除人的潜意识深处所藏的妨碍修行的种种念头。这种魔障是很危险的，以往的丹经中对此也曾涉及。《钟吕传道集》中讲得很详细，魔障分为六贼魔、富魔、贵魔、六情魔、恩爱魔、患难魔、圣贤魔、刀兵魔、女乐魔、女色魔十类。①

黄元吉认为，修炼中“心魔”的出现，主要靠的是用心理的方法来疏导解决，也就是通过长时间的“修心炼己”来解决。

关于“断障”，黄元吉认为丹道修炼是“盗天地之机、夺天地之造化”，所以一定会遇到艰难阻碍，也就是各种“障”，修心炼己才是最好的断障之法。

黄元吉讲了“断障”之方法，他举例说：“即如某生，尔子将家屋搞坏，此是尔之孽缘，如此正是消尔孽，降尔福，何为以此隐忧竟成心腹之病？不知逆来顺受，是即非载道之器，成道之资矣，由是推之，举凡人世毁谤之来，在人视为祸患灾殃，而在修道者受之，正是消前孽而招后福，人方戚戚而忧者，吾正欣欣而喜也。”② 意思是说，遇到恶缘不要有报复之心，而要逆来顺受，有一颗宽容之心，这样就可以断障招福。

黄元吉消魔断障的思想显然是受了佛教所讲的“业障”思想的影

---

① 《中华道藏》第19册，华夏出版社2004年版，第839页。

② 《道德经讲义·乐育堂语录》，宗教文化出版社2003年版，第449页。

响。佛教讲众生的行为称为造业，有“善业”、“恶业”和“无记性业”三种，造了“恶业”就会形成“业障”，所以，“业障”成了人们修行道路上的障碍，必须加以清除才能修行成佛。大乘佛教中所强调的修习“忍辱”法门（忍辱、精进、持戒、智慧、禅定、布施等六度之一），实际上就是让众生在“业障”面前能够宽容和忍让，还清前世的宿债。

总之，“修心炼己”在黄元吉的内丹修炼思想中占有十分重要的地位，是进入修炼阶段不可或缺的重要环节。